NADAR
CONTRA CORRIENTE

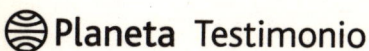

Benedicto XVI

NADAR CONTRA CORRIENTE

El Papa más sincero y más íntimo

Edición a cargo de José Pedro Manglano

Traducción de Giulio Capece, Enrique Manglano y Nuria Petit Fontserè

Obra editada en colaboración con Editorial Planeta – España

Colección: *Planeta Testimonio*
Dirección: José Pedro Manglano

© 2011, José Pedro Manglano
© 2011, Traducción: Giulio Capece, Enrique Manglano
 Castellary y Núria Petit Fontserè
© 2011, Editorial Planeta, S. A. – Barcelona, España

Derechos reservados

© 2011, Editorial Planeta Mexicana, S.A. de C.V.
Bajo el sello editorial PLANETA M.R.
Avenida Presidente Masarik núm. 111, 2o. piso
Colonia Chapultepec Morales
C.P. 11570 México, D.F.
www.editorialplaneta.com.mx

Primera edición impresa en España: junio de 2011
ISBN: 978-84-08-10294-6

Primera edición impresa en México: agosto de 2011
ISBN: 978-607-07-0877-0

No se permite la reproducción total o parcial de este libro ni su incorporación a un sistema informático, ni su transmisión en cualquier forma o por cualquier medio, sea éste electrónico, mecánico, por fotocopia, por grabación u otros métodos, sin el permiso previo y por escrito de los titulares del *copyright*.
La infracción de los derechos mencionados puede ser constitutiva de delito contra la propiedad intelectual (Arts. 229 y siguientes de la Ley Federal de Derechos de Autor y Arts. 424 y siguientes del Código Penal).

Impreso en los talleres de Litográfica Ingramex, S.A. de C.V.
Centeno núm. 162, colonia Granjas Esmeralda, México, D.F.
Impreso y hecho en México – *Printed and made in Mexico*

No me gusta verme como un rigorista, pues me gustaría mantener el principio de la caridad, pero sí me veo como alguien a quien no le importa nadar contra corriente y resistir su empuje.

Joseph Ratzinger
Welt am Sonntag, Alemania,
11 de abril de 1999

ÍNDICE

Contenido e interés de este libro ... 9

I. A SU IMAGEN ... 13

II. UN POCO DE TODO ... 25
   Repaso general a la actualidad ... 25
     ¿Qué pensar después del 11-S? ... 25
     La abolición del hombre ... 34
     Un paseo por la actualidad ... 43
     El laicismo, ¿una nueva ideología? ... 62
     El problema de fondo ... 73

III. CÓMO ES LA VIDA DE UN PAPA ... 91
   Curiosidades acerca de su persona y de su vida ... 91
     Veintiséis años de «amigo seguro» de Juan Pablo II ... 91
     Cómo ve el futuro desde la silla de Pedro: las sociedades modernas ... 98
     Recuerdos de los cónclaves en los que ha participado ... 120

IV. EL HOMBRE Y LA RELIGIÓN ... 131
   El hombre sigue siendo un animal religioso ... 131

  30 preguntas sobre magia, espiritismo, yoga
    y fuerzas ocultas   131
  Si la religión tiene sitio en nuestra civilización   149
  La religión, entre lo moderno y lo posmoderno   160

V. CRISTIANISMO Y MUNDO DEL SIGLO XXI   175
 La Iglesia puertas afuera   175
  Promover una visión común en lo esencial   175
  Toda disolución causa dolor I   193
  El poder de la moral no ha abdicado II   210

VI. PROBLEMAS DE LA IGLESIA   223
 La Iglesia puertas adentro   223
  La moral sexual según Ratzinger   223
  La «comunión» en la Iglesia no es un hecho
    sociológico   229
  ¿Para qué un catecismo y su compendio?   238
  Carismáticos, Neocatecumenales, CL,
    Focolares... y el invierno de la Iglesia   246
  La misión del obispo   252
  En China, la búsqueda de los seres humanos
    abrirá las puertas al cristianismo   256
  También la religión necesita depurarse   262
  Místicos, profetas, falsos profetas... ¿sigue
    hablando Dios hoy a través de alguien?   280
  Sin la mención de Dios, Europa perdería
    sus raíces y el tronco que la sustenta   302

VII. QUÉ HACEMOS LOS QUE CREEMOS DIFERENTE   309
 La Iglesia y otras confesiones y credos   309
  Lo que nos une y diferencia con los luteranos   309
  La pluralidad de las confesiones no relativiza
    las exigencias de la verdad   317

Índice analítico   345

CONTENIDO E INTERÉS DE ESTE LIBRO

Nadie que haya escuchado unos minutos o haya leído un par de párrafos de Joseph Ratzinger pondrá en duda que es un hombre interesante. Lo que dice o escribe se entiende y tiene interés.

Temas

Este libro recoge por primera vez las principales entrevistas periodísticas realizadas a Joseph Ratzinger, muchas de ellas inéditas en castellano, en diversos medios y a lo largo de muchos años. Recorre escenarios bien distintos. Cada entrevista refleja las circunstancias del momento y gira en torno al tema que la motiva. En una ocasión es el misterio que envuelve los secretos de Fátima, en otra, el hecho desgarrador del atentado del 11-S; una vez se trata de la trascendente cuestión de la integración de Turquía en Europa, y otra del hecho anecdótico de si se siente solo en el Vaticano; en un momento le plantean cuestiones de la Iglesia puertas afuera, como la relación con el islam o con el mundo judío, y otras le obligan a mirar hacia adentro cuando le preguntan si la Iglesia debería acomodar su moral a los tiempos modernos; unas preguntas son universales, como qué es lo que desea decir a los jóvenes, y otras son locales, por ejemplo, si los mundiales de fútbol han influido en el carácter de los alemanes. Sexualidad, yoga, espiritismo, curas del País Vasco, pederastia, límites a la investigación médica y científica, integración de los neocatecumenales con la diócesis, relaciones prematrimoniales, su relación con Juan Pablo II, magia, por qué fue nombrado obispo, número de hijos y anticoncepción...

Las preguntas

Los entrevistadores son periodistas que trabajan para diarios de distintos países —*La Reppublica, Le Figaro, Frankfurter Allgemeine Zeitung, Famiglia Cristiana...*— o radios —Canal Católico, Radio Vaticana, Bayerischer Rundfunk...—; es decir, muy variados por sus nacionalidades y por sus creencias personales. Sin embargo, todos tienen en común el hecho de ser buenos profesionales. Sus preguntas no son banales. Por otra parte —cuestión fundamental para que funcione este género—, Ratzinger no concibe al periodista como un enemigo, ni sus preguntas como ataques, sino que el periodista es alguien que ofrece un diálogo con el que resultará más fácil acercarse a la verdad; aunque discrepen, es interesante descubrir las razones verdaderas que le llevan a ver los asuntos de otro modo, entrar en diálogo, tratar de comprender, y así avanzar ambos.

Las respuestas

El entrevistado es el protagonista principal. Sus contestaciones son espontáneas. Y algo que hace posible que este libro vea la luz: sus respuestas no son previsibles. Pocas cosas aburren más que leer entrevistas en las que las contestaciones son «enlatadas», es decir, las que siempre se dan en tales circunstancias, respuestas en las que se sale del paso o se tiran balones fuera para que el periodista no avance, respuestas que no dicen nada, «correctas» y no comprometidas.

No es éste el caso. Estas entrevistas son rápidas, imprevisibles, valientes, atrevidas, sinceras, espontáneas, personales, con conocimiento de causa, sin miedo a poner el dedo en la llaga.

Enseguida se descubre verdad en sus palabras: *verdad*, porque tiene que ver con la realidad que uno ha vivido o que experimenta, porque habla del hombre verdadero del siglo xxi, de los problemas reales y auténticos, de planteamientos que enseguida resultan cercanos y serios... Y *verdad*, también, porque es sincero y coherente; se puede estar en desacuerdo, pero siempre resultará fácil descubrir la lógica de sus palabras a partir del hombre y de lo revelado por Jesucristo.

Con la lectura de este libro se aprende. Se aprende mucho, se enriquece la visión de lo que ocurre en nuestro mundo, se ejercita un modo perspicaz de pensar y de mirar la realidad y los acontecimientos, se descubre la viveza y sentido de la visión cristiana. No hace falta ser un experto para seguirlo, y sin embargo se viaja al núcleo de algunas cuestiones y realidades.

Contenido y estructura

Quedan fuera de este trabajo los libros-entrevista, como *Informe sobre la fe*, *Dios y el mundo*, *La sal de la tierra* y el reciente *Luz del mundo*. Recoge, sin embargo, el resto, y si no todas, sí las de mayor trascendencia. Hemos dejado fuera alguna por tratar temas demasiado específicos (por ejemplo, la que le realiza la RAI el 10 de septiembre de 2004 sobre Comunión y Liberación, en su 50 aniversario), o porque las preguntas son similares a las respondidas en otras entrevistas (como la que le hace Martin Lohman el 9 de abril de 1998, o la recogida en el semanario italiano *Vita Trentina*, del 7 de mayo de 2004).

Todas son entrevistas realizadas a Joseph Ratzinger, excepto algunas de las contenidas en las dos primeras partes, que se efectúan a Benedicto XVI. Las de la primera parte son las únicas entrevistas no periodísticas en sentido estricto; se trata de transcripciones de las preguntas y respuestas mantenidas en encuentros con jóvenes.

El libro está estructurado en seis partes, y cada una de ellas agrupa las entrevistas por temas, aunque, lógicamente, en todas hay preguntas más amplias que se salen de la cuestión central.

En cada caso se indica el medio en el que se realizó la entrevista. Agradecemos a las revistas, televisiones, radios y periódicos que nos hayan permitido su publicación en este libro.

JOSÉ PEDRO MANGLANO CASTELLARY
16 de abril de 2011
84.º cumpleaños de Benedicto XVI

I. A SU IMAGEN

El Viernes Santo del año 2011, 22 abril, Benedicto XVI es entrevistado en el programa de la televisión pública italiana RAI UNO «A su imagen. Preguntas sobre Jesús». Contesta a siete preguntas formuladas por personas de distintos países y sobre diferentes temas; el presentador del programa es quien se las plantea en vivo ante las cámaras.

Santo Padre, quiero agradecerle su presencia, que nos llena de alegría y nos ayuda a recordar que hoy es el día en que Jesús demuestra su amor de la manera más radical: muriendo en la cruz como inocente. Precisamente sobre el tema del dolor inocente trata la primera pregunta formulada por una niña japonesa de siete años, que le dice: «Me llamo Elena, soy japonesa y tengo siete años. Tengo mucho miedo porque la casa en la que me sentía segura ha temblado mucho y porque muchos niños de mi edad han muerto. No puedo ir a jugar al parque. Quiero preguntarle: ¿Por qué tengo que pasar tanto miedo? ¿Por qué los niños tienen que sufrir tanta tristeza? Le pido al Papa, que habla con Dios, que me lo explique.»

Querida Elena, te saludo con todo el corazón. También yo me pregunto: ¿Por qué es así? ¿Por qué tenéis que sufrir tanto, mientras otros viven cómodamente? Y no tenemos respuesta, pero sabemos que Jesús ha sufrido como vosotros, inocentes, que Dios verdadero, que se muestra en Jesús, está a vuestro lado. Esto me parece muy importante, aunque no tengamos respuestas, aunque permanezca la tristeza: Dios está a vuestro lado, y tenéis que estar seguros de que os ayudará. Y un día podremos comprender por qué ha sucedido todo. En este momento me parece importante que sepáis que «Dios me ama», aunque parezca que no me conoce. No, me ama, está a mi lado, y tenéis que estar seguros de que en el mundo, en el universo, hay muchas personas que están a vuestro lado, que piensan en vosotros, que hacen todo lo que pueden por vosotros, para ayudaros. Y ser conscientes de que, un día, yo comprenderé que este sufrimiento no es algo vacío, no es inútil, sino que detrás del sufrimiento hay un proyecto bueno, un proyecto de amor. No es una casualidad. Siéntete segura. Estamos a tu lado, al lado de todos los niños japoneses que sufren, queremos ayudaros con la oración, con nuestros actos, y debéis estar seguros de que Dios os ayuda. Y de este modo rezamos juntos para que os llegue la luz cuanto antes.

La segunda pregunta nos sitúa ante un calvario, porque se trata de una madre que está junto a la cruz de un hijo. Es italiana, se llama María Teresa y le pregunta: «Santidad, el alma de mi hijo, Francesco, en estado vegetativo desde el día de Pascua de 2009, ¿ha abandonado su cuerpo, dado que está totalmente inconsciente, o está todavía en él?»

Ciertamente el alma está todavía presente en el cuerpo. La situación es algo así como la de una guitarra que tiene las cuerdas rotas y que no se puede tocar. También el instrumento del cuerpo es frágil, vulnerable, y el alma no puede «tocar», por decirlo de algún modo, pero sigue presente. Estoy también seguro de que esta alma escondida siente en profundidad vuestro amor, a pesar de que no comprende los detalles, las palabras, etc., pero siente la presencia del amor. Y por esto vuestra presencia, queridos padres, querida mamá, junto a él, horas y horas cada día, es un verdadero acto de amor, muy valioso, porque dicha presencia entra en la profundidad del alma escondida y vuestro acto es un testimonio de fe en Dios, de fe en el hombre, de fe, digamos de compromiso a favor de la vida, de respeto por la vida humana, incluso en las situaciones más trágicas. Por esto os animo a proseguir, sabiendo que hacéis un gran servicio a la humanidad con este signo de confianza, con este signo de respeto por la vida, con este amor por un cuerpo lacerado, un alma que sufre.

La tercera pregunta nos lleva a Irak, entre los jóvenes de Bagdad, cristianos perseguidos que le envían esta pregunta: «Saludamos al Santo Padre desde Irak —dicen—. Nosotros, cristianos de Bagdad, somos perseguidos como Jesús. Santo Padre, ¿cómo podemos ayudar a los miembros de nuestra comunidad cristiana para que se replanteen el deseo de emigrar a otros países, convenciéndolos de que marcharse no es la única solución?»

Quisiera en primer lugar saludar con el corazón a todos los cristianos de Irak, nuestros hermanos, y decir que rezo cada día por ellos. Son nuestros hermanos que sufren, como también en otras tierras del mundo, por esto los siento especialmente cercanos a mi corazón y, en la medida de nuestras posibilidades, tenemos que hacer todo lo posible para que resistan a la tentación de emigrar, que —en las condiciones en las que viven— resulta muy comprensible. Diría que es importante que estemos cerca de vosotros, queridos hermanos de Irak, que queramos ayudaros y que, cuando vengáis, os recibamos realmente como hermanos. Y, naturalmente, las instituciones, todos los que tienen una posibilidad de hacer algo por Irak, deben hacerlo. La Santa Sede está en permanente contacto con las distintas comunidades, no sólo con las católicas, sino también con las demás comunidades cristianas, con los hermanos musulmanes, sean chiíes o suníes. Y queremos hacer un trabajo de reconciliación, de comprensión, también con el gobierno; ayudarlo en este difícil camino de recomponer una sociedad desgarrada. Porque éste es el problema, que la sociedad está profundamente dividida, lacerada, ya no tienen esta conciencia: «Nosotros somos, en la diversidad, un pueblo con una historia común, en el que cada uno tiene su sitio.» Y deben reconstruir esta conciencia de que, en la diversidad, tienen una historia común, una común determinación. Y nosotros queremos, en diálogo precisamente con los distintos grupos, ayudar al proceso de reconstrucción y animaros a vosotros, queridos hermanos cristianos de Irak, a tener confianza, paciencia, confianza en Dios, a colaborar en este difícil proceso. Tened la seguridad de nuestra oración.

La siguiente pregunta es de una mujer musulmana de Costa de Marfil, un país en guerra desde hace años. Se llama Bintú y envía un saludo en árabe que se puede traducir como: «Que Dios esté en medio de

todas las palabras que nos diremos y que Dios esté contigo.» Es una frase que emplean al iniciar un diálogo. Y después prosigue en francés: «Querido Santo Padre, aquí, en Costa de Marfil, hemos vivido siempre en armonía entre cristianos y musulmanes. A menudo, las familias están formadas por miembros de ambas religiones; existe también una diversidad de etnias, pero nunca hemos tenido problemas. Ahora todo ha cambiado: la crisis que vivimos, causada por la política, está sembrando divisiones. ¡Cuántos inocentes han perdido la vida! ¡Cuántos refugiados, cuántas madres y cuántos niños traumatizados! Los mensajeros han exhortado la paz, los profetas han exhortado la paz. Jesús es un hombre de paz. Usted, en cuanto embajador de Jesús, ¿qué aconsejaría a nuestro país?»

Quiero contestar al saludo: que Dios esté también contigo y siempre te ayude. Tengo que decir que he recibido cartas desgarradoras procedentes de Costa de Marfil, donde veo toda la tristeza, la profundidad del sufrimiento y me entristece porque podemos hacer muy poco. Pero siempre podemos hacer algo: orar con vosotros y, en la medida de lo posible, hacer obras de caridad, y sobre todo queremos colaborar, según nuestras posibilidades, en los contactos políticos, humanos. He encargado al cardenal Tuckson, que es presidente de nuestro Consejo de Justicia y Paz, que vaya a Costa de Marfil e intente mediar, hablar con los diversos grupos, con las distintas personas, para facilitar un nuevo comienzo. Y sobre todo queremos hacer oír la voz de Jesús, en el que usted también cree como profeta. Él era siempre el hombre de la paz. Se podía pensar que cuando Dios viniera a la tierra lo haría como un hombre de gran fuerza, que destruiría las potencias adversarias, que sería un hombre de una fuerte violencia como instrumento de paz. Nada de esto: vino débil, vino sólo con la fuerza del amor, sin ningún tipo de violencia hasta ir a la cruz. Y esto nos muestra el verdadero rostro de Dios y que la violencia no viene nunca de Él, nunca ayuda a producir cosas buenas, sino que es un medio destructivo y no es el camino para salir de las dificultades. Es una fuerte voz contra todo tipo de violencia. Invito apremiantemente a todas las partes a renunciar a la violencia, a buscar los caminos de la paz. Para la recomposición de vuestro pueblo no podéis emplear medios violentos, aunque penséis que tenéis razón. El único camino es renunciar a la violencia, volver a entablar el diálogo, tratar de encontrar juntos la paz, una nueva atención de los unos a los otros, una nueva disponibilidad para abrirse unos a otros. Y éste, querida señora, es el verdadero mensaje de Jesús: buscad la paz con los medios de la paz y abandonad la violencia. Rezamos por vosotros para que todos los componentes de vuestra sociedad sientan esta voz de Jesús y así vuelva la paz y la comunión.

Santo Padre, la próxima pregunta es sobre el tema de la muerte y la resurrección de Jesús y llega desde Italia. Se la leo: «Santidad: ¿Qué hizo Jesús en el tiempo que separó a la muerte de la resurrección? Y, ya que en el Credo se dice que Jesús después de la muerte descendió a los infiernos, ¿podemos pensar que es algo que nos pasará también a nosotros, después de la muerte, antes de ascender al Cielo?»

En primer lugar, este descenso del alma de Jesús no debe imaginarse como un viaje geográfico, local, de un continente a otro. Es un viaje del alma. Hay que tener en cuenta que el alma de Jesús siempre está en contacto con el Padre, pero al mismo tiempo, esta alma humana abraza hasta los últimos confines del ser humano. En este sentido baja a las profundidades, hasta los perdidos, hasta todos aquellos que no han alcanzado la meta de sus vidas, y trasciende así los continentes del pasado. Este descenso del Señor a los infiernos significa, sobre todo, que Jesús alcanza también el pasado, que la eficacia de la redención no comienza en el año cero o en el año treinta, sino que llega al pasado, abarca el pasado, a todas las personas de todos los tiempos. Dicen los Padres de la Iglesia, con una imagen muy hermosa, que Jesús toma de la mano a Adán y Eva, es decir a la humanidad, y la encamina hacia adelante, hacia las alturas. Y así crea el acceso a Dios, porque el hombre, por sí mismo, no puede elevarse a la altura de Dios. Jesús mismo, siendo hombre, tomando de la mano al hombre, abre el acceso. ¿Qué acceso? La realidad que llamamos «cielo». Así, este descenso a los infiernos, es decir, a las profundidades del ser humano, a las profundidades del pasado de la humanidad, es una parte esencial de la misión de Jesús, de su misión de Redentor y no se aplica a nosotros. Nuestra vida es diferente, el Señor ya nos ha redimido y nos presentamos al Juez, después de nuestra muerte, bajo la mirada de Jesús, y esta mirada en parte será purificadora: creo que todos nosotros, en mayor o menor medida, necesitaremos ser purificados. La mirada de Jesús nos purifica y además nos hace capaces de vivir con Dios, de vivir con los santos, sobre todo de vivir en comunión con nuestros seres queridos que nos han precedido.

También la siguiente pregunta es sobre el tema de la resurrección y viene de Italia: «Santidad, cuando las

mujeres llegan al sepulcro, el domingo después de la muerte de Jesús, no reconocen al Maestro, lo confunden con otro. Lo mismo les pasa a los apóstoles: Jesús tiene que enseñarles las heridas, partir el pan para que lo reconozcan precisamente por sus gestos. El suyo es un cuerpo real de carne y hueso, pero también un cuerpo glorioso. El hecho de que su cuerpo resucitado no tenga las mismas características que antes, ¿qué significa? ¿Y qué significa, exactamente, "cuerpo glorioso"? Y en nuestra resurrección, ¿nos sucederá lo mismo?»

Naturalmente, no podemos definir el «cuerpo glorioso» porque está más allá de nuestra experiencia. Sólo podemos interpretar algunos de los signos que Jesús nos dio para entender, al menos un poco, hacia donde apunta esta realidad. El primer signo: el sepulcro está vacío. Es decir, Jesús no abandonó su cuerpo a la corrupción, nos ha enseñado que también la materia está destinada a la eternidad, que resucitó realmente, que no ha quedado perdido. Jesús asumió también la materia, de manera que la materia está también destinada a la eternidad. Pero asumió esta materia en una nueva forma de vida, éste es el segundo punto: Jesús ya no vuelve a morir, es decir, está más allá de las leyes de la biología, de la física, porque los sometidos a ellas mueren. Por lo tanto hay una condición nueva, diversa, que no conocemos, pero que se revela en lo sucedido a Jesús, y ésa es la gran promesa para todos nosotros de que hay un mundo nuevo, una nueva vida, hacia la que estamos encaminados. Y, estando ya en esa condición, para Jesús es posible que los otros lo toquen, puede dar la mano a sus amigos y comer con ellos, pero, sin embargo está más allá de las condiciones de la vida biológica, como la que nosotros vivimos. Y sabemos que, por una parte, es un hombre real, no un fantasma, vive una vida real, pero es una vida nueva que ya no está sujeta a la muerte y ésa es nuestra gran promesa. Es importante entender esto, al menos por lo que se pueda, con el ejemplo de la Eucaristía: en la Eucaristía, el Señor nos da su cuerpo glorioso, no nos da carne para comer en sentido biológico; se nos da Él mismo; lo nuevo que es Él, entra en nuestro ser hombres y mujeres, en el nuestro, en mi ser persona, como persona, y llega a nosotros con su ser, de modo que podemos dejarnos penetrar por su presencia, transformarnos en su presencia. Es un punto importante, porque así ya estamos en contacto con esta nueva vida, este nuevo tipo de vida, ya que Él ha entrado en mí, y yo he salido de mí y me extiendo hacia una nueva dimensión de vida. Pienso que este aspecto de la promesa, de la realidad que Él se entrega a mí y me hace salir de mí mismo, me eleva, es la cuestión más importante: no se trata de descifrar cosas que no podemos entender sino de encaminarnos hacia la novedad que comienza, siempre, de nuevo, en la Eucaristía.

Santo Padre, la última pregunta es sobre María. A los pies de la cruz hay un conmovedor diálogo entre Jesús, su madre y Juan, en el que Jesús dice a María: «He aquí tu hijo» y a Juan: «He aquí tu madre.» En su último libro, *Jesús de Nazaret*, lo define como «una disposición final de Jesús». ¿Cómo debemos entender estas palabras? ¿Qué significado tenían en aquel momento y qué significado tienen hoy en día? Y ya que estamos hablando de confianza. ¿Piensa renovar una consagración a la Virgen en el inicio de este nuevo milenio?

Estas palabras de Jesús son, ante todo, un acto muy humano. Vemos a Jesús como un hombre verdadero que lleva a cabo un gesto de verdadero hombre: un acto de amor por su madre confiándola al joven Juan para que esté tranquila. En aquella época, en Oriente, una mujer sola se encontraba en una situación imposible. Confía su madre a este joven y a ella le confía Juan. Jesús actúa como un hombre con un sentimiento profundamente humano. Me parece muy hermoso, muy importante que antes de cualquier teología veamos aquí la verdadera humanidad, el verdadero humanismo de Jesús. Pero, por supuesto, este gesto tiene varias dimensiones, no atañe sólo a ese momento: concierne a toda la historia. En Juan Jesús nos confía a todos nosotros, a toda la Iglesia, a todos los futuros discípulos, a su madre y su madre nos la confía a nosotros. Y esto se ha cumplido a lo largo de la historia: la humanidad y los cristianos han entendido cada vez más que la madre de Jesús es su madre. Y cada vez más personas se han confiado a su madre: basta pensar en los grandes santuarios, en esta devoción a María, donde cada vez más la gente siente: «Ésta es la madre.» E incluso algunos que casi tienen dificultad para llegar a Jesús en su grandeza de Hijo de Dios se encomiendan a su madre sin dificultad. Algunos dicen: «Pero eso no tiene fundamento bíblico.» Aquí me gustaría responder con San Gregorio Magno: «En la medida que se leen —dice—, crecen las palabras de la Escritura.» Es decir, se desarrollan en la realidad, crecen, y cada vez más en la historia se difunde esta Palabra. Todos podemos estar agradecidos porque la Madre es una realidad, a todos nos han dado una madre. Y podemos dirigirnos con mucha confianza a esta madre, que para cada cristiano es su Madre. Por otro lado la madre es también expresión de la Iglesia. No podemos ser cristianos solos, con un cristianismo construido según mis ideas. La madre es imagen de la Iglesia, de la madre Iglesia y confiándonos a María, también tenemos que encomendarnos a la Iglesia, vivir la Iglesia, ser Iglesia con María.

Toco ahora el tema de la consagración: los papas —Pío XII, Pablo VI y Juan Pablo II— hicieron un gran acto de consagración a la Virgen María y creo que, como gesto ante la humanidad, ante María misma, fue muy importante. Ahora es importante interiorizar ese acto, dejar que nos penetre, para realizarlo en nosotros mismos. Por eso he visitado algunos de los grandes santuarios marianos del mundo: Lourdes, Fátima, Czestochowa, Altötting..., siempre con el fin de hacer concreto ese acto de consagración, de interiorizarlo, para que sea realmente un acto nuestro. Creo que el acto grande, público, ya se ha hecho. Tal vez algún día habrá que repetirlo, pero por el momento me parece más importante vivirlo, realizarlo, entrar en esta consagración para hacerla verdaderamente nuestra. Por ejemplo, en Fátima me di cuenta de cómo los miles de personas presentes eran conscientes de esa consagración, se habían encomendado, encarnándola en sí mismos, para sí mismos. Así, esa consagración se hace realidad en la Iglesia viva y, así, crece también la Iglesia. Abandonarnos todos en María, dejarnos penetrar y formar por su presencia, entrar en comunión con María, nos hace Iglesia, nos transforma —junto con María— realmente en esposa de Cristo. De modo que, por ahora, no tengo intención de una nueva consagración pública, pero sí quisiera invitar a todos a unirse a esa consagración que ya está hecha, para que la vivamos verdaderamente día tras día y crezca, así, una Iglesia realmente mariana que es madre, esposa e hija de Jesús.

II. UN POCO DE TODO

REPASO GENERAL A LA ACTUALIDAD

¿Qué pensar después del 11-S?

Tras el atentado del 11 de septiembre, en el año 2001, Antonella Palermo entrevista al cardenal Ratzinger para Radio Vaticana. En el momento de la entrevista, la guerra de Estados Unidos contra el terrorismo en Afganistán había entrado en su segundo mes. Por otro lado, acabábamos de estrenar el milenio con un optimismo palpable que impregnaba la calle y los medios. Este acto terrorista, inesperado y sorprendente, levantó un gigantesco interrogante en la conciencia del mundo entero: ¿qué nos pasa realmente? ¿Hacia dónde nos dirigimos? ¿Estamos acertando? ¿Cuál es la raíz de nuestros males? ¿Volveremos a vivir un siglo negro como el que acabamos de cerrar? ¿La autodestrucción del hombre será, de nuevo, su signo? Esta entrevista recoge estas inquietudes. El análisis de este intelectual alemán, durante años en un puesto de gobierno que le mantiene en relación con el mundo entero, resulta interesante y sugerente. Es atrevida y profunda. Más tarde, tras ser elegido Papa, la emisora pontificia recibió numerosas peticiones para su redifusión y se publicó su transcripción en muchos medios.

Usted aceptó que su libro-entrevista *Dios y el mundo* empezara con esta pregunta que le dirigió el periodista Peter Seewald: «¿En ocasiones tiene usted miedo de Dios?» Se la vuelvo a plantear hoy.

No tengo miedo de Dios porque Dios es bueno. Naturalmente, soy consciente de mi debilidad, de mis pecados. En este sentido, existe un temor de Dios, que es otra cosa que el miedo entendido en sentido humano. San Hilario dijo: «Todo nuestro temor está en el amor.» Por tanto, el amor implica no temor, sino, digamos, la preocupación de no contrariar el don del amor, de no hacer nada que pudiera destruir el amor. Así, hay algo distinto que no es temor, es reverencia, mucha, de modo que nos sentimos obligados realmente a responder bien a este amor y a no hacer nada que pueda destruirlo.

Una de las cuestiones que me parece crucial hoy es la que de modo bastante lacónico se expresa con el eslogan «Dios sí, Iglesia no». En el libro, usted responde con una preocupación ulterior sobre este aspecto. ¿Desea aclararla?

Sí, porque diciendo «Dios sí, o tal vez incluso Cristo sí, Iglesia no» se crea un Dios, un Cristo según las propias necesidades y según la propia imagen. Dios ya no es realmente una instancia que está frente a mí, sino que se convierte en una visión que yo tengo, y, por tanto, responde también a mis ideas. Dios se convierte en una verdadera instancia, un verdadero juez de mi ser, por consiguiente, también en la verdadera luz de mi vida, si no es sólo una idea mía, sino si vive en una realidad concreta, si realmente se sitúa ante mí y no es manipulable según mis ideas o deseos. Por eso, separar a Dios de la realidad en la que está presente y habla a la Tierra supone no tomar en serio a este Dios, que se hace así manipulable según nuestras necesidades y deseos. Por esto, considero un poco ficticia esta distinción.

Usted habla también en su texto del hecho de que tal vez hoy se tiende a estar de acuerdo con el eslogan «Dios no, religión sí».

Éste es otro aspecto del problema actual: se busca algo religioso, algo religioso que dé cierta satisfacción, porque el hombre tiene el deseo de encontrarse con el infinito, de tener esta respuesta de otra dimensión, de un más allá que además le proporcione una dulzura, una esperanza que las cosas materiales no pueden dar. Pienso que ésta es realmente una gran tendencia de hoy: separarse de la necesidad de fe, de un sí concreto y pleno de contenidos, por un sentimiento satisfactorio, por una especie de mística anónima que me da un poco de respiro, pero que, por otro lado, no exige mi compromiso. Por un momento puede ser algo muy bello encontrarse con esta dimensión mística, tener esta especie de ensanchamiento del yo; pero sin un compromiso, sin una respuesta por nuestra parte, se transforma también en algo vacío, una autosatisfacción en la que al final el yo permanece en su propia cárcel.

Su libro se publicó en Italia dos días después de los atentados en Estados Unidos. Si hubiera salido un poco más tarde, ¿qué habría deseado añadir a la luz de aquellos sucesos?

Mencionaría probablemente este problema del abuso del nombre de Dios; porque estos atentados se llevan a cabo también en nombre de Dios, en nombre, por tanto, de una religión de la que se abusa por los propios objetivos, una religión politizada y sometida así al poder, que se convierte en un factor del poder. Por otra parte, tal vez habría hablado más de la necesidad de conocer a Dios con su cara y su rostro humano. Si vemos a Cristo, el rostro de Cristo, de un Dios que sufre por nosotros y no usa la omnipotencia para regular con un golpe de poder la realidad del mundo, sino que va a nuestro corazón y tiene un amor que incluso le lleva a morir por nosotros, tenemos una visión de un Dios que excluye todo tipo de violencia; así, el rostro de Cristo me parece la respuesta más adecuada al abuso de un Dios que sería instrumento de nuestro poder.

«Me atrevería a decir que nadie puede *matar* a otro hombre sin saber que eso está mal»: así se expresa usted en el libro al responder a la pregunta: «¿Hay personas sin conciencia?» Me pregunto: los fundamentalistas, de cualquier naturaleza, se expresan en nombre del bien, invocan el nombre de Dios. Entonces, ¿qué podemos decir?

Naturalmente, los fundamentalistas son muy diferentes entre sí. Diría que, por ejemplo, en Estados Unidos, entre los evangélicos hay personas que se identifican hasta el final con las palabras de la Sagrada Escritura, y pueden así, si son realmente fieles a su palabra, superar el peligro del fanatismo y de una religión que se hace violencia. Pero, en todo caso, es importante que no seamos nosotros los que definamos la religión, sino que es un don que nos viene del Señor, y que se viva en una realidad viva como la Iglesia, que excluye la manipulación por mi parte y que, por otro lado, está ligada, vinculada, a la palabra de Dios; así, diría que tenemos este equilibrio entre una realidad no manipulable, la Palabra de Dios, y la libertad que vive esta palabra y que la interpreta en la vida.

Pero, en su opinión, ¿existe una guerra justa?

Esto es un gran problema. En la preparación del Catecismo había dos problemas: la pena de muerte y la guerra justa eran los temas más debatidos. Es un discurso que ahora se hace concreto en el caso de las respuestas de los americanos. También podemos hacer referencia a otro ejemplo, el de Polonia, que se defendió contra Hitler. Diría que no se puede excluir, según toda la gran tradición cristiana, en un mundo marcado por el pecado, que existe una agresión del mal que amenaza con destruir no sólo muchos valores, muchas personas, sino la imagen del hombre como tal. En ese caso, defenderse, defenderse también para defender al otro, puede ser un deber. Digamos, por ejemplo, que un padre que ve cómo agreden a los suyos tiene el deber de hacer lo posible para defender a la familia, la vida de las personas a él confiadas, incluso, eventualmente, con una violencia proporcionada. Por consiguiente, el problema de la guerra justa se define según estos parámetros: 1. Si se trata realmente de la única posibilidad de defender vidas humanas, de defender valores humanos. Todo ponderado realmente en la conciencia y ponderando el resto de las alternativas. 2. Que se apliquen sólo los medios inmediatos aptos para esta defensa y que se respete siempre el derecho; en una guerra tal, se deber respetar al enemigo como hombre, así como todos los derechos fundamentales. Pienso que la tradición cristiana sobre este punto ha elaborado respuestas que se deben actualizar sobre la base de las nuevas posibilidades de destrucción, de los nuevos peligros. Por ejemplo, provocar con una bomba atómica la destrucción de la humanidad puede incluso excluir toda defensa. Por tanto, hay que actualizarlas, pero diría que no se puede descartar *a priori* toda necesidad, incluso moral, de una defensa de personas y valores con los medios adecuados contra agresores injustos.

Hablaba del respeto de la dignidad de la persona. Se me ocurre pensar también en la necesidad y en la dificultad del perdón. ¿A usted le resulta siempre tan fácil perdonar?

Por supuesto, si uno está herido íntimamente, debe superar también la amargura que le produce la herida, y perdonar puede no ser algo fácil, porque el hombre se siente atacado en lo íntimo de su ser. Debe purificarse, debe superar las agresiones innatas, y sólo a través de un camino de purificación interior, que puede ser también difícil, se llega al verdadero perdón; pero la necesidad del perdón es también una gracia para el hombre, porque así se purifica y renueva, y en ese proceso de purificación y de perdón se hace más auténtico.

¿Qué es el castigo en la lógica de Dios?

Dios no nos hace el mal; eso iría contra la esencia de Dios, que no quiere el mal. Pero la consecuencia interior del pecado es que un día sentiremos los efectos inherentes al mal. No es Dios quien nos impone algún mal para curarnos, pero Dios nos deja, por así decirlo, a la lógica de nuestra acción y, dejado a esta lógica de nuestra acción, resultamos ya castigados por la esencia de nuestro mal. En nuestro mal está implícito también el castigo;

no surge del corazón, sino de la lógica de nuestra acción, y así podemos entender que hemos estado en oposición con nuestra verdad, y estando en oposición con nuestra verdad, estamos en oposición con Dios; y debemos ver que la oposición con Dios es siempre autodestructiva, no porque Dios nos destruya, sino porque el pecado destruye.

Eminencia, usted ocupa el cargo de prefecto de la Congregación para la Doctrina de la Fe desde hace veinte años. Su tarea es defender la verdad de Cristo en la fidelidad absoluta a las Escrituras, pero en la encarnación del tiempo presente. Es una tarea extremadamente delicada y difícil, tal vez también porque no todos quieren saber la verdad...

Es ciertamente un encargo difícil, también porque el concepto de autoridad ya casi no existe. Que una autoridad pueda decir algo parece ya incompatible con la libertad de todos a hacer lo que quieren y sienten. Es difícil también porque muchas tendencias generales de nuestra época se oponen a la fe católica, se busca una simplificación de la visión del mundo en el sentido de que Cristo no podría ser Hijo de Dios, sino que se le considera como mito, como gran personalidad humana, que Dios no puede haber aceptado el sacrificio de Cristo, que Dios sería un Dios cruel... En fin, hay muchas ideas que se oponen al cristianismo y muchas verdades de la fe sobre las que se debe reflexionar de nuevo para que se puedan expersar de manera adecuada al hombre de hoy. Así, alguien que está encargado de defender la identidad de la fe católica en estas corrientes que se oponen a nuestra visión del mundo necesariamente se ve en oposición con muchas tesis dominantes de nuestro tiempo, y, por tanto, puede parecer como una especie de oposición a la libertad del pensamiento, como una opresión del pensamiento libre; por eso, forzosamente este trabajo crea oposición y reacciones negativas. Pero debo decir que también muchos están agradecidos porque en la Iglesia católica persiste una fuerza que expresa la fe católica y da un fundamento sobre el que poder vivir y morir. Y esto es para mí lo consolador, lo satisfactorio, y el hecho de que veo muchas personas que están agradecidas porque esta voz existe, porque la Iglesia sin violencia, sólo con los medios de convicción, busca responder a los grandes desafíos de nuestro tiempo.

Veinte años en la Congregación que coinciden prácticamente con los veinte años de pontificado de Juan Pablo II: sus recuerdos más fuertes...

Los recuerdos más fuertes están unidos a los encuentros con el Papa en los grandes viajes; después, al gran drama de la teología de la liberación, donde hemos buscado el camino justo; y luego, todo el empeño ecuménico del Santo Padre, esta búsqueda de una gran apertura de la Iglesia en la que al mismo tiempo no pierda su identidad. Los encuentros normales con el Papa son tal vez la experiencia más bella, porque aquí se habla de corazón a corazón y vemos la intención común de servir al Señor, y vemos cómo el Señor nos ayuda también a encontrar compañía en nuestro camino: porque nada se hace sólo por mí; esto es muy importante, no tomar solo decisiones personales, sino en una gran colaboración. Esto siempre en un camino de comunión con el Papa, que tiene una gran visión de futuro. Él me confirma y me guía en mi camino.

Pero ¿cómo es el Papa? ¿Algún adjetivo por su parte que pudiera hacérnoslo también más familiar...?

El Papa es, sobre todo, muy bueno. Es un hombre que tiene un corazón abierto, también un hombre bromista con quien se puede hablar alegremente y de forma distendida. No estamos siempre sobre grandes nubes, estamos en esta vida... Esta bondad personal del Papa me convence siempre de nuevo, sin olvidar su gran cultura, su normalidad y el hecho de que está con los dos pies sobre la tierra.

Usted afirma que la Iglesia «aún no ha dado el salto al presente». ¿Qué quiere decir?

Existe todavía un gran trabajo por hacer de traducción de los grandes dones de la fe al lenguaje de hoy, al pensamiento de hoy. Las grandes verdades son las mismas: el pecado original, la creación, la redención, la vida eterna... Pero muchas de estas cosas se expresan aún con un pensamiento que ya no es el nuestro, y es necesario hacerlas llegar al pensamiento de nuestro tiempo, hacerlo accesible para que el hombre vea verdaderamente la lógica de la fe. Es un trabajo todavía por hacer.

Con mucha ternura y con palabras muy bellas, usted recordaba la figura de Juan Pablo II. ¿Podría ahora describirse a sí mismo? ¿Cómo se ve usted?

Es imposible un autorretrato; es difícil juzgarse a uno mismo. Sólo puedo decir que vengo de una familia muy sencilla, muy humilde, y por ello no me siento mucho cardenal, me siento un hombre sencillo. En Alemania vivo en un pequeño pueblo con personas que trabajan en la agricultura, en el artesanado, y allí me encuentro en mi ambiente. También busco ser así en mi función; si lo logro, es algo que yo no puedo juzgar. Recuerdo siempre con gran afecto la profunda bondad de mi padre y de mi madre, y, naturalmente, para mí bondad implica también la capacidad de decir «no», porque una bondad que deja pasar todo no hace bien al otro; alguna vez la forma de la bondad puede ser también decir «no» y arriesgarse así incluso a la contradicción. Pero incluso esto debe estar realmente alimentado no por un sentido de poder, de reivindicación, sino que debe provenir de una bondad última, del deseo de hacer bien al otro. Éstos son mis criterios, éste, mi origen; otras cosas deberían decirlas los demás.

El libro se cierra con una frase de Juan XXIII que usted hace suya, en la que expresa el gozo de pertenecer «a una Iglesia que es viva y joven, y continúa su obra sin miedo adentrándose en el futuro». Afirma que cree en la juventud de la Iglesia. ¿Qué dice hoy a las nuevas generaciones?

Que deben tener confianza, que la Iglesia es siempre joven y el futuro siempre pertenece a la Iglesia. Los otros regímenes que parecían muy fuertes han caído, ya no existen, sobrevive la Iglesia; un nuevo nacimiento siempre pertenece a las generaciones. Confianza, ésta es realmente la nave que lleva a puerto.

La abolición del hombre

La prestigiosa revista francesa Le Figaro, *en uno de sus magacines antes de cerrar el año 2001, realiza y publica esta entrevista a Joseph Ratzinger, quien lleva veinte años trabajando en Roma junto a Juan Pablo II. Las preguntas abordan las cuestiones candentes en un Occidente que se enfrenta a un nuevo milenio sin estar muy seguro de ser capaz de evitar las tendencias que marcaron su último siglo como el de las mayores atrocidades. Relativismo, tolerancia, islam, sexualidad, totalitarismo, fe y razón, futuro... Esta breve entrevista ofrece interesantes sugerencias para formarse un criterio acerca de las cuestiones fundamentales de nuestra época.*

Usted escribió, en una ocasión, que «la fe no ha desaparecido, sino que se ha replegado al reino de lo subjetivo». Para la Iglesia, ¿cuáles son las consecuencias del relativismo contemporáneo?

Desde la época de la Ilustración la fe ya no es la misión común del mundo, como lo era, por el contrario, en el Medievo. La ciencia ha codificado una nueva percepción de la realidad: se considera objetivamente fundado lo que se puede demostrar en un laboratorio. El resto —Dios, la moral, la vida eterna— se ha transferido al reino de la subjetividad. Además, pensar que pueda existir una verdad accesible a todos en el ámbito religioso implicaría una cierta intolerancia. El relativismo se convierte así en la virtud de la democracia.

Para la Iglesia, ¿la fe cristiana sigue teniendo un contenido objetivo?

Desde luego. Y es precisamente el contexto cultural que acabamos de describir el que representa nuestra mayor dificultad a la hora de anunciar el Evangelio. Pero los límites del subjetivismo están a la vista: aceptar incondicionalmente el relativismo, tanto en el ámbito de la religión como en lo referente a las cuestiones morales, lleva a la destrucción de la sociedad. El aumento progresivo del racionalismo lleva a la destrucción de la razón misma, y se instaura la anarquía: al convertirse cada individuo en una isla de incomunicabilidad, las reglas fundamentales de convivencia desaparecen. Si compete a las mayorías definir las reglas morales, una mayoría podrá imponer mañana reglas contrarias a las de ayer. Hemos vivido ya la experiencia del totalitarismo, en el que es el poder el que fija autoritariamente las reglas morales. De este modo, el relativismo total desemboca en la anarquía o en el totalitarismo.

¿Sigue considerándose misionera la Iglesia?

Sí, yo diría: de nuevo misionera. Hoy la palabra misión no siempre se recibe correctamente, porque se piensa en la destrucción de las antiguas culturas por parte de los occidentales. La realidad histórica, sin embargo, es diferente: sabemos que los misioneros cristianos —en África, en Asia y en América Latina— fueron con frecuencia los verdaderos defensores de la dignidad humana. Estos misioneros salvaron una parte de las culturas antiguas transcribiendo las lenguas indígenas y redactando diccionarios y gramáticas. Ayudaron a llevar a cabo esa gran revolución que fue el encuentro entre Europa y estos pueblos, integrando las tradiciones que convergían con la fe cristiana. Algunos de los problemas que África tiene en la actualidad derivan de que, con el racionalismo occidental, hemos destruido los antiguos valores morales, sin ofrecer nada a cambio. Y, dado que hemos importado la tecnología, lo que queda son las armas y la guerra de todos contra todos. En definitiva, lo que puede defender la edificación de las sociedades modernas es precisamente la misión cristiana, al permitirles mantener el vínculo con sus propias raíces.

La Iglesia declara estar en contra de la intolerancia. Pero ¿no es ella misma víctima de la intolerancia?

En efecto. Ha habido, por una parte, filosofías de corte totalitario, si bien en la actualidad el marxismo está en crisis. Por otra parte, el racionalismo agnóstico no es tan pacífico como podría parecer. Algunos consideran que la Iglesia es el último baluarte de la intolerancia, pero cuando combaten esta intolerancia se vuelven, a su vez, intolerantes. Y entonces la intolerancia puede convertirse en violencia.

En las polémicas contra la Iglesia, las cuestiones relativas a la sexualidad y al libre albedrío moral reaparecen una y otra vez. ¿A qué se debe esta incomprensión entre el mundo moderno y la Iglesia?

Aquí llegamos a la visión individualista del hombre. Nuestra época glorifica el cuerpo y sus placeres, exalta la libertad sexual, pero piensa que todo eso tiene que ver más con la esfera de la biología que con la psicología. Se establece una sutil separación entre lo biológico, lo corporal —factores que se sustraen a la responsabilidad espiritual, dado que se relegan al orden de la naturaleza— y el ser humano como tal. Desde el momento en que se considera la sexualidad como un fenómeno puramente biológico, deja de tener sentido una moral sexual.

La cultura contemporánea afirma una libertad absoluta, mediante la que el hombre debe «realizarse» a sí mismo. No existe, por tanto, una naturaleza humana que defina el bien y el mal. Esta visión se opone no sólo a la tradición de la Iglesia, sino a todas las concepciones que consideran que en nuestra naturaleza se halla inscrita una determinada línea de comportamiento, el sentido mismo de nuestro ser. La Iglesia habla de derecho natural, de moral natural. Por el contrario, si no somos más que productos de la evolución, somos libres de autodefinirnos. Existe entonces, como decía Sartre, una libertad en el sentido en que «yo no soy definido»: en mi situación, yo debo inventar lo que es el hombre. En la visión cristiana, por el contrario, la existencia del hombre —del hombre y de la mujer— es portadora de una idea de Creador, un Creador que tiene un proyecto sobre el mundo, que expresa ideas encarnadas en la realidad del mundo. Y la relación de fidelidad entre el hombre y la mujer revela que están hechos el uno para el otro, en una profunda unidad de cuerpo y espíritu, a la que están ligadas las generaciones futuras. La elevación de reacciones físicas al rango de realidades vividas en el respeto de la persona es el camino difícil, pero grande y bello, de la moral cristiana acerca de la sexualidad.

La Carta de los Derechos Fundamentales de la Unión Europea, adoptada el pasado año, no ha querido hacer referencia a la «herencia religiosa» de Europa. ¿Qué piensa usted de esta interpretación del laicismo?

Es preciso definir bien el laicismo. En mi opinión, existe una noción positiva de laicismo en el sentido de que el cristianismo, fenómeno nuevo en la historia, estableció una diferencia al reconocer la distinción entre religión y Estado.

Esta distinción entre el reino de Dios y el del César está en el origen del concepto de libertad que se ha desarrollado en Europa, en Occidente. Implica que la religión ofrece al hombre una visión para toda la vida, no sólo para la espiritual. Pero la institución religiosa no es totalitaria, sino que se halla limitada por el Estado. Y el Estado no puede pretender controlarlo todo porque está, a su vez, limitado por la libertad religiosa. El Estado no lo es todo y la Iglesia, en este mundo, no lo es todo. Entendida en este sentido, la laicidad es profundamente cristiana. La hostilidad de los nazis hacia el cristianismo, en especial hacia el catolicismo, se funda en esta idea de que el Estado lo es todo.

Pero si laicismo significa que en la vida pública no hay sitio para Dios, entonces nos hallamos ante un grave error. Las instituciones políticas y las instituciones religiosas poseen ámbitos que les son propios. Sin embargo, los valores fundamentales de la fe deben manifestarse públicamente, no por medio de la fuerza institucional de la Iglesia, sino por medio de la fuerza de su verdad interior. Cuando el laicismo pretende excluir la religión, obra una mutilación del ser humano.

¿La confrontación entre el mundo occidental y el mundo musulmán es un choque de civilizaciones?

El islam no existe como un bloque único. No existe un magisterio del islam, ni una constitución islámica centralizada. El Corán proporciona al mundo islámico algunas referencias comunes, pero da lugar también a interpretaciones diferentes. El islam se concreta en contextos culturales muy diversos, desde Indonesia hasta la India, desde Oriente Medio hasta África. Por tanto, el mundo islámico no es un bloque y no cancela los temperamentos nacionales: hay países de mayoría islámica que son muy tolerantes y otros que excluyen en mayor o menor medida el cristianismo.

Hoy el islam está masivamente presente en Europa. Y

puede constatarse un cierto desprecio por parte de cuantos creen que Occidente ha perdido su conciencia moral. Así, por ejemplo, mientras que el matrimonio y la homosexualidad se consideran equivalentes o el ateísmo se transforma con frecuencia en derecho a lo blasfemo, especialmente en el arte, estos mismos hechos resultan horribles para los musulmanes. De aquí la impresión tan difundida, en el mundo islámico, de que el cristianismo agoniza, de que Occidente está en decadencia, y la percepción de que el islam es el único que porta la luz de la fe y de la moralidad. Una parte de los musulmanes ve en ello una oposición incurable entre el mundo occidental —con su relativismo moral y religioso— y el mundo islámico.

No obstante, no me parece incorrecto hablar de una confrontación de culturas: en el reproche dirigido a Occidente nos encontramos de nuevo con las consecuencias del pasado, cuando el islam padecía la dominación de los países europeos. De este modo, se puede llegar a formas terribles de fanatismo. Ésta es una de las caras del islam, pero no es todo el islam. Existen también musulmanes que buscan el diálogo pacífico con los cristianos. En consecuencia, es importante juzgar los diversos aspectos de una situación que es preocupante para todas las partes en cuestión.

El año pasado, monseñor Biffi, arzobispo de Bolonia, suscitó una polémica al afirmar que la inmigración musulmana creaba problemas... La reflexión del cardenal Biffi era más sutil.

Él subrayó que existe actualmente una migración de pueblos, pero que es evidente que un gobierno, incluso el más abierto, no puede aceptar indefinidamente a todos los inmigrantes. Hay que distinguir, pues, entre los que pueden llegar y los otros. ¿Con qué criterios? Ésta era la pregunta de monseñor Biffi. Desde el momento en que se hace inevitable llevar a cabo determinadas elecciones, hay que aceptar ante todo —en vista de la paz civil de nuestras sociedades europeas— a los grupos que pueden integrarse con más facilidad, a los más cercanos a nuestra cultura. Si se manifiesta una incompatibilidad cultural, una incomprensión, toda la sociedad resulta afectada. Y esto no beneficia a nadie, ni siquiera a los inmigrantes musulmanes. Definir los criterios que permitan la unidad de un país y favorezcan su paz social es, por tanto, interés de todos.

El mundo moderno vivía en el culto al progreso y la razón. Tras dos guerras mundiales, los gulags, Auschwitz, el terrorismo, ¿siguen teniendo sentido las nociones de progreso y razón?

Siempre he sido escéptico respecto al concepto de progreso. Naturalmente, se da un progreso en el número de conocimientos, en la ciencia y en la técnica. Pero estos progresos no implican necesariamente un progreso en los valores morales, ni en nuestras capacidades de hacer buen uso del poder conferido por el conocimiento. Por el contrario: el poder puede ser un factor de destrucción. He sido siempre contrario al espíritu utópico, a la fe en una sociedad perfecta: concebir una sociedad perfecta de una vez por todas significa excluir la libertad que tenemos que ejercer cada día. La prueba de que la razón y la moral son frágiles es que una sociedad siempre puede autodestruirse. Lo que hace falta esperar es la presencia de fuerzas morales suficientes capaces de oponerse al mal.

Venta de órganos, manipulaciones genéticas, clonaciones: ¿hace falta poner límites a la investigación médica y científica?

A los oídos del hombre moderno, la idea de poner límites a la investigación suena como una blasfemia. Existe, sin embargo, un límite extrínseco: la dignidad del hombre. Es inaceptable cualquier forma de progreso que tenga como precio la violación de la dignidad humana. Si la investigación amenaza al hombre, se trata de una desviación de la ciencia. Aunque se argumente que cualquier vía de investigación puede abrir posibilidades para el futuro, hay que decir «no» cuando lo que está en juego es el hombre. La comparación es un poco fuerte, pero quisiera recordar que ya en una ocasión alguien llevó a cabo experimentos médicos con personas que consideraba inferiores. ¿Adónde llevará la lógica que consiste en tratar a un feto o un embrión como una cosa?

¿Qué espera la Iglesia de los jóvenes?

Que los jóvenes no tengan los prejuicios de la generación del 68, que alejaron a muchísimas personas —hombres de Iglesia incluidos— de la fe. Esperamos que los jóvenes manifiesten una nueva vitalidad, con una apertura que les permita descubrir en Cristo a un Dios que es verdad y amor.

¿Cuáles serán las grandes tareas del próximo pontificado?

¡No me corresponde a mí establecer su programa! Además, el mundo cambia rápidamente: lo que ayer parecía imperativo hoy ya no tiene la misma importancia. Creo que los problemas más urgentes, para la Iglesia, provienen de cuanto acabamos de decir. ¿Cómo hacer frente a la situación creada por un mundo occidental que duda, que ya no reconoce un fundamento racional en una fe común, un mundo abandonado, por tanto, al subjetivismo y al relativismo? Y además, el islam y el budismo, los dos grandes desafíos que tendrá que afrontar el mundo occidental: es preciso dialogar con ellos, encontrar la posibilidad de comprenderse sin perder la gran luz que nos viene de la figura de Jesucristo.

Un paseo por la actualidad

El Canal Católico de Madre Angélica, ETWN, esa televisión sacada adelante por una monja contemplativa sentada en una silla de ruedas, y que emite al mundo entero, se hace presente en Roma para entrevistar al cardenal Ratzinger. La retransmisión se realiza el viernes 5 de septiembre de 2003. El periodista encargado es Raymond Arroyo. Se trata de una conversación fresca, rápida, interesante, que sobrevuela por los temas más diversos, todos de interés general. Sin embargo, los temas vivos entre los ciudadanos —y los cristianos en particular— de Estados Unidos, como los abusos por parte de sacerdotes, ocupan cierto protagonismo. La transcripción de esta entrevista televisiva se ha publicado en numerosos medios en todos los idiomas.

Antes que nada, Su Eminencia, gracias por recibirnos. Es un gran honor poder estar aquí con usted. En su libro, *Dios y el Mundo*, habla de una crisis de fe. Usted, mejor que nadie, debe conocer el estado de la Iglesia, dado que recibe informes al respecto

todos los días. ¿Cuál es el centro de esta crisis de fe actual? ¿Están mejorando las cosas?

Sí, en un sentido están mejorando. Aunque, en general, nuestra situación, es decir, la situación de Occidente es la de un creciente relativismo. Existe la idea de que todo es igual y que no tenemos nada claro sobre Dios; entonces todos los credos son iguales. Ésta es una impresión habitual del mundo de hoy y eso constituye una tentación para los cristianos. Pienso, por otra parte, que muchas personas tienen un sincero deseo de relacionarse directamente con Cristo, con la presencia de Nuestro Señor. Diría que los jóvenes de la Iglesia mejoran esta situación, ya que ellos no hacen lo que todo el mundo, sino que en realidad anhelan ese contacto con el Señor, así como compartir la fe de la Iglesia. Diría que, en general, la situación de Occidente no mejora en cuanto a la fe, pero en la Iglesia, entre los jóvenes, podemos ver un nuevo amanecer.

Signos de esperanza que van apareciendo.

Sí.

Hablemos por un momento del Concilio Vaticano II, en particular de la preparación del Concilio. Usted ha dicho y escrito mucho sobre esto. Para los de mi generación, creo que lo más importante en lo que concierne a la fe de nuestros padres y abuelos es la liturgia, la misa. Usted ha hablado sobre la reforma, sobre reformar la reforma. ¿Cómo ve eso? ¿Cómo ve que tome cuerpo a medida que el tiempo pasa?

Habitualmente, diría que la reforma litúrgica no se implementó bien porque era algo general. Ahora, la liturgia es algo propio de una comunidad. La comunidad se representa a sí misma y la creatividad del sacerdote o de otros grupos será lo que cree sus propias liturgias. La liturgia actual es más la expresión de sus propias ideas y experiencias que de lo que se encuentran con la presencia del Señor en la Iglesia. Y con esa creatividad y presentación personal de la comunidad desaparece la naturaleza de la liturgia. Porque en esencia podemos ver a través de nuestras experiencias y recibir lo que no es parte de ellas, pero como un don de Dios. Pienso que debemos restaurar algunas ceremonias, pero la idea fundamental de liturgia es que no nos presentamos a nosotros mismos, sino que recibimos la gracia de Dios en la Iglesia del cielo y en la terrenal. La universalidad de la liturgia es primordial. La definición de la liturgia y el restablecimiento de esta idea también podrían ayudar a obedecer mejor las normas, no con un positivismo jurídico, sino compartiendo realmente lo que se nos da en la Iglesia a través del Señor.

Y ese sentido del sacrificio y valor del que ha hablado con tanta elocuencia, ¿cree que podrá restablecerse? ¿Veremos la vuelta a la postura *ad orientem*, de cara a Oriente, el sacerdote de espaldas al pueblo durante la misa, un retorno al latín, más latín en la misa?

Versus orientem. Diría que podría ayudar, ya que es una tradición de los tiempos de los Apóstoles, y no es sólo una norma, sino la expresión de la dimensión cósmica e histórica de la liturgia. Celebramos con el cosmos, con el mundo. Es la dirección del futuro del mundo, de nuestra historia representada en el sol y en las realidades cósmicas. Creo que, en nuestros días, este descubrimiento de nuestra relación con el mundo creado se puede comprender mejor que hace veinte años. Y también, usualmente, los sacerdotes y las personas están orientados al Señor. Entonces, creo que podría ayudar. Los gestos externos no son sólo un remedio de por sí, pero podría ayudar, dado que es una interpretación muy clásica de la dirección de la liturgia. Por lo general, pienso que fue bueno traducir la liturgia en las lenguas locales porque la entendemos, participamos también con nuestras mentes. Pero la presencia del latín en algunos elementos contribuiría a darle una dimensión universal, a darle la oportunidad a la gente para que vea y diga: «Estoy en la misma Iglesia.» Así que, en general, las lenguas locales son...

Algo bueno.

... Una solución. Pero un poco de latín podría ayudar a tener la experiencia de universalidad.

Sé que está trabajando en nuevas disposiciones litúrgicas que el Papa ha previsto en su encíclica sobre la Eucaristía. Hemos oído hablar mucho al cardenal Arinze. Para algunos esto puede ser el inicio de la vuelta de la misa tridentina. ¿Usted cree que será así?

Haría una distinción entre el documento futuro y el problema de las indulgencias. El futuro documento no consiste en nuevas disposiciones, sino en la interpretación de normas ya dadas. Sólo tenemos que interpretar o aclarar lo que es abuso y lo que es aplicable en la liturgia. En un sentido, la posibilidad de este documento es muy limitada: una explicación de los abusos y aclarar las normas. Lo otro es un problema distinto. En general, pienso que la antigua liturgia no se prohibió nunca. Sólo necesitamos normas para que, con tranquilidad, se aplique de modo que la liturgia reformada sea la liturgia habitual de la Iglesia. Y que quede claro que la otra siempre será válida si sigue el Magisterio de la Iglesia y del Santo Padre.

Así es. Y eso es un gran reto en algunos lugares. Es interesante ver también cómo en otros sitios muchos han seguido el llamado del Papa a realizar con más frecuencia la práctica de la antigua misa.

Sí, creo que es importante estar abierto a la posibilidad de demostrar también la continuidad de la Iglesia. No somos parte de una Iglesia distinta a la de hace 500 años. Siempre es la misma Iglesia. La Iglesia siempre es santa, nunca ha dejado de serlo, es imposible.

Correcto. Algunos sugieren, Su Eminencia, que existe un cisma *de facto* en la Iglesia de hoy. Muchos que se llaman a sí mismos católicos, que nacieron en hogares católicos y que fueron bautizados como tales, simplemente no creen ni viven una vida de fe. ¿Cómo los atraemos de nuevo? ¿Cómo llegamos a ellos en medio de nuestra realidad cultural actual?

Diría que ése es un problema pastoral permanente, ayudar a las personas a que compartan la fe de la Iglesia con autenticidad. Y siempre ha sido un problema para muchas personas porque su fe es deficiente e insuficiente. Hoy en día esto puede verse mucho más claramente con todo el...

¿Relativismo?

... con el relativismo y las cosas relacionadas con él. Es un problema tan complicado como en tiempos pasados. También está el problema de la catequización y la evangelización, que es mucho más difícil que antes. Pienso que lo primero que debe hacerse es una buena catequesis en la formación en la fe, que se haga presente la fe de la Iglesia. Creo que el catecismo de la Iglesia católica es una gran ayuda para observar universalmente lo que es la fe de la Iglesia y lo que no lo es. El nuevo compendio que estamos preparando será otra ayuda para hacer más accesible el gran catecismo en un trabajo práctico de catequización. Éste es el primer punto: la educación es la verdadera base del presente. El otro asunto está en la predicación: que podamos aprender lo que es la fe en las homilías, no sólo algunas ideas o siempre las mismas ideas. Pienso que un peligro real con el que nos topamos es que, en las homilías, tanto los sacerdotes como los obispos repiten esencialmente sus ideas favoritas y no presentan la totalidad de la fe. Por tanto, me parece que también es muy importante una renovación en la predicación. La liturgia es catequesis viva. Se puede ver el Sacrificio de Cristo aquí y que Dios Uno y Trino está en contacto con nosotros y nosotros con Él. La liturgia es primordial. De ese modo, también debe profundizarse la oración en la Iglesia. Creo que la manera de aprender a Dios es la oración. Y tener una escuela de oración es esencial. Con una relación concreta de oración, aprendemos sobre Dios y aprendemos de la Iglesia. Por eso es importante tener libros de oración que presenten la profundidad de nuestra fe. Por esa misma razón la caridad cristiana es elemental para concretar nuestra fe; dado que la fe no es sólo una idea, una teoría, sino una realidad existente.

Así es. Me parece que esa experiencia de la que habla se relaciona con lo que dijo de la Misa...

Exacto.

... ése, ése es el verdadero contacto, si uno lo desea, entre Dios y el hombre...

Sí. Sí.

Hablemos un momento sobre la nueva primavera. El Papa ha hablado mucho sobre la nueva primavera y usted ha ofrecido sus propias ideas. Su visión es un poco diferente a la que tienen algunos, que ven que los números crecen y que los creyentes avanzan cantando y bailando, tomados de las manos, hacia el tercer milenio (el cardenal se ríe entre dientes). Usted ve una imagen distinta. Díganos, ¿cómo es esa imagen? ¿Cómo ve la evolución de esta primavera?

No excluyo este baile tomados de las manos, pero esto es sólo un momento. Mi idea de la primavera de la Iglesia no se refiere a que dentro de poco tengamos muchísimas personas convertidas y que finalmente todos los habitantes del mundo se conviertan al catolicismo. Ésa no es la manera de Dios. Las cosas esenciales en la historia empiezan con pequeñas comunidades, más convencidas. Así, la Iglesia comienza con 12 apóstoles, e incluso la Iglesia de san Pablo que se difundió en el Mediterráneo estaba constituida por pequeñas comunidades, pero esta comunidad en sí misma es el futuro del mundo, dado que tiene la verdad y la fuerza de la convicción. Pienso que es un error pensar que ahora o en diez años, con la nueva primavera, todo el mundo será católico. Éste no es nuestro futuro, no es nuestra expectativa. Pero tendremos comunidades realmente convencidas con el *élan* de la fe, ¿no? Ésta es la primavera: una nueva vida de personas convencidas con el gozo de la fe.

Pero ¿pequeños números? ¿Y a gran escala?

Números pequeños, me parece. De esos números pequeños tendremos una irradiación de alegría en el mundo. Existe una atracción, como la había en la antigua Iglesia. Incluso cuando Constantino instauró el cristianismo como religión oficial, había un pequeño porcentaje de cristianos, pero estaba claro que ellos eran el futuro. Podemos vivir en el futuro. Diría que si tenemos jóvenes que realmente viven la alegría de la fe y viven además la irradiación de esta alegría, entonces tenemos a un grupo de personas que le dicen al mundo: «incluso si no podemos compartirla, si no podemos convertir a nadie en este momento, aquí está la forma para vivir el mañana».

Así es. ¿Ve los movimientos en la Iglesia como parte de esa conversión? ¿Existe el peligro de que nos dejemos envolver por este competitivo hecho, si lo ve así, de que todos debamos ser parte de ellos para ser católicos en serio?

Sí, por un lado, soy muy amigo de estos movimientos: Comunión y Liberación, los focolares y la Renovación Carismática, por ejemplo. Pienso que son un signo de esta primavera y de la presencia del Espíritu Santo que esté regalando estos carismas nuevos a la Iglesia. Esto es para mí motivo de gran esperanza: que la fuerza proveniente del Espíritu Santo esté presente en los laicos y no necesariamente en el clero. Tenemos movimientos y nuevas formas de fe. Por otra parte, creo que es importante que estos movimientos no se cierren en sí mismos o se absoluticen. Tienen que entender que, si bien son una manera, no son «la» manera; tienen que estar abiertos a otros, en comunión con otros. Especialmente debemos tener presente y ser obedientes a la Iglesia en la figura de los obispos y del Papa. Sólo con esta apertura a no absolutizarse con sus propias ideas y con la disposición para servir a la Iglesia común, la Iglesia universal, serán un camino para el mañana.

Su Eminencia, quiero hacerle una pregunta personal, si me lo permite. Ha escrito un libro recientemente, *Dios y el Mundo*. **Ha dicho que esta posición como prefecto de la Congregación para la Doctrina de la Fe es su «posición más incómoda» (el cardenal Ratzinger se ríe despacio). ¿Qué quiso decir con eso?**

Pues sí, en muchos aspectos resulta incómodo. Sobre todo porque, con frecuencia, tenemos que lidiar con todos los problemas de la Iglesia: relativismo, herejías, teologías inaceptables, teólogos complicados y demás. Junto con los casos disciplinarios, el problema de los pedófilos, por ejemplo, también es nuestro problema. En esta Congregación tenemos que lidiar con los aspectos más complicados de la vida de la Iglesia de hoy. Además, somos atacados como la inquisición, lo que usted debe saber mejor que yo...

Claro, claro.

Eso, por un lado. Pero, por otra parte, todos los días experimento que las personas están agradecidas cuando dicen «sí, la Iglesia tiene una identidad, una continuidad, la fe es real y está presente también hoy y es posible». Y cuando voy a la plaza de San Pedro y veo a tantas personas de lugares tan variados del mundo que me dicen «gracias, Padre. Estamos agradecidos por el difícil trabajo que hace, porque nos está ayudando». Incluso muchos amigos protestantes me dicen: «lo que está haciendo es útil para nosotros porque también está defendiendo nuestra fe y la presencia de la fe en Cristo. Necesitamos una instancia como la suya, a pesar de no compartir lo que está diciendo. Es también útil para ver que tenemos que seguir en esta defensa continua de la fe y nos alienta a continuar en la fe, a vivirla». Y en estos últimos días, una delegación de ortodoxos se acercó a mí y me dijo: «lo que está haciendo también es bueno para nuestra fe». Entonces tenemos una dimensión ecuménica que con frecuencia no es...

Apreciada.

... apreciada.

Su Eminencia, hay algo más que quisiera preguntarle, y esto es totalmente personal. Desde mi puesto cubro la Iglesia, viajo por todo el mundo y converso con mucha gente. Debo decirle, honestamente, que los últimos días han sido una prueba de fe para mí y para algunos de mis colegas también. ¿Cómo enfrenta la tentación de la desesperanza que a veces llega, considerando los casos que examina y las personas con las que se encuentra?

Pienso que tenemos que recordar a Nuestro Señor, que nos dijo: «Dentro de los campos de la Iglesia no sólo habrá trigo, sino también paja; de los mares del mundo sacaréis no sólo peces, sino también cosas inaceptables.» Entonces, el Señor nos anuncia como comunidad, una Iglesia en la que existirán escándalos y pecadores. Tenemos que recordar que san Pedro, el primero de los apóstoles, fue un gran pecador y, a pesar de eso, el Señor quiso que este Pedro pecador sea la roca de la Iglesia. Con esto, ya nos había indicado que no esperemos que todos los Papas sean grandes santos, tenemos que esperar que algunos de ellos sean pecadores. Nos anuncia que en los campos de la Iglesia habrá mucha paja. Esto no debería sorprendernos si consideramos la historia de la Iglesia. Han existido otros tiempos que por lo menos han sido tan complicados como los nuestros con escándalos, cosas, etc. Todo lo que debemos hacer es pensar en el siglo IX, el X, el Renacimiento. Entonces, contemplando las palabras del Señor en la historia de la Iglesia, podemos relativizar los escándalos de hoy. Sufrimos. Tenemos que sufrir porque ellos —es decir, los escándalos— hacen sufrir a mucha gente, y aquí pensemos en las víctimas. Ciertamente, tenemos que hacer todo lo posible para evitar que estas cosas pasen en el futuro. Pero, por otra parte, sabemos que el Señor —y ésta es la esencia de la Iglesia— se sentaba a la mesa con pecadores. Ésta es la definición de Iglesia. El Señor se sienta a la mesa con pecadores. Entonces, no podemos sorprendernos de que esto sea así. No podemos caer en la desesperanza. Al contrario, el Señor dijo: «YO NO ESTOY aquí sólo para los justos, sino para los pecadores.» Tenemos que estar seguros de que el Señor, verdaderamente —incluso hoy en día—, busca a los pecadores para salvarnos.

Durante los dos últimos años, muchos han diagnosticado una crisis de abusos sexuales que están plagando la Iglesia en Estados Unidos. Ahora el jefe de los teólogos del Vaticano identifica lo que considera son las raíces de estos escándalos sexuales. Usted, lo sé, ha estado bastante involucrado en la crisis de Estados Unidos, tratando de cerrar una herida en cuanto a estos escándalos. Mi pregunta es: ¿cuáles cree

que son las raíces que originan esta crisis que aún vivimos en Estados Unidos?

Distinguiría tal vez dos elementos: un elemento general y uno específico. El elemento general es, como ya dije, la debilidad de los seres humanos, incluso de los sacerdotes. Las tentaciones están presentes también para los sacerdotes y eso siempre va a ser así. Tenemos que aceptar eso siempre y entender que, incluso en la comunión entre sacerdotes y obispos, estas cosas pueden suceder. El segundo punto es más específico. ¿Por qué es más común en estos tiempos que en el pasado? Creo que un punto esencial es la debilidad de la fe, porque, únicamente si me encuentro a solas con el Señor, si el Señor está ahí por mí, no la idea sino la Persona con la que vivo una amistad profunda, si conozco particularmente al Señor y estoy en contacto con su amor todos los días, entonces la fe se convierte en una realidad para mí. Si es así, se convierte en el terreno de mi vida, es la más segura realidad y no una posibilidad. De ser así y si estoy realmente convencido y en contacto de amor con el Señor, entonces Él me ayudará a vencer las tentaciones aunque parezcan imposibles de vencer. Si no actualizamos nuestra fe todos los días, si se debilita y se convierte en algo que no es fundamental en la vida; entonces comienzan todos estos problemas. Por todas estas razones, la debilidad de la fe y la poca presencia de la fe en la Iglesia son el punto esencial. Me parece que es un problema que arrastramos desde hace cuarenta o cincuenta años: el concepto de que tenemos ideas comunes con todo el mundo y que la fe es un asunto muy personal, junto con la falta de conciencia de que la fe es un don de Dios. Lo primero que debemos hacer, entonces, es aprender nuevamente, reconvertirnos a una fe profunda y educarnos en la fe. Pienso que en los últimos cuarenta o cincuenta años la enseñanza moral de la Iglesia no estaba muy clara tampoco. Tuvimos tantos maestros en la Iglesia que enseñaban otras cosas y decían «no, esto no es pecado. Esto es común y como todos lo hacen, entonces está permitido». Con esta idea, no tenemos una enseñanza moral clara e incluso podemos...

Ser presa de las cosas del mundo.

Sí, sí, sí. Creo que hay dos cosas esenciales en este asunto: por un lado, la conversión a una fe profunda, la vida sacramental y de oración, y, por el otro, una enseñanza moral y una convicción de que la Iglesia tiene al Espíritu Santo de su parte y puede avanzar en este camino.

¿Qué le diría a los fieles de Estados Unidos que se encuentran tan abatidos en estos momentos, que no están seguros de a quién mirar?

Bueno, en primer lugar, lo que deben hacer es mirar al Señor. Él está siempre presente y siempre cerca de nosotros. Miren también a los santos de todos los tiempos. Los humildes, los fieles están allí, de repente no tan notoriamente porque no salen en televisión. Pero los humildes y los que rezan están presentes y en ellos confía la Iglesia, confía en que todos los fieles encuentren a este tipo de personas: que vean que con todos los problemas de hoy, la Iglesia no ha desaparecido, sigue adelante, especialmente con personas que no son tan visibles. Pienso entonces que lo esencial es encontrar al Señor, ver a los santos de todos los tiempos y encontrar también a los que no están canonizados, personas sencillas que están en el corazón de la Iglesia.

Su Eminencia, en Estados Unidos la Conferencia de Obispos intenta ponerle punto final a esta crisis. Dado que existe tal falta de confianza en los obispos por parte de los fieles, ¿cree que la Conferencia de Obispos es el mejor instrumento para sanar las heridas en este momento?

Ésta es una pregunta difícil, como bien sabe.

Por eso se la hago (ambos ríen).

Por un lado, diría que la coordinación entre los obispos en Estados Unidos se hace muy necesaria, dado que es un país bastante grande y es imposible que un obispo tenga la misma disciplina que otro. En este sentido, la coordinación entre los obispos y las normas comunes son importantes para garantizar la igualdad entre las distintas diócesis. Creo que la responsabilidad personal del obispo es fundamental para la Iglesia y, tal vez, el anonimato de la Conferencia de Obispos puede ser un peligro para ella. Nadie es responsable inmediato. Siempre fue la conferencia, y uno no sabe dónde ni qué es la conferencia. Por una parte, tenemos entonces la cooperación, la colegialidad y la igualdad del derecho y las normas. Por otra, es una responsabilidad personal de los obispos que podemos conocer. «Ésta es mi parte ahora, yo soy responsable.» Y se hace responsable de cualquier tipo de cosas de las que deba hacerse responsable.

Correcto, correcto. Porque es difícil para los niños de la Iglesia abrazar a un padre que no conocen (risas).

Eso está claro. Es la figura de un obispo que está valerosamente presente.

Muy importante. En *Dios y el Mundo*, usted reflexiona un poco sobre la *Dominus Jesus*, un documento del año 2000. Su libro fue recibido en medio de cierta controversia porque en él dice: «Dios no ha revocado Su alianza con el pueblo de Israel, en vez de eso presenta a Jesús como el Mesías para todos, y, entonces, la conversión es necesaria, o debería ser una posibilidad.» ¿Cómo reconcilia esas dos ideas?

Tal vez a nosotros no nos es posible reconciliarlas, eso debemos dejárselo a Dios. En las Escrituras hay dos cosas bastante claras. En la Carta de san Pablo a los Romanos, el apóstol dice de manera expresa que «la fidelidad de Dios es absolutamente clara. Él es fiel a sus promesas». Por eso, el pueblo de Abraham será siempre el pueblo de Dios, por un lado. Y lo dice rotundamente: «Todo Israel será salvado.» Pero también es claro que Jesús es el Salvador, no sólo para los demás pueblos. Él es judío y Él es el Salvador, especialmente de su propio pueblo. San Bernardo de Claraval dijo: «Dios salvador se reservó para sí la salvación de Israel. Lo hará Él mismo en persona.» Entonces debemos tener claro que esto queda para Dios. Debemos estar convencidos de que Cristo es el Salvador de todos los suyos y de todo el mundo. Pero cómo salvará a su pueblo es algo que debemos dejar en manos de Dios.

Pero es responsabilidad de la Iglesia hacer que el Evangelio esté disponible y que el mensaje también lo esté para los judíos.

Sí. Es absolutamente importante hacer que el Evangelio sea accesible para todos y entendible para los judíos. No sé si ha visto usted el nuevo libro del cardenal Lustiger, en el que relata una promesa y, de manera muy personal, narra una experiencia en la que muestra cómo podemos entender que el Antiguo Testamento habla de Cristo y que también es posible hacerlo accesible y disponible en los santos libros de Israel. Cristo es quien habla en el presente. Entonces, éste es un deber de la Iglesia: hacer disponible y comprensible que es el Salvador incluso de los suyos, los judíos.

Hablemos por un momento de sexualidad. Usted ha dicho que la sexualidad debe vivirse en el matrimonio. En nuestros días, este asunto es una noción y enseñanza bastante cuestionadas. ¿Cómo presenta la Iglesia este mensaje a los fieles en una cultura que tiene «matrimonios homosexuales», fertilización *in vitro* y tecnologías de reproducción fuera del acto sexual? ¿Cómo le presenta su enseñanza de la sexualidad a esta cultura?

¿Usted no pensará que en un minuto voy a aclarar lo que mucha gente no ha podido en muchos libros? Sin embargo, considero esencial entender la naturaleza que se le ha dado al ser humano y que el hombre ha sido creado para la mujer y viceversa. Ésta es la relación creacional que refleja todo lo que la naturaleza le ha dado al hombre para continuar con la generación humana. Es crucial que los hombres y mujeres creados por Dios sean uno, como se dice en los primeros capítulos de la Biblia. Por eso creo que, a pesar de que la cultura está en contra del matrimonio como forma esencial de relacionarse entre los seres humanos, entre los hombres y las mujeres, nuestra naturaleza está siempre presente y podemos entenderlo. Considero que lo que se opone al matrimonio es una contracultura y no está de acuerdo con nuestros anhelos más profundos. Creo que es posible lograr un diálogo sincero y abierto con las personas para entender que, incluso en nuestros días, el hombre y la mujer han sido creados el uno para el otro.

Así es. Una de sus labores aquí en la Congregación para la Doctrina de la Fe es la investigación de las apariciones marianas que ocurrieron en la historia y en nuestra era. En el año 2000, usted dio a conocer el llamado «tercer secreto de Fátima». Parte de esa revelación hablaba de una bala contra un Papa y de que éste caería muerto. La congregación interpretó que este episodio era el intento de asesinato en contra de Su Santidad, Juan Pablo II. ¿Es posible —y me han llegado muchas cartas preguntándome esto— que esto pudiera referirse a un futuro Papa?

No podemos excluir esta posibilidad. Normalmente las visiones privadas están limitadas a la siguiente generación. Incluso Lucía y todos en Fátima están convencidos de que en el tiempo de una generación lo revelado se haría realidad. Entonces ese contenido inmediato de la revelación se expresa en una visión con lenguaje apocalíptico. En las visiones no tenemos un lenguaje histórico, como una toma televisiva; tenemos un lenguaje simbólico y visionario. Podemos entender que esto en realidad es una indicación de la crisis de la Iglesia en la segunda parte del siglo XX y en nuestro tiempo. Incluso en el sentido de profecía, esta visión está siempre en las generaciones inmediatamente posteriores, aunque no podemos excluir a las que vienen después. No podemos decir que no, tenemos que esperar, debemos pensar que es probable que puedan darse ataques similares contra la Iglesia o contra el Papa.

Detengámonos un momento en este Papa. Usted ha trabajado cerca de él durante estos veintiún años. ¡Increíble! ¿Cuál cree que es la contribución del Papa a la Iglesia y cómo ha moldeado el papado, lo ha preparado mirando al futuro?

Si bien tiene una dimensión política, posee una dimensión mucho más espiritual. En la dimensión política, como todos sabemos, contribuyó a la caída de los regímenes de Europa del Este. Ha generado —y aquí hablamos ya de la dimensión espiritual— una relación con Israel y un nuevo compromiso por los pobres del mundo. Ésta es una de las dimensiones esenciales que ha revelado y que ha reforzado el compromiso de caridad de la Iglesia para con la gente que más sufre en el mundo. Tenemos una dimensión espiritual con su profunda fe y amor por el Señor y por su Madre María, Madre de Dios, quien nos alienta con su oración y con su comprensión de la presencia del Señor. Nos dio un nuevo comienzo, una nueva esperanza para los jóvenes, especialmente para entender que «podemos rezar hoy en día. Cristo está presente en nuestros días». Con todos sus viajes por el mundo, con su palabra, sus escritos, su profunda fe y su renovación de ésta, fue el iniciador del movimiento de la juventud, de la «nueva primavera de la Iglesia». «Sí, podemos vivir de esta forma. Cristo está presente. Y eso es más importante que todos los problemas de la fe y de nuestra vida moral, tener al Señor y estar en el camino del Señor.» También es esencial todo lo que el Papa ha hecho para promover la renovación de nuestra vida de fe y de nuestra vida sacramental.

¿Qué hay de su sufrimiento, el sufrimiento de este hombre ante todo el mundo que hemos podido observar? ¿Cuál cree usted que es su contribución?

Creo que, en nuestro tiempo, es muy importante. Estamos en un mundo en el que sólo suenan las personalidades activas, del deporte y similares, todos jóvenes. La idea es ser joven y hermoso. Que un hombre anciano sufriente exista nos muestra que alguien así puede ser una importante contribución a la vida de las personas. Su sufrimiento estuvo en comunión con el sufrimiento de Cristo y tal vez con su sufrimiento podemos entender mejor que el sufrimiento de Cristo redimió al mundo. Del Papa podemos aprender porque se entregó al sufrimiento, lo dejó todo y demostró que sus fuerzas iban más allá de las fuerzas humanas porque tenía a Cristo. Podemos aprender de su sufrimiento y del regalo que significó para nosotros, tan necesario en nuestro tiempo.

Usted ha estado en este puesto durante veintiún años. He leído en distintos informes que quiso retirarse varias veces. ¿Por qué está todavía aquí? (Risas de ambos.)

Sí, tuve el deseo de retirarme en 1991, 1996 y 2001, porque tenía la idea de que podría escribir algunos libros y regresar a mis estudios, como hizo el cardenal Martini..., pero, por otro lado, viendo al Papa sufriente, no podía decirle: «Yo me retiro, me dedicaré a escribir mis libros» (ambos se ríen). Tengo que continuar.

Mi pregunta final. ¿Cuál es, a su parecer, el gran peligro y la gran esperanza de la Iglesia hoy?

Creo que el peligro más grande está en que nos convirtamos en una organización social que no esté fundada en la fe del Señor. A primera vista, parece que sólo importara lo que estamos haciendo y que la fe no es tan importante. Pero si la fe desaparece, todas las demás cosas, como hemos visto, se descomponen. Pienso que existe el peligro, con todas estas actividades y visiones externas, de subestimar la importancia de la fe y perderla, comenzar a vivir en una Iglesia en la que la fe no sea tan importante.

Correcto.

Entonces existe la gran esperanza en el Señor, veremos una nueva presencia del Señor. Podemos ver que su presencia sacramental en la Eucaristía es un regalo para nosotros y nos permite amar a otros y trabajar por los otros. Pienso que la nueva presencia de la Eucaristía y el nuevo amor por Cristo, y Cristo presente en la Eucaristía es el elemento más alentador en nuestro tiempo.

Agradecemos al cardenal Joseph Ratzinger y a su equipo que nos hayan permitido realizar esta entrevista.

El laicismo, ¿una nueva ideología?

El diario italiano La Repubblica *publica, en noviembre de 2004, una valiosa entrevista al cardenal Ratzinger, realizada por Marco Politi. El periodista pone el dedo en algunas de las llagas dolorosas y de las cuestiones más controvertidas: el crucifijo en las escuelas, el velo de los islamistas en Europa, homosexualidad, anticoncepción y otros mensa-*

jes de la Iglesia «incompatibles» con el hombre de hoy... A pesar de todo, el optimismo del purpurado es tal que causa extrañeza. Estas palabras introducen la entrevista:

Europa, cuna y pilar del catolicismo, está perdiendo su filiación cristiana. Actualmente los no practicantes, los indiferentes y los agnósticos representan la mayoría. Para la Iglesia de Roma es un desafío decisivo. A partir de este hecho empezamos nuestro coloquio con el cardenal Joseph Ratzinger en la Sala Rossa del Santo Oficio. Hoy en día su nombre se liga a la Congregación para la Doctrina de la Fe; su jefe ha sido y continúa siendo una figura clave del pontificado wojtyliano.

«Vivimos en una situación de grandes cambios. Disminución de la natalidad e inmigración —nos revela el purpurado— mudan la composición étnica de Europa. Pero, sobre todo, hemos pasado desde una cultura cristiana a una época de secularización agresiva e incluso, en ocasiones, intolerante con el cristianismo. No obstante, si bien las iglesias se vacían y muchos no logran alcanzar a Dios, la fe no ha muerto. Estoy seguro de que también dentro de un contexto social multicultural, y sobreviviendo a grandes contrastes, la fe cristiana permanece como un factor importante, capaz de difundir fuerza moral y cultural en el continente.» 19 de noviembre de 2004.

Entonces ¿el cardenal Ratzinger no es pesimista?

Optimismo y pesimismo son categorías emocionales. Yo pienso como un ser realista. Estoy convencido de la fuerza interior de la fe. Más bien creo que el catolicismo se ha hecho «más católico», en definitiva, más universal. Y mientras otros continentes van descubriendo sus modos de ser cristianos y católicos, Europa no será más una voz tan determinante como lo fue en el pasado. Sí tendrá una gran relevancia, pero siempre en el interior de una orquesta internacional.

Después del asunto con Buttiglione, ciertos grupos laicos y católicos creen en un «cristianismo asediado» en Europa.[1]

Existe una agresividad ideológica secular que puede resultar preocupante. En Suecia, a un pastor protestante que había predicado sobre la homosexualidad haciendo referencia a un pasaje de las Sagradas Escrituras lo han encarcelado durante un mes.

El Laicismo ya no es el elemento de neutralidad que abre universos de libertad para todos. Empieza a transformarse en una ideología que nos es impuesta a través de la política, y no concede espacio público a la visión católica y cristiana, la cual corre el riesgo de convertirse así en algo meramente privado y, automáticamente, mutilado. En este sentido, existe una lucha, y nosotros tenemos

---

1. Rocco Buttiglione es un político italiano, presidente del partido demócrata UDC, que alcanzó cierta notoriedad en el plano europeo durante 2004. Este profesor de filosofía fue elegido diputado europeo por Milán en 2001. Ha ejercido los cargos de ministro para la Unión Europea en el segundo gobierno de Silvio Berlusconi y de ministro de Bienes Culturales en el tercero. En 2004, el presidente de la Comisión Europea, José Manuel Durão Barroso, incluyó su nombre entre los candidatos a comisarios de este organismo, pensando asignarle las carteras de justicia, libertades y seguridad. Su nominación suscitó variadas críticas, pues coincidió con unas declaraciones de Buttiglione en torno a la homosexualidad y a la familia. Para poner término a una controversia que se anunciaba compleja en el Parlamento Europeo, se dispuso retirar su candidatura, y Berlusconi propuso en su reemplazo el nombre de otro político de su confianza, Franco Frattini. El 6 de mayo de 2008 es nombrado vicepresidente de la Cámara de Diputados.

que defender la libertad religiosa contra la imposición de una ideología que se nos presenta como si fuese la única voz de la racionalidad, cuando en realidad no es más que la expresión de un «cierto» racionalismo.

Pero, para usted, ¿qué es la laicidad?

La laicidad justa es la libertad de religión. El Estado no impone una religión, sino que deja espacio libre a las religiones con una responsabilidad hacia la sociedad civil, y, por tanto, permite a estas religiones que sean factores en la construcción de la vida social. (Preguntado por la verdadera esencia del cristianismo, el purpurado la describe como «una historia de amor entre Dios y los hombres. Si se entiende esto en el lenguaje de nuestro tiempo, el resto viene solo».)

Sin embargo, existen fronteras delicadas, como la cuestión del crucifijo en las escuelas. Hay una tendencia, que considero banal, a afirmar que es símbolo de amor universal y que por este motivo no puede fastidiar a nadie. En realidad, es, ante todo, la señal de un Dios y de una religión. ¿No es comprensible que haya quien afirme que no pueda existir una única señal impuesta?

Depende de las situaciones históricas. Hay países que no tuvieron una presencia cristiana; por este motivo, es lógico que no acepten ese símbolo, ya que no contiene expresiones ni de la herencia ni de la orientación moral común. Yo pienso que, gracias a Dios, Italia y también parte de Alemania están todavía tan impregnadas de su pasado y de su presente cristiano que el crucifijo es para ellos un punto de orientación. La cruz nos habla de un

Dios que se hace hombre y que muere por el hombre, que ama al hombre y perdona. Y esta visión ya es una visión de Dios que excluye el terrorismo y las guerras de religión en nombre de Dios. Puede que en un futuro se pierda la sustancia cristiana dentro de un pueblo: entonces podría decirse que ya no existe una orientación común y que, tal vez, ésta ya no se podrá ofrecer en los espacios públicos. Para mí sería un escenario triste y por esto me empeño personalmente para que no se dé por perdida esta sustancia cristiana.

Entonces, si un hebreo o un musulmán, sin polémicas, piden que en las escuelas haya algún signo que represente su fe, ¿sería justo negarlo?

Se puede reflexionar sobre las condiciones de un caso similar, ponderando bien todas las diferencias que esto conlleva. Pero es una cuestión abierta; tendría que reflexionar sobre ella con más profundidad.

¿Cree que existe una dificultad por parte de la Iglesia para hacerse entender ante el hombre moderno?

No hagamos de éste una imagen mítica, pues el hombre de hoy es múltiple. No es el mismo hombre el que vive en América Latina, en África o en Asia. Y también entre nosotros existen varias clases sociales con poliédricas visiones del mundo. Reconozco que es verdad que el cristianismo tiene dificultades en hacerse entender por el mundo actual, especialmente el occidental: el americano y el europeo. En el ámbito intelectual, el sistema conceptual del cristianismo aparece muy lejano del lenguaje y del modo moderno de ver las cosas. Bastaría pensar en la palabra «naturaleza»: ¡cómo ha cambiado su sentido!

Sin duda alguna, debemos hacer lo posible para traducir este sistema conceptual, de manera que aflore la verdadera esencia del cristianismo.

Y ¿cómo la describiría?

Una historia de amor entre Dios y los hombres. Si se llega a entender esto en el lenguaje de nuestros tiempos, el resto vendrá solo.

¿Hace falta algo más?

Existe también la dificultad en aceptar el cristianismo desde un punto de vista existencial. Los actuales modelos de vida son muy diferentes, y por eso el esfuerzo intelectual, por sí solo, no es capaz. Hay que ofrecer espacios de vida, de comunión, de camino. Sólo a través de experiencias concretas y del ejemplo existencial es posible verificar la accesibilidad y la realidad del mensaje cristiano.

Vuelve a difundirse la tentación de refugiarse en el sueño de una sociedad orgánicamente cristiana. ¿Tiene sentido todo esto?

Claro que no. Era una situación histórica determinada, con luces y sombras, como también testimonia la historia de la Iglesia. Hoy existe una tendencia a ver sobre todo las sombras, pero existían también luces, como bien nos revela la gran cultura medieval. Ahora, refugiarse en una situación histórica irrepetible, sería simplemente absurdo. Tenemos que aceptar el curso de la historia, enfrentándonos ante la dificultad de creer en un contexto pluralista, pero siempre concienciándonos de la existencia de nuevas posibilidades para una fe libre y adulta. La fe no es sólo el resultado de una tradición y de una particular situación social, sino, ante todo, un libre sí de nuestro corazón dirigido a Cristo.

¿Dónde está Dios en la sociedad contemporánea?

Está muy marginado. En la vida política parece casi indecente hablar de Dios, como si fuese un ataque a la libertad de quien no cree. El mundo político sigue sus normas y sus caminos y excluye a Dios como algo que no pertenece a esta Tierra. Lo mismo sucede en el mundo del comercio, de la economía y de la vida privada. Dios queda a un margen. Sin embargo, me parece necesario volver a descubrir, y existen las energías, que también la esfera política y económica tienen necesidad de una responsabilidad moral, una responsabilidad que nace del corazón del hombre y, en última instancia, tiene que ver con la presencia o la ausencia de Dios. Una sociedad en la que Dios está absolutamente ausente se autodestruye. Lo hemos visto en los grandes regímenes totalitarios del siglo pasado.

Por lo que respecta al tema de la ética sexual, la encíclica *Humanae Vitae* (1968) causó una profunda separación entre el magisterio y el comportamiento práctico de los fieles. ¿Es hora de volver a reflexionar sobre ella?

Para mí es evidente que debemos seguir reflexionando. Ya en sus primeros años de pontificado, Juan Pablo II ofreció al problema un nuevo tipo de enfoque antropológico, personalista, al desarrollar una visión muy diversa de la relación entre el yo y el tú del hombre y de la mujer. Es verdad que la píldora ha dado lugar a una revolución antropológica de grandes dimensiones. No ha sido, como se podía pensar al inicio, sólo una ayuda para las situaciones difíciles, sino que ha cambiado la visión de la sexualidad, del ser humano y del cuerpo. La sexualidad se ha separado de la fecundidad, y de este modo ha cambiado profundamente el concepto de la vida humana. El acto sexual ha perdido su finalidad, que antes era clara y determinante, de manera que todas las formas de sexualidad han llegado a ser equivalentes. Sobre todo, de esta revolución deriva la equiparación entre homosexualidad y heterosexualidad. Por eso siempre digo que Pablo VI planteó un problema de muchísima importancia con esa encíclica.

La homosexualidad es un tema que concierne al amor entre dos personas y no la mera sexualidad. ¿Qué puede hacer la Iglesia para entender este fenómeno?

Diría dos cosas. Antes que nada, debemos tener un gran respeto por estas personas, que también sufren y que quieren vivir en modo justo. Por otra parte, crear ahora la forma jurídica de una especie de matrimonio homosexual, en realidad, no ayuda a estas personas.

Por tanto, ¿usted ofrece un juicio negativo sobre la elección tomada en España?[2]

Sí, porque es destructiva para la familia y para la sociedad. El derecho crea la moral o una forma de moral, ya

2. El 30 de junio de 2005 el Congreso de los Diputados de España aprobó la Ley por la que se modificaba el Código Civil en materia de derecho a contraer matrimonio, de manera que las parejas gays se pueden casar ante el Estado en igualdad de derechos con los heterosexuales. En el momento de la entrevista, el debate estaba vivo.

que la gente normal habitualmente piensa que lo que afirma el derecho es moralmente lícito. Y si juzgamos esta unión más o menos equivalente al matrimonio, nos encontramos con una sociedad que ya no reconoce ni lo específico de la familia ni su carácter fundamental, es decir, lo que es propio del hombre y la mujer, que tiene como objetivo dar continuidad —y no sólo en sentido biológico— a la humanidad. Por eso, la elección tomada en España no aporta un beneficio verdadero a estas personas, porque de esa forma destruimos elementos fundamentales de un orden de derecho.

A veces, la Iglesia, al decir no a todo, se ha visto derrotada. ¿No tendría que ser posible, por lo menos, un pacto de solidaridad entre dos personas, aunque sean homosexuales, reconocido y tutelado por la ley?

Pero institucionalizar un acuerdo de ese tipo —lo quiera o no el legislador— aparecería necesariamente a la opinión pública como otro tipo de matrimonio, de manera que éste asumiría de manera inevitable un valor relativo. No hay que olvidar, por otra parte, que, con estas decisiones hacia las que tiende hoy una Europa —por decirlo así— en decadencia, nos separamos de todas las grandes culturas de la humanidad, que han reconocido siempre el significado propio de la sexualidad: esto es, que el hombre y la mujer han sido creados para ser, unidos, la garantía del futuro de la humanidad. Garantía no sólo física, sino también moral.

En definitiva, las visiones conflictivas de la ética reflejan la revolución del individuo vigente en el mundo occidental. La nueva subjetividad, ¿es una desgracia o un desafío para la Iglesia?

De por sí, la capacidad de autodeterminación puede ser buena. Pero dudo de que muchos sujetos estén realmente autodeterminados —como hoy en día quiere hacérsenos creer— y no vivan dentro de un cierto uniformismo prefabricado, aunque ellos tengan la convicción de autorrealizarse. El hombre de hoy está manipulado por los mercados, por los medios de comunicación, por las modas. Es verdad que la esfera del sujeto siempre es más grande. El problema es que hoy en día la religión y la moral parecen pertenecer sólo a la esfera privada del individuo. La objetividad se encontraría sólo en la ciencia, mientras que el resto quedaría atrapado en el mundo de la subjetividad. En consecuencia, la religión pierde su peso en la formación de la conciencia común.

¿Y entonces?

Esta situación presenta algo positivo, que el sujeto se haga más consciente de su libertad y de sus responsabilidades. Ha llegado el momento de reconocer que la libertad humana puede vivir sólo si es a la vez libertad compartida con los demás, vivir dentro de una responsabilidad común. Sobre todo, se ha de entender que el hombre no se crea a sí mismo: es una criatura con sus límites, y con la posibilidad de perder o de encontrar el camino que corresponde con su ser: una persona humana.

En el escenario actual, todo Occidente irrumpe contra el islam. ¿Cómo debería enfrentarse a eso el catolicismo?

En primer lugar, el islam es multiforme, no se puede reducir su existencia sólo al área terrorista o a la moderada. En él conviven diversas interpretaciones: sunitas, chiíes, etc. Culturalmente existe una gran diferencia entre Indonesia, África o la península Árabe y hay que decir que también va formándose un islam con carácter europeo, que acepta elementos de nuestra cultura. En todo caso, la firme fe en Dios de los musulmanes es un reto positivo para nosotros; la conciencia de que estamos todos bajo el juicio de Dios, junto con un cierto patrimonio moral y la observancia de algunas normas que demuestran cómo la fe necesita expresiones comunes para vivir, son cosas que desafortunadamente estamos perdiendo con el tiempo. ¿Y sobre la vertiente crítica? Se trata de recoger las debilidades culturales de una religión demasiado entregada a un libro considerado como verbalmente inspirado, con todos los peligros que puedan derivarse de esto.

Podríamos ofrecerle el concepto de libertad religiosa a una religión para la cual la teocracia es determinante, es decir, la inseparabilidad entre poder estatal y religión. Podríamos mostrarle que un Dios que deja más libertad a un hombre, ofrece nuevos espacios al hombre y a su desarrollo cultural.

En nuestros países tenemos la pretensión de exportar los valores occidentales al resto del mundo porque los consideramos mejores.

No debemos imponer y dogmatizar todos nuestros ideales. Debemos ser conscientes de la relatividad característica de muchas de nuestras formas políticas, religiosas y económicas. Por otra parte, tendríamos que dejar a los demás pueblos la posibilidad de contribuir a la multiplicidad del concierto de la cultura humana. Nosotros intentamos convencer a los demás de cosas que nos parecen esenciales, pero esta acción debe realizarse en el respeto, sin forma alguna de imposición.

El problema de fondo

Extraordinario interés tienen las preguntas y respuestas de esta entrevista concedida a Jaime Antúnez, director de la revista Humanitas, *una de las revistas culturales católicas más prestigiosas del mundo, cuya redacción central se encuentra en Santiago de Chile (www.humanitas.cl). La entrevista se publicó también en el libro* Crónica de las ideas. En busca del rumbo perdido, *por la editorial Encuentro.*

El Catecismo de la Iglesia católica, presentado por Vuestra Eminencia a fines del año 1992, fue un éxito de librerías en todo el mundo, y encabezó las listas de ventas en gran número de países. A juicio de V. E., ¿este hecho tiene alguna relación con la caída de las ideologías?

Seguramente existe una relación, porque el interrogante de dónde apoyarnos en el constante cambio de los tiempos se ha vuelto más apremiante aún por la caída de las ideologías. Si hemos de ser realistas, debemos admitir que el éxito del libro tiene muchas raíces. En parte no es más que pura curiosidad la que anima a mucha gente a comprarlo. Después de todas las críticas que han escuchado antes, quieren saber qué es lo que dice este libro realmente. Otros buscan información y quieren conocer las enseñanzas de la Iglesia católica, que, ahora como siempre, representa una gran fuerza espiritual en la humanidad. Muchos creyentes que, después de los agitados años que siguieron al Concilio y en presencia de los desconcertantes antagonismos entre los teólogos, ya no saben muy bien a qué deben atenerse en la Iglesia, esperaban que este libro les aclarase sus dudas y, en efecto, en esto radica una de sus funciones esenciales: en los últimos tres decenios, las opiniones y comentarios dentro de la Iglesia han sido múltiples y tan contradictorios, que produjeron profunda confusión e incertidumbre en muchas personas. ¿Es que ahora la Iglesia ha cambiado súbitamente sus antiguas enseñanzas? ¿Es que todo cuanto siempre tenía validez, de pronto la ha perdido? ¿Todavía tiene la Iglesia una doctrina común? El Catecismo nos dice que sí, tiene una doctrina común, porque la palabra de Dios es inagotable y gracias a ella crece la fe. Aparecen nuevas dimensiones de la palabra revelada. E incluso cuando se acaben el cielo y la tierra, las palabras de Jesús no perecerán, como bien nos dice el salmo 102: «Desde antiguo fundaste tú la tierra, y los cielos son la obra de tus manos; ellos perecen, mas tú quedas; todos ellos como la ropa se desgastan, como un vestido los mudas tú, y se mudan. Pero tú siempre el mismo...» Como un vestido los mudas tú: el cambio de la historia en estos decenios lo hemos vivido en forma dramática. Pero la fe viene de aquel Dios que siempre permanece el mismo, aun cuando cambien los vestidos de la palabra, es decir, las formas históricas de expresión de la fe. Esta búsqueda de lo permanente constituye seguramente uno de los motivos de la demanda del Catecismo. Sin embargo, me parece que, en último término, es más importante la causa positiva que las causas negativas que desempeñan un papel en el éxito del libro (descomposición de las ideologías, etc.): el hombre busca la verdad, busca aquello que le permite vivir. A pesar de todas las dudas frente a la Iglesia católica y a pesar de toda la crítica que se expresa contra ella, existe una expectativa: quizá pueda encontrar allí una palabra que me ayude...

Por la lectura de diversos documentos del Magisterio, pareciera inferirse que, desde el punto de vista pastoral, una de las preocupaciones principales de la Iglesia con relación al hombre contemporáneo es el ateísmo. ¿Trátase hoy más de un ateísmo práctico que de uno ideológico?

La raíz de todos los problemas pastorales es, sin lugar a dudas, la pérdida de la capacidad de percepción de la verdad, que va lado a lado con el enceguecimiento ante la realidad de Dios. Y es digno de señalarse cómo interactúan aquí el orgullo y la falsa humildad. Primero es el orgullo, que motiva al hombre a emular a Dios, a creerse capaz de entender los problemas del mundo y construirlo de nuevo. En la misma medida surge la falsa modestia, que sostiene la idea de que es del todo imposible que Dios se preocupe de los hombres y hasta llegue a hablarles. El ser humano ya no se atreve a aceptar que es capaz de reconocer por sí mismo la verdad, y esto le parece presunción; piensa que debe conformarse con tener acceso a la acción. En este mismo instante, también enmudece para él la Sagrada Escritura: ahora no nos dice lo que es verdad, sino que sólo nos informa lo que tiempos y hombres pretéritos pensaban que era verdadero. Con esto cambia también la imagen de la Iglesia: ella deja de ser la transparencia de lo eterno, para pasar a ser sólo una especie de liga en pro de la moral y el mejoramiento de las cosas terrenales; la medida de su valor estaría en su éxito terreno. Se infiltran aquí necesariamente el ateísmo práctico y el ideológico, junto a una cierta conveniencia. Primero sólo se procede como si Dios no existiera; pero luego es preciso justificar esa posición explicando la primacía de la praxis. De aquí a la ideología hay sólo un corto trecho.

El Papa Juan Pablo II ha insistido varias veces en la validez de esa advertencia de Pío XII: «El gran pecado del mundo contemporáneo es haber perdido la noción de pecado.» Mientras tanto, parece que el sentido de la libertad, tan aguzado en el hombre contemporáneo, compele a éste a conocerlo y a probarlo todo, indiscriminadamente. A la luz de ello, ¿qué podría comentarse de este pensamiento de Simone Weil: «Hacemos la experiencia del bien sólo cuando la cumplimos. Cuando hacemos el mal, no lo conocemos, porque el mal aborrece la luz»?

Pienso que esta palabra de Simone Weil es fundamental. El bien y la verdad son inseparables entre sí. Es un hecho que sólo hacemos el bien cuando estamos en armonía con la lógica interna de la realidad y de nuestro propio ser. Actuamos bien cuando el sentido de nuestra acción es congruente con el sentido de nuestro ser, es decir, cuando hallamos la verdad y la realizamos. En consecuencia, hacer el bien conduce necesariamente al conocimiento de la verdad. Quien no hace el bien, se ciega también a la verdad. A la inversa, el mal se genera a través del enfrentamiento de mi yo contra la exigencia del ser, de la realidad. Esto es, el abandono de la verdad. Es por eso que hacer el mal no conduce al conocimiento, sino a la ofuscación. Ya no puedo —ni quiero— ver lo que es malo; el sentido del bien y del mal queda embotado. Y por eso el Señor dice que el Espíritu Santo amonestará al mundo con relación al pecado (Jn 16,8): En su calidad de Espíritu de Dios, deja en claro lo que es el pecado; sólo Él, que es todo luz, puede reconocer lo que el pecado significa y conducir así a los hombres a la verdad. Hablando de esto mismo, san Pablo expresa: El hombre espiritual —el que vive en el Espíritu Santo— entiende todo (1 Cor 2,15). La comunión con el bien, con el Espíritu Santo, es la más honda de todas las experiencias posibles y nos proporciona, en consecuencia, la pauta para una comprensión que llega al núcleo de la realidad.

¿Cómo se conjugan, en esta perspectiva, las exigencias de una vida interior y espiritual con las de una misión pública y profética?

Tengo la impresión de que hoy existe un vasto malentendido en torno a la categoría de lo profético. El profeta se entiende así como un gran acusador, que se coloca en la línea de los «maestros de la suspicacia» y percibe lo negativo por doquiera. Esto es tan falso como aquella opinión que prevalecía antaño y que confundía al profeta con el adivino. El profeta es en realidad el hombre espiritual, en el sentido que san Pablo da a esta expresión; es decir, es aquel que está totalmente penetrado del Espíritu de Dios y que por esa causa es capaz de ver rectamente y de juzgar en consecuencia. Su misión es, por tanto, hacer la obra del Espíritu Santo, y ello significa convencer al mundo en orden al pecado, a la justicia y al juicio (Jn 16,8). Puesto que todo lo ve a la luz de Dios, posee una percepción inexorable en lo que al pecado respecta; él debe dejar al descubierto la hipocresía y la mentira ocultas en las cosas humanas, para dejar despejado el camino hacia la verdad. Convencer al mundo del pecado es, desde luego, algo enteramente distinto a una crítica social fundada en lo puramente sociológico o guiada por intereses de tipo político. Significa juzgar a los hombres y las circunstancias a partir de su relación para con Dios; introducir en la comunicación el juicio de Dios como el factor decisivo y remitirlo todo a Dios. Por esta causa, el lenguaje profético es religioso en grado máximo, es lenguaje «espiritual». Por eso, el lenguaje profético siempre aplica también la medida de lo positivo: la justicia «porque me voy al Padre» y el juicio de Dios. Precisamente por esta razón, el lenguaje profético es siempre portador de esperanza. Hablar proféticamente significa, en síntesis, interpretar la situación desde el punto de vista de Dios, reconocer la voluntad de Dios rectamente en una situación determinada y proclamarla. Decidir si estamos llamados a hablar proféticamente y en qué circunstancias demanda una introspección muy seria, pues nadie puede erigirse por cuenta propia en profeta.

Según ha puesto de relieve Alexander Solzhenitsyn, la muerte del comunismo, la verificación de que era una mentira, ha traído a muchos sectores pensantes la impresión de que no existen verdades absolutas y de que tampoco interesa hallarlas. Entretanto, se pregunta el propio Solzhenitsyn, y yo me permito trasladar esta pregunta a V. E., ¿qué se puede construir sobre el menosprecio de los significados más elevados y sobre una visión relativista de los conceptos y de la cultura en su totalidad?

La Encíclica *Veritatis Splendor* parte de un análisis que está muy cerca del de Solzhenitsyn. Posiblemente, el flirteo de la «intelligentsia» occidental con el marxismo tenga su explicación en el hecho de que en medio del torbellino del relativismo se haya buscado algo sólido y se creyera encontrarlo allí. Después de que las profecías del marxismo han demostrado que son mentiras, la tentación del relativismo se ha tornado aún más radical.

En el marco universal que ha alcanzado hoy el régimen democrático, se generaliza también una suerte de relativismo que tiende a cuestionarlo todo en materia de principios.

Muchos opinan que el relativismo constituye un principio básico de la democracia, porque sería parte de ella el que todo se pueda someter a discusión. En verdad, sin embargo, la democracia vive sobre la base de que existen verdades y valores sagrados que todos respetan. De otro modo se hunde en la anarquía y se neutraliza a sí misma. Alexis de Tocqueville señalaba ya, hace aproximadamente 150 años, que la democracia sólo puede subsistir si antes va precedida por un determinado *ethos*. Los mecanismos democráticos funcionan sólo si éste es, por así decir, obvio e indiscutible y sólo así se convierten tales mecanismos en instrumentos de justicia. El principio de mayoría sólo es tolerable si esa mayoría tampoco está facultada para hacer todo a su arbitrio, pues tanto mayoría como minoría deben unirse en el común respeto a una justicia que obliga a ambas.

Hay, en consecuencia, elementos fundamentales previos a la existencia del Estado que no están sujetos al juego de mayoría y minoría y que deben ser inviolables para todos. La cuestión es: ¿quién define tales «valores fundamentales»? ¿Y quién los protege? Este problema, tal como Tocqueville lo señalara, no se planteó en la primera democracia americana como problema constitucional, porque existía un cierto consenso cristiano básico —protestante— absolutamente indiscutido y que se consideraba obvio. Este principio se nutría de la convicción común de los ciudadanos, convicción que estaba fuera de toda polémica. Pero ¿qué pasa si ya no existen tales convicciones? ¿Es que es posible declarar, por decisión de la mayoría, que algo que hasta ayer se consideraba injusto ahora es de derecho, y viceversa? Orígenes expresó al respecto en el siglo tercero: Si en el país de los escitas se convirtiere la injusticia en ley, entonces los cristianos que allí viven deben actuar contra la ley. Resulta fácil traducir esto al siglo xx: Cuando durante el gobierno del nacional-socialismo se declaró que la injusticia era ley, en tanto durara tal estado de cosas, un cristiano estaba obligado a actuar contra la ley. «Se debe obedecer a Dios antes que a los hombres.» Pero ¿cómo incorporar este factor al concepto de democracia? En todo caso, está claro que una constitución democrática debe tutelar, en calidad de fundamento, los valores provenientes de la fe cristiana declarándolos inviolables, precisamente en nombre de la libertad. Tal custodia del derecho sólo subsistirá, por cierto, si está guardada por la convicción de gran número de ciudadanos. Ésta es la razón por la cual es de suprema importancia para la preparación y conservación de la democracia preservar y profundizar aquellas convicciones morales fundamentales, sin las cuales ella no podrá subsistir. Estamos ante una enorme labor educadora a la cual deben abocarse los cristianos de hoy.

¿En qué sentido se entiende la afirmación de que «el núcleo de nuestra crisis cultural reside en la actual desestabilización de lo ético»?

Prescindir de la cuestión de la verdad también liquida la norma ética. Si no sabemos lo que es verdad, tampoco podemos saber lo que está bien, y ni siquiera el bien en absoluto. El bien es reemplazado por «lo mejor», vale decir, por el cálculo de las consecuencias de una acción. En realidad, para decirlo sin adornos, esto significa que el bien se ve desplazado, y en su reemplazo se favorece lo útil. El hombre vive, por así decir, con los ojos y los oídos cerrados al mensaje de Dios en el mundo. Pero si consideramos que la verdad y el bien constituyen el corazón de toda cultura, es fácil deducir las consecuencias que se siguen de la progresiva difusión de una postura tal.

En esta dirección, ¿podría V. E. comentar de qué manera una encíclica como la *Veritatis Splendor* vendría justamente al encuentro de algunas de las necesidades más apremiantes de nuestro tiempo?

En primer lugar y antes de toda otra consideración, la encíclica es un texto creyente, que guía nuestra mirada hacia Cristo, porque Él nos da «palabras de vida eterna» (Jn 6,68). No obstante, también es un texto que se dirige a la humanidad como un todo. Ciertamente la fe cristiana va más allá de lo que la razón pura pueda reconocer, pero es parte de sus convicciones fundamentales el que Cristo es el Logos, es decir, la razón creadora de Dios, de la cual procede el mundo y que se refleja en nuestro juicio. El apóstol Pablo, que habló con tanto énfasis de la novedad y la unicidad del cristianismo, al mismo tiempo destacó que el precepto moral consignado en la Santa Escritura coincide con aquello que «está inscrito en nuestros corazones, atestiguándolo nuestra conciencia» (Rm 2,15). Es verdad que, con frecuencia, esta voz de nuestro corazón, la conciencia, es apabullada por los ruidos secundarios de nuestra vida. La conciencia se puede volver ciega, por así decirlo. Necesitamos recibir las lecciones de repaso de la fe, que vuelve a despertarla, y así nuevamente hacer perceptible la voz del Creador en nosotros, sus criaturas. La Encíclica habla desde la fe, pero justamente por eso habla a la razón y lucha por el destino del hombre en esta época. La Encíclica insiste muy decididamente en que la moral no es cosa de acuerdos. En este caso estaría sometida al juego de las mayorías. La moral se basa más bien en el orden interno de la propia realidad: la creación lleva en sí la moral. Estamos comenzando de nuevo a ver esto en los urgentes problemas ecológicos. Volvemos a darnos cuenta de que no debemos de hacer todo cuanto podemos. Constatamos que debemos respetar la dignidad de las criaturas. Con mayor razón entonces debemos volver también a comprender que justamente el ser humano lleva en sí una dignidad y un mandato interior que permanecen a través de todos los cambios históricos. El hombre es siempre hombre. Su dignidad esencial es siempre la misma. Por eso existen conductas que nunca podrán llegar a ser buenas, sino que siempre serán incompatibles con el respeto al hombre y a la dignidad que viene de Dios y que Él lleva en sí. El Papa muestra con gran poder de persuasión que el problema fundamental de nuestro tiempo es un problema moral. Los problemas económicos, sociales y políticos seguirán siendo insolubles si no se encara esta realidad central. Y el Papa demuestra que el problema moral no se puede separar de la cuestión de la verdad. Ésta, por su parte, está indisolublemente unida al problema de la búsqueda de Dios.

La virulencia de cierta antirreligiosidad manifiesta en medios de comunicación de algunos países del mundo rico e industrializado va inclinando a algunos católicos a pensar en un desarrollo de la vida cristiana hasta cierto punto catacumbal, o al menos

que renuncia a la proyección social de la misma. El punto 2.105 del Catecismo pareciera entretanto postular lo contrario.

Existe hoy día una nueva afición por la religión. La idea de que la religión desaparecería con la progresiva cientificación del mundo ha demostrado ser un error. Es verdad que al mismo tiempo existe un éxodo progresivo de la Iglesia. A los hombres la fe les parece demasiado sobria, y su exigencia interior, demasiado grande. Buscan formas religiosas que, por decirlo de alguna manera, prometan un contacto más rápido con el misterio y, así, una satisfacción emocional inmediatamente perceptible. A mi modo de ver, la creciente animosidad de algunos medios de comunicación social contra la Iglesia está condicionada ante todo por el relativismo intelectual y moral. Para éste, la Iglesia es perturbadora e incluso parece ser una amenaza personal. Hoy, todavía no podemos prever las situaciones que puedan darse en el futuro para el cristiano y para la Iglesia; pero aunque la Iglesia fuera desplazada cada vez más de la vida pública, seguirá existiendo su misión de recordarle a Dios a toda la sociedad. Los sistemas ateístas que dominaron por tantas décadas las naciones del Este nos han mostrado adónde se dirige una sociedad sin Dios. Una sociedad que excluye a Dios de una manera consciente y lo relega por completo a lo privado se autodestruye. Por eso, los cristianos sólo tienen la obligación frente al mundo de dar fe de Dios y, así, de mantener presentes los valores y verdades, sin los cuales a la larga no puede existir convivencia humana soportable.

Juan Pablo II se ha lamentado de que «la cultura contemporánea está, en gran proporción, siguiendo

la ilusión de un humanismo sin Dios». ¿Tiene esta ilusión algo también que ver con la proliferación de las sectas?

Pienso que el fenómeno de las sectas se debe distinguir de la tendencia de un humanismo sin Dios. Incluso dentro del amplio fenómeno «secta» se encuentran diferencias significativas. Ante todo, yo quisiera distinguir entre las sectas que quieren ocupar el terreno del cristianismo y las sectas sincretistas que recurren en gran medida a elementos paganos y buscan y ofrecen lo mágico, lo oculto. La mayoría de las sectas cristianas, en cambio, se basan seguramente en la aspiración a una comunidad abarcable, a un sentimiento de protección, a una interpretación simple de la Biblia, sin vínculos históricos ni institucionales. La disgregación consiguiente aquí ya está programada de antemano, porque la comunidad pequeña también crea instituciones y desarrolla su historia, de modo que necesariamente tendrán que ocurrir nuevos éxodos. Sin embargo, son más peligrosas las sectas sincretistas, en las que se produce fácilmente una perversión de lo religioso: no es el hombre quien sirve a Dios, sino que se sirve de lo divino y trata de dominarlo. En este caso, existen luego formas progresivas de degeneración de lo religioso, que destruyen su verdadera esencia desde la base. Recientemente leí que, frente a los 3.000 sacerdotes que hay en Milán hoy día, existen 4.000 magos. Aquí la ausencia de fe y la superstición se confunden íntimamente. Se ve que la falta de fe degenera forzosa e irresistiblemente en superstición y que el racionalismo original (o también humanismo) produce un paganismo poscristiano con extrañas mezclas de racionalismo, técnica y magia: en adelante tendremos que preocuparnos más que hasta ahora de estas relaciones.

Haciendo hincapié en la necesidad esencial para los cristianos de dar testimonio de un Dios vivo, V. E. ha señalado que uno de los más graves daños para éstos proviene del hecho de refugiarse en cierto moralismo para, así, resultar al fin más comprensibles y aceptables en un mundo secularizado. ¿Podría explicarnos el exacto alcance de este equívoco?

La reducción del cristianismo a una entidad moral ya existió en el Estado enciclopedista de fines del siglo XVIII y el siglo XIX. El cristianismo se medía por su utilidad para el Estado. Debía preocuparse de la educación moral, con lo que garantizaba el funcionamiento de la vida social. Las realidades más profundas del cristianismo, la fe en el Dios uno y trino, en la salvación por Jesucristo, en la gracia divina y en la nueva vida divina dentro de nosotros se consideraban inútiles. Pero se les permitía existir, porque de alguna forma estas realidades estaban entrelazadas con el servicio moral que la fe prestaba a la humanidad. Ésta era una visión desde fuera, desde la autoridad estatal, que naturalmente no pudo dejar de ejercer efectos en lo interno. Hoy día, en la propia Iglesia es grande la tentación de presentar ante todo el valor útil de la fe y de atribuir menor importancia a todo lo demás. La Iglesia quiere intervenir en el mundo, pero en la atmósfera profana del presente no se pueden representar los grandes principios de la fe. Así, se limita a lo que puede ser comprendido por todos. Mas lo que en un comienzo sólo pretendía ser una renuncia impuesta por las circunstancias, en el entretanto ya se ha elaborado como teoría: la medida de todas las religiones sería su contribución a la praxis de la liberación. En realidad, las religiones existirían para este fin; así nos lo dicen modernos teóricos del cristianismo, incluso teólogos. Bajo este signo también se podría dar lugar, entonces, a la «ecumene de las religiones». A las religiones individuales se les permite conservar sus símbolos, sus formas de culto y sus «mitos», pero se les exige considerarse unidas en el concepto de que todo esto sirve para aumentar el potencial de las fuerzas de liberación en el mundo. Ante este planteamiento, naturalmente debemos preguntarnos en primer lugar qué se debe entender por libertad. Pero esta cuestión más bien práctica es precedida por otro problema fundamental: aquí la verdad es sustituida por la «praxis», y la fe se reduce a la utilidad. Pero la utilidad de la fe (que en realidad existe) ya no se produce cuando sólo se la busca en función de esta utilidad. La fuerza moral de la fe está ligada a la verdad de nuestro encuentro con el Dios vivo. La grandeza que la fe cristiana llevó a las cuestiones sociales y políticas del mundo siempre nació del amor a Cristo, de la fuerza salvadora de su pasión. Allí donde el cristianismo se reduce a la moral, muere precisamente como fuerza moral.

En una de las declaraciones hechas por los participantes en el sínodo de Obispos de Europa, celebrado en Roma en diciembre de 1991, concluida ya entonces la muerte política del sistema comunista, se afirma: «Después del derrumbamiento del comunismo, existe aún la posibilidad ideológica de pensar al hombre fuera de la cultura, encerrándolo completamente en la esfera de la economía. Esta hipótesis la promueve la ideología que podríamos llamar del "occidentalismo" o de la "sociedad de consumo", o de la "sociedad permisiva". Para ella, la identidad del hombre se define exhaustivamente por lo que compra o consume, por la satisfacción de sus necesidades materiales y por sus tendencias al goce. Para

ella, las naciones o Europa no tienen significado ni futuro; son sólo fragmentos del mercado mundial...» ¿Sobrevive de esta manera el marxismo, incluso después de su colapso político?

Sí, pienso que las tendencias ideológicas fundamentales del marxismo han sobrevivido a la caída de la figura política que han tenido hasta ahora. Ellas también seguirán determinando el conflicto espiritual. En primer lugar, no debemos olvidar que, tanto ahora como antes, países importantes son gobernados por partidos marxistas: China, Vietnam, Corea del Norte, Cuba. Tampoco el sandinismo ha desaparecido por completo. Partidos más o menos comprometidos con el marxismo desempeñan un papel importante en algunos países de Europa oriental y occidental. Por otra parte, entre el liberalismo y el marxismo existió y sigue existiendo una connivencia silenciosa en puntos relevantes: una interpretación del mundo basada exclusivamente en las fuerzas materiales, la que luego conlleva una interpretación del hombre y de la sociedad sólo a base de los factores materiales. Si el liberalismo se levanta únicamente sobre los mecanismos del mercado, en el ámbito práctico esto ciertamente es un contraste radical con el control burocrático central que promueven los sistemas marxistas. Pero también en la filosofía radical de mercado predomina un pensamiento mecanicista materialista, en el que la libertad del individuo se transforma en parte integrante de un sistema global mecánico que funciona forzosamente y tiene leyes confiables. El liberalismo puro no puede superar al marxismo. Necesitamos, como lo demuestra la Encíclica moral del Papa, una concepción de la libertad que esté ligada a la verdad. Necesitamos una imagen del hombre que esté ligada a Dios. De otra forma no podremos encontrar el camino entre la Escila de la anarquía y la Caribdis del totalitarismo.

En años pasados la Congregación para la Doctrina de la Fe que V. E. preside debió ocuparse largamente de problemas suscitados por la llamada teología de la liberación. En respuesta a ella se habló de una teología de la reconciliación.

Yo veo su fundamento en ese texto tan importante de la segunda Epístola a los Corintios, de san Pablo, en el capítulo quinto, en el que existe un resumen del mensaje cristiano, de acuerdo al cual nosotros, los apóstoles, somos mensajeros de Dios y en nombre de Dios pedimos reconciliarnos con Dios, en Cristo. Por consiguiente, la Redención, el Evangelio, es reconciliación con Dios y tenemos que decir que la enajenación del hombre consiste en el hecho de su carencia de conciliación consigo mismo, de estar dividido internamente, y es imposible su conciliación consigo mismo si no está en paz con Dios, ya que Dios es más íntimo para el hombre que él mismo para sí. Es por eso que sólo quien esté reconciliado consigo mismo puede estar en paz con los demás. Esto depende en todo momento de una paz fundamental, proveniente de estar reconciliado con Dios, y sólo quien está en conciliación consigo mismo supera la enajenación y, como consecuencia, alcanza la liberación. En tal sentido, esta reconciliación profunda con el ser y, por consiguiente, con Dios y con uno mismo es el fundamento de toda libertad y de toda capacidad de reconciliación, de vivir en paz y de encontrar un justo orden de relaciones que produzcan un plano de libertad. Pienso, en realidad, que las ideas equivocadas de libertad y toda esta tendencia a autogenerar un nuevo tipo de ser es producto de una profunda falta de conciliación con uno mismo, con el ser en sí mismo, y supone, por tanto, la identificación con un ser contrario a la realidad de Dios, quien es negado porque no se encuentra la paz con Él. Me parece que, por otra parte, aquí se toma contacto con el fundamento mismo de un nuevo concepto positivo de libertad y de paz, a partir de cuya visión podría elaborarse toda una teología de la libertad y de la paz, embebida con toda la riqueza de la cristología, de la auténtica eclesiología.

En el libro *Informe sobre la fe*, V. E. dice, a propósito de la vida litúrgica, lo siguiente: «Se ha llegado a creer que sólo se da participación activa allí donde tenía lugar una actividad exterior verificable: discursos, palabras, cánticos, homilías, lecturas, estrechamientos de mano. Pero se ha olvidado que el Concilio, por *actuosa participatio*, entiende también el silencio, que permite una participación verdaderamente profunda y personal, abriéndonos a la escucha personal de la palabra del Señor. Ahora bien, en ciertos ritos, no ha quedado ni rastro de ese silencio.» Hasta aquí sus palabras. ¿Cómo pueden los fieles reivindicar su derecho a una participación verdaderamente profunda y personal frente a ciertos abusos en la celebración litúrgica? ¿Cree que es posible el renacer de una piedad silenciosa y contemplativa que fundamente una participación profunda y personal en el pueblo fiel, en las circunstancias presentes de una cultura que favorece a la imagen sobre la idea y a la información sobre la contemplación?

Yo creo que sí, no sólo porque la Iglesia cuenta con la promesa del Señor de que volverá siempre a su centro, sino también porque humanamente ya estoy viendo cómo la nueva generación reencuentra el sentido del silencio, así como el sentido del esplendor de los símbolos, de la objetividad de una gran liturgia en la cual uno no se representa a sí mismo, no es animador, sino que representa el misterio más grande que puede haber para todo ser humano, que es la presencia del Señor. Veo —y esto es muy natural— que el hombre y el alma cristiana no pueden perder por completo el sentido de esta riqueza, que quizá puede, con todo, ensombrecerse de forma momentánea. Pero en la juventud, que ha vivido suficientemente estos nuevos descubrimientos de la información y la imagen, retorna ya el sentido de la gran liturgia auténtica y su dimensión contemplativa. Por otra parte, el clamor del espíritu cristiano, del pueblo cristiano, es tan fuerte, que no puede quedar sin respuesta. En este sentido, espero que, con una nueva generación, tengamos también un regreso auténtico de estos elementos tan importantes de la liturgia cristiana.

III. CÓMO ES LA VIDA DE UN PAPA

CURIOSIDADES ACERCA DE SU PERSONA Y DE SU VIDA

Veintiséis años de «amigo seguro» de Juan Pablo II

La televisión estatal polaca solicitó esta entrevista a Benedicto XVI con ocasión de la Jornada del Papa, que se celebra en Polonia el día 16 de octubre desde el año 2000. La entrevista tuvo lugar en el palacio apostólico de Castelgandolfo y la realizó el padre Andrzej Majewski, responsable de la Redacción de Programas Católicos de la TVP. Se retransmitió el domingo 16 de octubre de 2005 en Polonia y, a partir de las 20.30 del mismo día, estuvo disponible en el sitio de Radio Vaticana, en su versión original italiana y traducida al inglés, francés, alemán, portugués y español. La entrevista comienza con estas palabras de agradecimiento:

Gracias de todo corazón, Padre Santo, por habernos concedido esta breve entrevista, con ocasión de la Jornada del Papa que se celebra en Polonia.

El 16 de octubre de 1978, el cardenal Karol Wojtyla se convirtió en Papa y, desde aquel día, en Juan Pablo II, durante más de veintiséis años, como Sucesor de san Pedro, y como usted ha dicho, ha guiado a la Iglesia junto con los obispos y los cardenales. Entre los cardenales estaba también Vuestra Santidad, persona singularmente apreciada y estimada por su predecesor; persona de la que el pontífice Juan Pablo II escribió en el libro *Alzaos y vamos*, y aquí cito: «Doy gracias a Dios por la presencia y la ayuda del cardenal Ratzinger. Es un amigo seguro», escribió Juan Pablo II.

Santo Padre, ¿cómo comenzó esta amistad y cuándo conoció Su Santidad al cardenal Karol Wojtyla?

Personalmente le conocí en los dos precónclaves y cónclaves de 1978. Por supuesto, había oído hablar del cardenal Wojtyla, al principio, sobre todo, en el contexto de la correspondencia entre los obispos polacos y alemanes en 1965. Los cardenales alemanes me han informado del enorme mérito y la contribución del arzobispo de Cracovia, que era el alma de esta correspondencia realmente histórica. Había oído también hablar a mis amigos universitarios sobre su filosofía y su gran figura como pensador. Pero, como he dicho, el primer encuentro personal tuvo lugar en el cónclave de 1978. Desde el comienzo sentí una gran simpatía por él y, gracias a Dios, el cardenal de aquel tiempo me otorgó desde el principio su amistad, inmerecida. Estoy agradecido por la confianza que me dio, sin mérito alguno por mi parte. Sobre todo al verle rezar, comprendí, no sólo vi, que era un hombre de Dios. Ésta era la impresión fundamental: un hombre que vive con Dios, más aún, en Dios. Además, me ha impresionado la cordialidad, sin prejuicios, con la que se ha encontrado conmigo. En estos encuentros del precónclave de los cardenales tomó la palabra en diversas ocasiones y ahí tuve también la posibilidad de percibir su estatura de pensador. Sin grandes palabras, así surgió una amistad, desde el corazón y, nada más producirse su elección, el Papa me llamó en diversas ocasiones a Roma para charlar y al final me nombró prefecto de la Congregación para la Doctrina de la Fe.

Por tanto, ¿el nombramiento no fue una sorpresa, ni que le convocara a Roma?

Para mí era un poco difícil, porque desde el comienzo de mi episcopado en Múnich, con la solemne consagración como obispo en su catedral, era para mí una obligación, casi un matrimonio, con esta diócesis y habían subrayado que desde hacía varios decenios yo era el primer obispo originario de la diócesis. Me sentía, por tanto, muy obligado y ligado con ella. Además, existían problemas difíciles que todavía no se habían resuelto y no quería dejar a la diócesis con ellos. De todo esto hablé con el Santo Padre con gran libertad, y con esa confianza que tenía el Santo Padre, que era muy paternal conmigo. Me dio tiempo para reflexionar, y él mismo también lo quería pensar. Al final me convenció, porque ésa era la voluntad de Dios. Así pude aceptar esa llamada y esa gran responsabilidad, nada fácil, que de por sí superaba mis capacidades. Pero con la confianza en la paterna benevolencia del Papa y con la guía del Espíritu Santo, pude decir que sí.

Esta experiencia duró más de veinte años...

Sí, llegué en febrero de 1982, y ha durado hasta la muerte del Papa, en 2005.

¿Cuáles son, según usted, Santo Padre, los puntos más significativos del pontificado de Juan Pablo II?

Yo diría que podemos tener dos puntos de vista: uno *ad extra* —al mundo— y uno *ad intra* —a la Iglesia—. Respecto del mundo, me parece que el Santo Padre, con sus discursos, su persona, su presencia, su capacidad de convencer, ha creado una nueva sensibilidad hacia los valores morales, hacia la importancia de la religión en el mundo. Esto ha hecho que se crease una nueva apertura, una nueva sensibilidad para los problemas de la religión, para la necesidad de la dimensión religiosa del hombre y, sobre todo, ha crecido —de forma inimaginable— la importancia del obispo de Roma. Todos los cristianos han reconocido —no obstante las diferencias y no obstante su no reconocimiento del sucesor de Pedro— que él es el portavoz de la cristiandad. Nadie más que él, en todo el mundo, puede hablar así en nombre de la cristiandad y dar voz y fuerza, en la actualidad del mundo, a la realidad cristiana. Pero también para los no cristianos y para las otras religiones, él fue el portavoz de los grandes valores de la humanidad. También hay que mencionar que consiguió crear un clima de diálogo entre las grandes religiones y un sentido de responsabilidad común que todos tenemos para con el mundo, pero que también las violencias y las religiones son incompatibles y que juntos hemos de buscar el camino para la paz, en una responsabilidad común hacia la humanidad. Trasladémos la atención ahora hacia la situación de la Iglesia. Debo decir, ante todo, que supo entusiasmar a la juventud con Cristo. Esto es nuevo si pensamos en la juventud del 68 y de los años setenta. Que la juventud se haya entusiasmado por Cristo y por la Iglesia y también por valores difíciles sólo podía conseguirlo una personalidad con aquel carisma; sólo él podía movilizar a la juventud del mundo por la causa de Dios y por el amor de Cristo de la manera como él lo hizo. En la Iglesia ha creado —pienso— un nuevo amor por la Eucaristía. Estamos todavía en el Año de la Eucaristía, querido por él, con tanto amor; ha dado un nuevo sentido a la grandeza de la Misericordia Divina; y también ha profundizado mucho en el amor a la Virgen y nos ha guiado así hacia una interiorización de la fe y, al mismo tiempo, a una mayor eficacia. Es necesario mencionar naturalmente, como todos sabemos, lo esencial que ha sido también su contribución a los grandes cambios del mundo en el año 1989, por la caída del llamado socialismo realista.

A lo largo de sus encuentros personales y de los coloquios con Juan Pablo II, ¿qué fue lo que más impactó a Vuestra Santidad? ¿Podría contarnos sus últimos encuentros, tal vez de este año, con Juan Pablo II?

Sí. Los últimos dos encuentros los tuve, el primero, en el policlínico Gemelli, en torno al 5-6 de febrero; y el segundo, el día anterior a su muerte, en su habitación. En el primer encuentro el Papa sufría visiblemente, pero estaba lúcido y muy presente. Yo había ido sólo para un encuentro de trabajo, porque necesitaba que tomara alguna decisión. El Santo Padre, aunque sufriendo, seguía con gran atención cuanto le decía. Me comunicó en pocas palabras sus decisiones, me dio su bendición, me saludó en alemán, concediéndome toda su confianza y amistad. Para mí fue muy conmovedor ver, por una parte, cómo su sufrimiento estaba unido al Señor sufriente, cómo llevaba su sufrimiento con el Señor y por el Señor; y, por otra parte, ver cómo resplandecía su serenidad interior y su completa lucidez. El segundo encuentro fue el día antes de que muriera: estaba, obviamente, más dolorido, se notaba, rodeado de médicos y amigos. Estaba aún muy lúcido y me dio su bendición. Ya no podía hablar mucho. Para mí, su paciencia en el sufrimiento ha sido una gran enseñanza, sobre todo llegar a ver y sentir cómo estaba en las manos de Dios y cómo se abandonaba a su voluntad. A pesar de los dolores visibles, estaba sereno, porque se encontraba en las manos del Amor Divino.

Santo Padre, en sus discursos evoca a menudo la figura de Juan Pablo II, y dice de él que era un gran Papa, un llorado y venerado predecesor. Siempre recordamos las palabras de Su Santidad, pronunciadas en la misa del 20 de abril pasado, palabras dedicadas justamente a Juan Pablo II. Ha sido usted, Santo Padre, quien dijo —y aquí cito— «parece como si él me tuviera agarrado fuerte de la mano, veo sus ojos sonrientes y escucho sus palabras, que en aquel momento me dirige a mí de forma particular: "¡no tengas miedo!"». Santo Padre, por fin una pregunta muy personal: ¿sigue sintiendo usted la presencia de Juan Pablo II? Y si es así, ¿de qué manera?

Ciertamente. Comienzo respondiendo a la primera parte de su pregunta. En un principio, hablando de la herencia del Papa, había olvidado referirme a tantos documentos que nos ha dejado —14 encíclicas, numerosas cartas pastorales y otros muchos— y todo esto representa un patrimonio riquísimo que todavía no ha sido suficientemente asimilado en la Iglesia. Considero una misión esencial y personal no producir tantos documentos nuevos, sino conseguir que aquellos documentos sean asimilados, porque son un tesoro riquísimo, son la auténtica interpretación del Vaticano II. Sabemos que el Papa era el hombre del Concilio, que había asimilado interiormente el espíritu y la letra del Concilio y con estos textos nos hace comprender qué es lo que realmente quería y no quería el Concilio. Nos ayuda a ser verdaderamente Iglesia de nuestro tiempo y del tiempo venidero.

Ahora respondo a la segunda parte de su pregunta. El

Papa me resulta siempre cercano a través de sus textos: le oigo y le veo hablar, y puedo estar en diálogo continuo con el Santo Padre porque con estas palabras habla siempre conmigo, conozco también el origen de muchos textos, recuerdo las charlas que tuvimos sobre cada uno de ellos. Puedo continuar el diálogo con el Santo Padre. Naturalmente, esta cercanía a través de las palabras es una cercanía no sólo de textos, sino con la persona, más allá de los textos le escucho a él. Un hombre que va con el Señor no se aleja: cada vez siento más que un hombre que va con el Señor se acerca aún más, y siento que con el Señor se acerca a mí; en cuanto yo estoy cerca del Señor, estoy cerca del Papa, y él ahora me ayuda a estar próximo al Señor y trato de entrar en su atmósfera de oración, de amor al Señor, de amor a la Virgen, y me encomiendo a sus oraciones. Hay así un diálogo permanente y también un estar cerca, de una forma nueva, pero muy profunda.

Padre Santo, ahora le esperamos en Polonia. Mucha gente pregunta: ¿cuándo vendrá el Papa a Polonia?

Sí, tengo intención de venir a Polonia, si Dios quiere, si el tiempo me lo permite. He hablado con monseñor Dziwisz respecto a la fecha, y me dicen que el mes de junio sería el período más apropiado. Naturalmente, todo está por organizar con las instancias competentes. Es una palabra provisional, pero parece posible que el próximo mes de junio pueda venir a Polonia, si el Señor me lo concede.

Santo Padre, en nombre de todos los telespectadores, le agradezco de corazón esta entrevista. Gracias, Padre Santo.

Gracias a usted.

Cómo ve el futuro desde la silla de Pedro: las sociedades modernas

Antes de visitar su país natal por segunda vez siendo ya Romano Pontífice, en septiembre de 2006, le entrevistaron varias televisiones. La entrevista tuvo lugar el mes de agosto en el Palacio Apostólico de Castelgandolfo. Las preguntas las realizaron representantes de Radio Vaticano (RV) y de cuatro cadenas de televisión alemanas: Bayerischer Rundfunk (BR, televisión de Baviera), la primera cadena nacional (ARD), la segunda (ZDF) y la cadena Deutsche Welle (DW). Su transcripción se ha publicado en numerosos medios en todos los idiomas. (5 de agosto de 2006.)

Representante de BR: Santo Padre, en septiembre usted visitará Alemania o, con más precisión, naturalmente, Baviera. «El Papa tiene nostalgia de su patria», así han dicho sus colaboradores en el curso de la preparación de este viaje. ¿Qué temas desearía tocar en particular durante la visita? Y el concepto de «patria» ¿forma parte de los valores que desea proponer de modo especial?

Así es. El motivo de la visita es precisamente que quiero volver a ver los lugares en los que he vivido, a las personas con las que he crecido, que me han marcado y han formado parte de mi vida. Personas a las que quiero manifestar mi gratitud. Y, naturalmente, también quiero expresar un mensaje que vaya más allá de mi tierra, como es coherente con mi ministerio. Simplemente he dejado que las conmemoraciones litúrgicas me indicaran los temas. El asunto fundamental es que debemos redescubrir a Dios, no a un Dios cualquiera, sino al Dios que tiene rostro humano, porque cuando vemos a Jesucristo vemos a Dios. Y partiendo de esto debemos hallar los caminos para encontrarnos mutuamente en la familia, entre las generaciones y también entre las culturas y los pueblos; los caminos de la reconciliación y la convivencia pacífica en este mundo. Los caminos que conducen hacia el futuro no los encontraremos si no recibimos la luz desde lo alto. Por tanto, no he elegido temas muy específicos, sino que es la liturgia la que me guía a expresar el mensaje fundamental de la fe, que naturalmente se inserta en la actualidad de hoy, en la que queremos buscar sobre todo la colaboración de los pueblos y los caminos posibles hacia la reconciliación y la paz.

Representante de ZDF: Como Papa, usted es responsable de la Iglesia en el mundo entero. Pero, naturalmente, su visita hace que la atención se dirija también a la situación de los católicos en Alemania. Ahora todos los observadores están de acuerdo en que el clima es bueno, entre otras causas, gracias a su elección. Pero, por supuesto, los antiguos problemas persisten. Por poner algunos ejemplos: cada vez son menos los practicantes; cada vez son menos los bautizados; por lo general, cada vez influyen menos en la vida social. ¿Cómo ve usted la situación actual de la Iglesia católica en Alemania?

Ante todo, diría que Alemania forma parte de Occidente, si bien con sus características particulares, y en el mundo occidental hoy vivimos una ola de un nuevo iluminismo drástico o laicismo, o como se lo quiera llamar. Creer se ha vuelto más difícil, porque el mundo en el que nos encontramos está hecho completamente por nosotros mismos y en él, por decirlo así, Dios ya no aparece directamente. Ya no se bebe directamente de la fuente, sino del recipiente que se nos presenta ya lleno. Los hombres se han construido su propio mundo, y resulta difícil encontrar a Dios en este mundo. Esto no es específico de Alemania; es algo que se constata en todo el mundo, de manera particular en el occidental.

Por otra parte, Occidente está hoy fuertemente influenciado por otras culturas, en las que el elemento religioso originario es muy poderoso; esas culturas quedan horrorizadas por la frialdad que encuentran en Occidente con respecto a Dios. Y esta presencia de lo sagrado en otras culturas, aunque sea velada de muchas maneras, toca nuevamente al mundo occidental, nos toca a nosotros, que nos encontramos en una «encrucijada» de muchas culturas. Y también desde lo más profundo del hombre en Occidente, y en Alemania, surge el anhelo de algo «más grande». Vemos cómo la juventud busca «algo más»; en cierto modo, el fenómeno religión —como se dice— vuelve, aunque se trate de un movimiento de búsqueda a menudo bastante indeterminado. Pero con todo esto la Iglesia está de nuevo presente; la fe se presenta como respuesta. Yo creo que esta visita, como la de Colonia, es precisamente una oportunidad para que se vea que creer es algo bello, que la alegría de una gran comunidad universal posee una fuerza que arrastra, que tras ella hay algo importante y que, por tanto, junto a los nuevos movimientos de búsqueda existen también nuevas perspectivas de fe, que nos llevan a unos hacia otros y que son positivas también para la sociedad en su conjunto.

Representante de RV: Santo Padre, hace exactamente un año usted estaba en Colonia con los jóvenes, y creo que en esa ocasión experimentó que la juventud está muy dispuesta a acoger, y que usted perso-

nalmente fue muy bien acogido. En este próximo viaje, ¿lleva un mensaje especial para los jóvenes?

Quisiera decir, antes que nada, que estoy muy contento de que haya jóvenes que quieran estar juntos, que quieran estar juntos en la fe, y que quieran hacer el bien. La disponibilidad al bien es muy fuerte en la juventud; basta pensar en las diversas formas de voluntariado. El compromiso para dar una contribución personal ante las necesidades de este mundo es algo grande. Por tanto, un primer impulso puede ser alentar a esto: «Seguid adelante; buscad las ocasiones para hacer el bien; el mundo necesita esta voluntad, necesita este compromiso.»

Luego, quizá, podría recordar el valor de las decisiones definitivas. Los jóvenes son muy generosos, pero ante el riesgo de comprometerse para toda la vida, sea en el matrimonio sea en el sacerdocio, tienen miedo. El mundo está en continuo movimiento de manera dramática: ¿Puedo disponer ya desde ahora de mi vida entera con todos sus imprevisibles acontecimientos futuros? ¿Con una decisión definitiva, no renuncio yo mismo a mi libertad, privándome de la posibilidad de cambiar? Conviene fomentar la valentía de tomar decisiones definitivas, que en realidad son las únicas que permiten crecer, caminar hacia adelante y lograr algo importante en la vida, son las únicas que no destruyen la libertad, sino que le indican la justa dirección en el espacio. Tener el valor de dar este salto —por así decir— a algo definitivo, y acoger así plenamente la vida, es algo que me alegraría poder comunicar.

Representante de DW: Santo Padre, una pregunta sobre la política exterior. La esperanza de paz en Oriente Próximo se ha debilitado nuevamente en las

semanas pasadas. ¿Qué posibilidades ve usted para la Santa Sede con respecto a la situación actual? ¿Qué influencia positiva puede ejercer usted en el desarrollo de la situación en Oriente Próximo?

Naturalmente no tenemos ninguna posibilidad política, y no queremos ningún poder político. Pero queremos hacer un llamamiento a los cristianos y a todos aquellos que de alguna manera se sienten unidos e interpelados por la palabra de la Santa Sede, para que se movilicen todas las fuerzas que reconocen que la guerra es la peor solución para todos. No aporta nada bueno para nadie, ni siquiera para los supuestos «vencedores». En Europa lo sabemos muy bien, con la experiencia de las dos guerras mundiales. La paz es lo que todos necesitan. Existe una fuerte comunidad cristiana en el Líbano; hay cristianos también entre los árabes; hay cristianos en Israel; y los cristianos de todo el mundo se comprometen en favor de estos países tan queridos por todos nosotros. Existen fuerzas morales dispuestas a hacer comprender que la única solución es aprender a convivir. Éstas son las fuerzas que queremos movilizar. Corresponde a los políticos encontrar los caminos para que esto acontezca lo más pronto posible y, sobre todo, de forma duradera.

Representante de BR: Como obispo de Roma, usted es sucesor de san Pedro. En los tiempos actuales, ¿cómo puede mostrarse de modo adecuado el ministerio de Pedro? ¿Cómo ve usted la relación de tensión y equilibrio entre el primado del Papa, por una parte, y la colegialidad de los obispos, por otra?

Existe, por supuesto, una relación de tensión y equilibrio, y así debe ser. La multiplicidad y la unidad deben volver a encontrar siempre su relación recíproca, y esta relación debe restablecerse de una manera siempre nueva en las cambiantes situaciones del mundo. Hoy en día existe una nueva polifonía de culturas, en la cual Europa ya no es la única que determina, sino que las comunidades cristianas de los diversos continentes están adquiriendo su propio peso, su propio color. Debemos fomentar siempre esta sinergia. Por eso hemos desarrollado diversos instrumentos. Las visitas *ad limina* de los obispos, que han existido siempre, en la actualidad se valoran mucho más, pues permiten hablar con todos los organismos de la Santa Sede y también conmigo. Yo hablo personalmente con cada obispo. Ya he hablado con casi todos los obispos de África y con muchos de los de Asia. Ahora vendrán los de Europa central, Alemania, Suiza. En estos encuentros, en los que precisamente el centro y la periferia se hallan juntos en un intercambio franco, crece la correcta relación recíproca en una tensión equilibrada.

Además tenemos otros instrumentos, como el sínodo, o el consistorio, que yo celebraré regularmente y que quisiera desarrollar. En ellos, incluso sin tener un gran orden del día, se pueden discutir juntos los problemas actuales para intentar encontrar soluciones. Por un lado, sabemos que el Papa no es un monarca absoluto, pero, si escuchamos todos a Cristo —por decirlo de alguna forma—, debe personificar la totalidad.

Es muy fuerte la conciencia de que resulta necesaria una instancia unificadora que asegure también la independencia de las fuerzas políticas y garantice que las comunidades cristianas no se identifiquen demasiado con las nacionalidades; es fuerte la conciencia de que es necesaria esa instancia superior y más amplia que, por una parte, cree unidad integrando dinámicamente todo y, por otra, acoja, acepte y promueva la multiplicidad. Por eso creo que, en este sentido, hay en verdad una adhesión íntima al ministerio petrino, con la voluntad de desarrollarlo ulteriormente, de forma que responda tanto a la voluntad del Señor como a las necesidades de los tiempos.

Representante de ZDF: Alemania, como tierra de la Reforma, está marcada naturalmente y de forma particular por las relaciones entre las distintas confesiones. Las relaciones ecuménicas son una realidad sensible, que de vez en cuando encuentra dificultades. ¿Qué posibilidades ve de mejorar la relación con la Iglesia evangélica, o qué dificultades ve en este camino?

Quizá sea importante decir, antes que nada, que la Iglesia evangélica presenta una notable variedad. En Alemania, si no me equivoco, tenemos tres comunidades principales: luteranos, reformados y la Unión prusiana. Además, hoy se forman numerosas iglesias libres *(Freikirchen)* y, dentro de las iglesias clásicas, movimientos como la Iglesia confesante, entre otras. Por tanto, se trata también de un conjunto con muchas voces, con el cual tenemos que entrar en diálogo, respetando la multiplicidad de voces, para buscar la unidad y entablar una colaboración.

Lo primero que hay que lograr es que en esta sociedad todos juntos nos preocupemos por hacer que sean claras las grandes directrices éticas, por encontrarlas nosotros mismos y por traducirlas en hechos, para garantizar de este modo la cohesión ética de la sociedad, sin la cual no puede llevar a cabo la finalidad de la política, que es la justicia para todos, una buena convivencia y la paz.

En este sentido, creo que ya se ha conseguido mucho: frente a los grandes desafíos morales nos encontramos realmente unidos gracias al fundamento cristiano común. Por supuesto, después hay que testimoniar a Dios en un mundo que tiene dificultades para encontrarlo, como ya hemos dicho; hay que hacer visible al Dios que tiene el rostro humano de Jesucristo, ofreciendo a los hombres el acceso a las fuentes sin las cuales la moral resulta estéril y pierde sus referencias; también hay que comunicar la alegría, porque no estamos solos en este mundo. Sólo de este modo nace la alegría ante la grandeza del hombre, que no es un producto defectuoso de la evolución, sino imagen de Dios.

Nos tenemos que mover en estos dos niveles: el de las grandes referencias éticas y el que muestra, desde el interior de esas referencias y orientándose hacia ellas, la presencia de Dios, de un Dios concreto. Si lo hacemos, y sobre todo si cada una de nuestras comunidades trata de vivir la fe no de forma particularista, sino siempre desde sus raíces más profundas, entonces, aunque tal vez no lleguemos muy rápido a manifestaciones externas de unidad, avanzaremos hacia una unidad interior, que, si Dios quiere, un día llevará también a formas exteriores de unidad.

Representante de RV: Tema: la familia. Hace un mes usted estuvo en Valencia para celebrar el encuentro mundial de las familias.[1] Quien ha escuchado con atención —como hemos intentado hacerlo desde Radio Vaticano— se ha dado cuenta de que usted no ha pronunciado la palabra «matrimonio homosexual», no ha hablado de aborto, ni de anticoncepción. Algu-

---

1. Benedicto XVI asistió al V Encuentro Mundial de las Familias, que tuvo lugar en Valencia entre el 2 y el 9 de julio de 2006, con el título «La transmisión de la fe en la familia».

nos observadores atentos han dicho: «¡Interesante! Evidentemente, su intención es anunciar la fe y no dar la vuelta al mundo como "apóstol de la moral".» ¿Nos puede decir algo al respecto?

Claro que sí. Ante todo, debo decir que sólo tuve dos ocasiones, de veinte minutos cada una, para hablar. Con tan poco tiempo no se puede comenzar inmediatamente con lo negativo. Lo primero es saber qué es lo que queremos decir, ¿no es así? Y el cristianismo, el catolicismo, no es un cúmulo de prohibiciones, sino una opción positiva. Y es muy importante que esto quede claro una vez más, ya que hoy esta conciencia ha desaparecido casi completamente. Se ha hablado mucho de lo que no está permitido, y ahora hay que decir: pero nosotros tenemos una idea positiva que proponer, el hombre y la mujer están hechos el uno para el otro; existe una escala, por decirlo de algún modo: sexualidad, eros, ágape, que son las dimensiones del amor; así se forma en primer lugar el matrimonio como encuentro, lleno de felicidad, entre un hombre y una mujer, y después la familia, que garantiza la continuidad entre las generaciones; en ella se reconcilian las generaciones entre sí y también se pueden encontrar las culturas. Por tanto, sobre todo es importante poner de relieve lo que queremos.

En segundo lugar, se puede ver después también por qué no queremos algunas cosas. Y yo creo que es necesario reconocer que el hecho de que un hombre y una mujer estén hechos el uno para el otro para que la humanidad siga viviendo no es una invención católica: en el fondo lo saben todas las culturas. Con respecto al aborto, no pertenece al sexto mandamiento, sino al quinto: «No matarás.» Y esto deberíamos considerarlo obvio, reafirmando siempre que la persona comienza en el seno materno y lo sigue siendo hasta su último respiro. Es necesario respetar siempre al hombre como persona. Pero todo esto resulta más claro si antes hemos explicado lo positivo.

Representante de DW: Santo Padre, mi pregunta se relaciona en cierto modo con la del padre Von Gemmingen.[2] En todo el mundo los creyentes esperan de la Iglesia católica respuestas a los problemas globales más urgentes, como el sida y la superpoblación. ¿Por qué la Iglesia católica insiste tanto en la moral en lugar de intentar soluciones concretas para estos problemas cruciales de la humanidad, por ejemplo, en el continente africano?

Sí, el problema es: ¿insistimos realmente demasiado en la moral? Después de mis conversaciones con los obispos africanos, estoy cada vez más convencido de que, si queremos avanzar en este campo, la cuestión fundamental es la educación, la formación. El progreso sólo puede ser progreso real si sirve a la persona y si la persona crece; no sólo debe crecer su poder técnico, sino también su capacidad moral. Y creo que el verdadero problema de nuestra situación histórica es el desequilibrio entre el crecimiento increíblemente rápido de nuestro poder técnico y el de nuestra capacidad moral, que no crece de forma proporcional.

Por eso la formación de la persona es la verdadera receta, la clave de todo; y éste es también nuestro camino. En pocas palabras, esta formación tiene dos dimensiones. Ante todo, naturalmente, tenemos que aprender,

---

2. El padre Eberhard von Gemmingen es el jesuita que dirigía en ese momento la sección en alemán de Radio Vaticano; por tanto, es el periodista que ha realizado la pregunta anterior.

adquirir conocimientos, capacidad, *know-how*, como se suele decir. En esta dirección, Europa y, en los últimos decenios, América han hecho mucho, y se trata de algo importante. Pero si sólo se difunde el *know-how*, si sólo se enseña cómo se construyen y se usan las máquinas, y cómo se emplean los métodos de anticoncepción, entonces no debe sorprendernos que al final nos encontremos con guerras y con epidemias de sida.

Necesitamos dos dimensiones: al mismo tiempo hace falta la formación del corazón —si me puedo expresar de este modo— con la que la persona adquiere referencias y así aprende también a usar correctamente la técnica, que es asimismo necesaria. Y esto es lo que estamos intentando hacer. En toda África, y también en muchos países de Asia, tenemos una gran red de escuelas de todos los grados, donde ante todo se puede aprender, adquirir verdadero conocimiento, capacidad profesional, y con ello alcanzar autonomía y libertad. Pero en estas escuelas nosotros no sólo tratamos de enseñar el *know-how*, sino también formar a personas que quieran reconciliarse, que sepan que tenemos que construir y no destruir, y que tengan las referencias necesarias para saber convivir.

En gran parte de África, las relaciones entre musulmanes y cristianos son ejemplares. Los obispos han formado comités comunes junto con los musulmanes para ver cómo se puede establecer la paz en las situaciones de conflicto. Y esta red de escuelas, de aprendizaje y formación humana, que es muy importante, se completa con una red de hospitales y de centros de asistencia, que llegan de forma capilar incluso a las aldeas más remotas. Y en muchos lugares, a pesar de las destrucciones de la guerra, la Iglesia es la única realidad que ha permanecido intacta. No una fuerza, sino una realidad donde se cura, también a los enfermos de sida, y, por otro lado, se ofrece una educación que ayuda a entablar buenas relaciones con los demás. Por eso creo que se debería corregir la imagen según la cual sólo sembramos en nuestro entorno rígidos «no». Precisamente en África se trabaja mucho para que se puedan integrar las diferentes dimensiones de la formación y de esta forma sea posible superar la violencia y también las epidemias, entre las que se encuentran la malaria y la tuberculosis.

Representante de BR: Santo Padre, el cristianismo se ha difundido por todo el mundo partiendo de Europa. Ahora muchos piensan que el futuro de la Iglesia se encuentra en los otros continentes. ¿Es verdad? En otras palabras, ¿qué futuro tiene el cristianismo en Europa, donde parece que está quedando reducido a asunto privado de una minoría?

Ante todo, quiero hacer una aclaración. En realidad, como sabemos, el cristianismo nació en Oriente Próximo, y durante mucho tiempo su desarrollo principal permaneció allí, y se difundió por Asia mucho más de lo que pensamos hoy tras los cambios introducidos por el islam. Por otra parte, justo por este motivo, su eje se trasladó sensiblemente hacia Occidente y Europa, y Europa —estamos orgullosos de ello y nos alegramos— ha desarrollado ulteriormente el cristianismo en sus grandes dimensiones, también intelectuales y culturales. Pero creo que es importante que recordemos a los cristianos de Oriente, ya que se corre el peligro de que ellos, que han sido siempre una minoría importante, ahora emigren. Existe el peligro de que precisamente esos lugares donde tuvo su origen el cristianismo se queden sin cristianos. Creo que debemos ofrecer mucha ayuda para que se puedan quedar.

Ahora contesto a su pregunta. Sin lugar a dudas, Europa se ha transformado en el centro del cristianismo y de su actividad misionera. Hoy, los demás continentes, las otras culturas, entran con igual peso en el concierto de la historia del mundo. De este modo crece el número de las voces de la Iglesia, y esto es positivo. Conviene que se puedan expresar los diferentes temperamentos, los dones propios de África, de Asia y de América, especialmente de América Latina.

Naturalmente, todos ellos han sido tocados no sólo por la palabra del cristianismo, sino también por el mensaje secularista de este mundo, que lleva a los demás continentes la dura prueba que hemos sufrido nosotros. Los obispos del resto del mundo dicen: aún necesitamos a Europa, aunque Europa sea sólo una parte de un todo mayor. Todavía tenemos una responsabilidad al respecto. Para los otros continentes son muy importantes nuestras experiencias, la ciencia teológica que se ha desarrollado aquí, toda nuestra experiencia litúrgica, nuestras tradiciones, incluidas las experiencias ecuménicas que hemos acumulado.

Por eso es necesario que no nos rindamos diciendo: «Ya somos sólo una minoría; intentemos al menos conservar nuestro número reducido.» Al contrario, debemos mantener vivo nuestro dinamismo, entablar relaciones de intercambio, para que de ahí nos lleguen nuevas fuerzas. Hoy hay sacerdotes indios y africanos en Europa, también en Canadá, donde trabajan muchos sacerdotes africanos. Es interesante. Se trata de un intercambio recíproco. Pero aunque en el futuro nos toque recibir más, debemos seguir siendo capaces de dar, desarrollando la valentía y el dinamismo necesarios.

Representante de ZDF: Santo Padre, quiero volver a un tema del que ya se ha tratado. En las decisiones

importantes sobre política y ciencia, las sociedades modernas no se orientan según los valores cristianos. Y a la Iglesia, como muestran las encuestas, se la considera casi siempre como una mera voz que amonesta o incluso frena. ¿No se debería salir de esta posición defensiva y asumir una actitud más positiva en lo que respecta al futuro y a su construcción?

Diría que, en cualquier caso, tenemos el deber de poner de relieve que nosotros queremos lo positivo. Y esto debemos hacerlo a través del diálogo con las culturas y las religiones, ya que, como he dicho, el continente africano, el alma africana y también el alma asiática están desconcertadas ante la frialdad de nuestra racionalidad. Es importante demostrar que aquí no sólo hay eso. Es primordial que nuestro mundo laicista se dé cuenta de que la fe cristiana no es un impedimento, sino un puente para el diálogo con los otros mundos. No es correcto pensar que la cultura puramente racional, gracias a su tolerancia, permite un acercamiento más fácil a las otras religiones. Le falta en gran parte «el órgano religioso» y así el punto de enganche a partir del cual y con el cual los otros quieren entrar en relación. Por eso debemos y podemos mostrar que, precisamente por la nueva interculturalidad en la que vivimos, la pura racionalidad separada de Dios no es suficiente, sino que es necesaria una racionalidad más amplia, que vea a Dios en armonía con la razón; debemos mostrar que la fe cristiana, que se ha desarrollado en Europa, es también un medio para armonizar la razón y la cultura, y para integrarlas también con las acciones en una visión unitaria y comprensiva. Creo que tenemos una gran tarea: mostrar que esta Palabra, que nosotros poseemos, no es algo que pertenece al pasado, sino que es necesaria también hoy.

Representante de RV: Santo Padre, hablemos de sus viajes. Usted está en el Vaticano; posiblemente le cueste estar un poco lejos de la gente y separado del mundo, también aquí en el bellísimo ambiente de Castelgandolfo. Pero usted dentro de poco cumplirá ochenta años. ¿Cree que va a poder realizar muchos viajes, con la ayuda de Dios? ¿Tiene idea de los que quisiera realizar? ¿A Tierra Santa?, ¿a Brasil? ¿Lo sabe ya?

En realidad, no estoy tan solo. Efectivamente, existen —por decirlo de alguna manera— las murallas que dificultan el acceso, pero hay una «familia pontificia»; todos los días hay muchas visitas, especialmente cuando estoy en Roma. Llegan obispos y otras personas; hay visitas de Estado, de personalidades que quieren hablar conmigo también de temas personales y no sólo de cuestiones políticas. Gracias a Dios, tengo encuentros continuamente. Y también es importante que la sede del sucesor de Pedro sea un lugar de encuentro. ¿No es verdad?

Además, desde el tiempo del Papa Juan XXIII, el péndulo se ha desplazado en otra dirección: ahora son los Papas los que han comenzado a realizar visitas. Debo confesar que no me siento tan fuerte como para incluir en mi agenda muchos viajes largos, pero allí donde permiten dirigir un mensaje, donde responden a un auténtico deseo, quisiera acudir, con la «dosis» que me sea posible. Alguno ya está previsto: el próximo año, en Brasil, hay un encuentro del Celam, el Consejo Episcopal Latinoamericano, y creo que mi presencia es un paso importante, teniendo en cuenta las vicisitudes dramáticas que está viviendo América del Sur y también las esperanzas que se tienen puestas en esa región. Después quisiera ir a Tierra Santa, y espero poder visitarla en tiempo de paz. Por lo demás, veremos qué me reserva la Providencia.

Representante de RV: Permítame insistir. Los austriacos también hablan alemán y lo esperan en Mariazell.

Sí, ya está acordado. Yo sencillamente lo he prometido, de manera un poco imprudente. Es un lugar que me ha gustado tanto, que he dicho: «Sí, volveré a la Magna Mater Austriae.» Naturalmente, esa afirmación se convirtió de inmediato en una promesa, y la mantendré con gusto.

Representante de RV: Insisto. Yo lo admiro cada miércoles, cuando celebra la audiencia general. Acuden cincuenta mil personas. Debe ser cansado, muy cansado. ¿Cómo logra resistir?

Sí, Dios me da la fuerza necesaria. Y cuando se ve la acogida cordial, por supuesto, uno se siente animado.

Representante de DW: Santo Padre, acaba de decir que ha hecho una promesa un poco imprudente. ¿Quiere decir que, a pesar de su ministerio, con sus abundantes compromisos protocolarios, usted no se deja arrebatar su espontaneidad?

En cualquier caso, lo intento, pues, aunque los compromisos estén fijados, yo quisiera conservar y realizar también algo propiamente personal.

Representante de BR: Santo Padre, las mujeres son muy activas en diversas funciones en la Iglesia católica. ¿Su aportación no debería ser más visible, también en puestos de mayor responsabilidad en la Iglesia?

Sobre este asunto se reflexiona mucho. Como usted sabe, nosotros estamos convencidos de que nuestra fe, la constitución del Colegio de los Apóstoles, nos obliga y no nos permite conferir la ordenación sacerdotal a las mujeres. Pero no hay que pensar que en la Iglesia la única posibilidad de desempeñar un papel importante es la de ser sacerdote. En la historia de la Iglesia hay muchísimas tareas y funciones. Basta recordar a las hermanas de los Padres de la Iglesia, y la Edad Media, cuando grandes mujeres desempeñaron un papel muy decisivo, y también en la época moderna.

Pensemos en Hildegarda de Bingen, que protestaba enérgicamente ante los obispos y el Papa; en Catalina de Siena y en Brígida de Suecia. También en los tiempos modernos las mujeres deben buscar siempre —y nosotros con ellas— el lugar que les corresponde. Hoy, están muy presentes en los dicasterios de la Santa Sede. Pero existe un problema jurídico: el de la jurisdicción, es decir, el hecho de que, según el Derecho canónico, la facultad de tomar decisiones jurídicamente vinculantes va unida al orden sagrado. Desde este punto de vista, hay límites, pero creo que las mismas mujeres, con su ímpetu y su fuerza, con su «preponderancia», con su «fuerza espiritual», sabrán crearse su espacio. Y nosotros deberíamos tratar de ponernos a la escucha de Dios, para no oponernos a él; es más, nos alegramos de que el elemento femenino obtenga en la Iglesia el puesto operativo que le corresponde, comenzando por la Madre de Dios y por María Magdalena.

Representante de BR: Santo Padre, en tiempos más recientes se habla de una nueva fascinación del catolicismo. ¿Cuál es la vitalidad y la capacidad de futuro de esta institución, por otra parte antiquísima?

Todo el pontificado de Juan Pablo II ha atraído la atención de los hombres y los ha reunido. Lo que ocurrió con ocasión de su muerte fue un acontecimiento histórico muy especial: cientos de miles de personas acudían con gran orden a la plaza de San Pedro, permanecían largas horas de pie y, en lugar de desfallecer, resistían sostenidas por una fuerza interior.

Luego lo revivimos con ocasión de la ceremonia de inicio de mi pontificado y también en Colonia. Es muy hermoso que la experiencia de la comunidad se convierta al mismo tiempo en una experiencia de fe; que la comunión no se viva en un lugar cualquiera, sino que sea más viva precisamente en los lugares de la fe, para hacer que la catolicidad resplandezca con toda su luminosidad.

Como es obvio, esto debe realizarse también en la vida cotidiana. Las dos cosas deben ir juntas. Por una parte, los grandes momentos, en los que se experimenta que es hermoso participar, que el Señor está presente y que formamos una gran comunidad reconciliada más allá de todos los confines. Pero, naturalmente, después eso nos debe estimular para resistir durante las fatigosas vicisitudes de la vida diaria, afrontándolas a partir de estos puntos luminosos e invitando también a otros a formar parte de la comunidad en camino.

Pero quiero aprovechar esta ocasión para decir: me sonroja todo lo que se está haciendo como preparación de mi visita, todo lo que la gente está haciendo. Han pintado de nuevo mi casa; una escuela profesional ha rehecho el recinto. El profesor evangélico de religión ha colaborado. Se trata de pequeños detalles, pero son indicios de todo lo que se está haciendo. Lo considero extraordinario, y no lo refiero a mí mismo; lo veo como expresión de una voluntad de pertenecer a esta comunidad de fe y de un servicio recíproco. Me conmueve esa solidaridad, ese dejarse inspirar en esto por el Señor, y también por ello quiero dar gracias de todo corazón.

Representante de BR: Santo Padre, usted ha hablado de la experiencia de la comunidad. Ahora va a ir a Alemania por segunda vez tras su elección. Por la jornada mundial de la juventud, y posiblemente también por el campeonato mundial de fútbol, en cierto sentido el clima ha cambiado. Se tiene la impresión de que los alemanes se han abierto más al mundo, de que son más tolerantes, más alegres. ¿Qué espera de los alemanes?

Yo creo que, ya con el final de la Segunda Guerra Mundial, comenzó naturalmente una transformación interior de la sociedad alemana, también de la mentalidad alemana, y que esa transformación se ha reforzado además con la reunificación. Nos hemos insertado mucho más en la sociedad mundial y, por supuesto, en cierta medida, nos ha influido su mentalidad. Así salen a la luz también aspectos del carácter alemán que antes se desconocían. Posiblemente se nos ha caracterizado un poco como si todos fuéramos siempre disciplinados y reservados, algo que también tiene su fundamento. Pero me alegra que ahora se aprecie y resulte visible a todos que los alemanes no solamente son reservados, puntuales y disciplinados, sino también espontáneos, alegres y hospitalarios. Esto es muy hermoso. Mi deseo es que estas virtudes se desarrollen aún más y se hagan duraderas con el estímulo de la fe cristiana.

Representante de RV: Santo Padre, su Predecesor declaró beatos y santos a un número muy grande de cristianos. Algunos piensan que demasiados. De ahí mi pregunta: las beatificaciones y las canonizaciones

sólo benefician a la Iglesia si estas personas pueden ser consideradas como verdaderos modelos. Alemania proporciona relativamente pocos santos y beatos, en comparación con otros países. ¿Se puede hacer algo para que esta dimensión pastoral se desarrolle, y para que la necesidad de beatificaciones y canonizaciones produzca un verdadero fruto pastoral?

Al inicio, yo también consideraba que la gran cantidad de beatificaciones casi nos abrumaba y que tal vez convenía elegir más: sólo figuras que entrasen más claramente en nuestra conciencia. Mientras tanto he descentralizado las beatificaciones, para que estas figuras se hagan más visibles en los lugares específicos a los que pertenecen. Posiblemente un santo de Guatemala interesa menos en Alemania y, viceversa, uno de Altötting quizá no interesa mucho en Los Ángeles, y así sucesivamente.

Creo que esta descentralización, que corresponde también a la colegialidad del Episcopado, a su estructura colegial, es algo oportuno precisamente para poner de relieve que los diferentes países tienen sus propias figuras y que éstas son eficaces sobre todo en ellos. También he observado que estas beatificaciones que se realizan en distintos lugares afectan a innumerables personas y que la gente dice: «¡Por fin uno de los nuestros!», y acude a él y le inspira devoción. El beato les pertenece, y nosotros nos alegramos de que haya muchos. Y sería hermoso que poco a poco, con el desarrollo de la sociedad mundial, también nosotros los conociéramos mejor. Pero es muy importante que también en este campo exista la multiplicidad; en este sentido, es primordial que también nosotros en Alemania aprendamos a conocer a nuestras figuras y a alegrarnos de ellas.

Al mismo tiempo, están las canonizaciones de las figuras más destacadas, que tienen relieve para toda la Iglesia. Yo creo que cada Conferencia episcopal debería elegir, debería ver quién es apto para nosotros, quién nos transmite realmente algo. Y debería hacer visibles esas figuras más significativas, dándolas a conocer a los fieles mediante la catequesis, la predicación; quizá se podrían presentar también a través de una película. Puedo imaginar películas muy hermosas. Yo, naturalmente, sólo conozco bien a los Padres de la Iglesia: una película sobre san Agustín, también una sobre san Gregorio Nacianceno y su figura muy particular (huyó continuamente de las responsabilidades, cada vez mayores, que se le asignaban), etc.

Conviene demostrar que no existen sólo situaciones desagradables como las que se presentan en tantas de nuestras películas, sino que en la historia hay también figuras admirables, que no son en absoluto aburridas y que tienen gran actualidad. En pocas palabras, hay que evitar cargar demasiado a la gente; más bien, conviene hacer visibles para muchos las figuras que son actuales y que inspiran devoción.

Representante de DW: ¿Historias en las que haya también humor? En 1989, en Múnich, se le hizo entrega de la condecoración de la orden de Karl Valentin. ¿Qué papel desempeña en la vida de un Papa el humor y la desenvoltura?

Yo no soy un hombre al que se le ocurran continuamente chistes. Pero considero muy importante, y diría que también necesario, para mi ministerio saber ver también el aspecto divertido de la vida y su dimensión alegre, sin tomarse todo de forma trágica. Un escritor dijo que los ángeles pueden volar porque no se toman demasiado en serio. Y nosotros quizá podríamos volar un poco más si no nos diéramos tanta importancia.

Representante de DW: Cuando se desempeña un ministerio tan importante como el suyo, Santo Padre, es natural que sea muy observado. Los demás hablan de usted. Y, leyendo, me sorprendió lo que dicen muchos observadores: que el Papa Benedicto es una personalidad diferente del cardenal Ratzinger. Por eso, me permito preguntarle: ¿Cómo se ve a sí mismo?

Me han analizado ya en diferentes ocasiones: como profesor durante mi primer período y durante el período intermedio, como cardenal y en el período sucesivo. Ahora me analizan de nuevo. Por supuesto, influyen las circunstancias y las situaciones, y también los hombres, ya que he asumido responsabilidades diferentes. Creo que mi personalidad fundamental y mi visión fundamental han crecido, pero en todo lo que es esencial han permanecido idénticas. Me alegra que ahora se pongan de relieve aspectos que antes no se notaban.

¿Se podría decir que su ministerio le gusta, que no le resulta una carga?

Sería demasiado decir eso, porque en realidad es cansado, pero, de todas formas, intento encontrar la alegría también en este ministerio.

Bellut-ZDF: En mi nombre y en el de mis compañeros, le agradezco muy sinceramente esta entrevista, esta «primicia mundial». Nos alegra su próxima visita a Alemania, a Baviera. ¡Hasta pronto!

119

Recuerdos de los cónclaves en los que ha participado

Esta entrevista se realizó a Ratzinger. La incluimos en este apartado porque habla de su persona. En ella se detiene a contar algunos recuerdos que nos llevan al año 1977, cuando Pablo VI le nombró arzobispo de Mónaco y cardenal. También recuerda detalles de los dos cónclaves en los que participó el año siguiente, en 1978. La entrevista la realizó Gianni Cardinale para la revista italiana 30Giorni, *que la publicó en septiembre del año 2003. El tema de la conversación exige cierta contextualización. Por este motivo la publicación comienza con este breve repaso histórico:*

El verano de 1978 no fue uno más para la Iglesia católica. En el transcurso de pocas semanas, los cardenales se encontraron reunidos en cónclave dos veces para elegir sucesores de Pedro. El 6 de agosto, en efecto, tras quince años de pontificado, muere Pablo VI, que habría cumplido 81 años el 26 de septiembre. El 26 de agosto, tras un rapidísimo cónclave —dos días y cuatro votaciones—, fue elegido Papa el patriarca de Venecia, Albino Luciani, que adoptó el nombre de Juan Pablo I. Habría cumplido 66 años el 17 de octubre, pero no festejó su cumpleaños. Su pontificado duró apenas treinta y tres días. La mañana del 28 de septiembre, hallaron muerto al nuevo pontífice sobre su cama. El Sagrado Colegio se reunió de nuevo para el cónclave que el 16 de octubre —después de ocho votaciones y tres días— eligió al arzobispo de Cracovia, Karol Wojtyla, de 58 años, que con el nombre de Juan Pablo II se convirtió en el primer Papa polaco de la historia, el primero no italiano después de 456 años.

Veinticinco años después, para recordar los dramáticos hechos de aquel verano, *30Giorni* pide el testimonio del cardenal Joseph Ratzinger, de 76 años, sin duda el más conocido de los veintiún purpurados del actual Sagrado Colegio que participaron en los dos cónclaves de 1978. Con el purpurado bávaro hablamos también de sus conversaciones y encuentros con el Papa Montini y con el Papa Luciani, entre 1977 y 1978.

Eminencia, el 24 de marzo de 1977, Pablo VI le nombró arzobispo de Múnich, tres meses después, cardenal...

Dos o tres días después de mi consagración episcopal del 28 de mayo me informaron de mi nombramiento como cardenal, que en aquel entonces tenía lugar casi al mismo tiempo que la ordenación sacramental. Fue para mí una gran sorpresa. Todavía no logro explicarme todo lo que ocurrió. Lo que sí sé es que Pablo VI tenía presente mi trabajo como teólogo. Tanto que, algunos años antes, quizá era 1975, me envió a predicar los ejercicios espirituales en el Vaticano. Pero no me sentía lo suficientemente seguro ni de mi italiano ni de mi francés para arriesgarme y prepararme a una aventura semejante, así que no acepté el trabajo. Pero este hecho prueba que el Papa me conocía. A lo mejor tuvo que ver en todo esto monseñor Karl Rauber, que hoy en día es nuncio en Bélgica, además de ser estrecho colaborador de Giovanni Benelli. De todos modos, me informaron de que el Papa, ante la terna que se le presentó para el nombramiento de obispo de Múnich y Frisinga, se fijó personalmente en mi pobreza.

El del 27 de junio de 1977 fue un «miniconsistorio» formado sólo por neocardenales...

Sí, éramos un pequeño grupo interesante y simpático. Estaba Bernardin Gantin, el único que aún vive, además de mí. Después estaban Mario Luigi Ciappi, el teólogo de la casa pontificia, Benelli —naturalmente— y Frantisek Tomasek, que había sido nombrado *in pectore* el año anterior y que recibió la púrpura al mismo tiempo que nosotros.

Se dice que fue Benelli, nombrado arzobispo de Florencia el 3 de junio, el que «eligió» los nombres del «miniconsistorio»...

Puede ser. Nunca tuve interés —ni lo tengo ahora— en indagar sobre estas cosas. Respeto la Providencia; no me interesa saber cuáles fueron sus instrumentos.

¿Qué recuerdo tiene de la ceremonia?

En el momento de la entrega del birrete en el aula de Pablo VI, yo tenía una gran ventaja con respecto a los demás neocardenales. Ninguno de los otros cuatro cardenales traía consigo una gran familia. Benelli había trabajado durante mucho tiempo en la Curia, y en Florencia no era muy conocido, así que no asistieron muchos fieles provenientes de la provincia toscana; Tomasek —seguía el telón de acero— no podía tener acompañantes; Ciappi era un teólogo que siempre había trabajado, por así decirlo, en su isla; Gantin es de Benín, y desde África no es tan fácil viajar hasta Roma. Yo, en cambio, tenía a mucha gente: el aula estaba casi llena de personas que venían desde Múnich y de la Baviera.

Se lució...

En cierto sentido, sí. Los aplausos fueron mayores para mí que para los demás. Se notaba la presencia de Múnich. Y el Papa estaba visiblemente agradecido al ver confirmada su elección.

¿En aquella ocasión tuvo la oportunidad de tener un encuentro personal con el Papa?

Después de la liturgia, en la que el Papa nos entregó el anillo, me dijeron que Pablo VI deseaba hablarme en audiencia privada. Yo había sido durante muchos años un simple profesor, vivía lejos de los vértices de la jerarquía y no sabía cómo comportarme; me sentía un poco incómodo en aquel contexto. No me atrevía a hablar con el Papa porque me sentía todavía demasiado simple, pero él fue muy bueno y me animó. Fue un coloquio sin intenciones específicas, quería conocerme de cerca, quizá después de que Benelli le hubiese hablado de mí.

¿Qué recuerdo tiene del pontificado de Pablo VI?

En aquel período, junto con el resto de obispos de Baviera, me vine a Roma para la visita *ad limina*. Y en aquella ocasión tuve un feliz encuentro con el Papa Pablo VI. Empezó por hablarme en alemán —lo hacía bastante bien—, pero después prefirió pasar al italiano, pues la comunicación le resultaba más fácil. Habló con el corazón, sobre su vida y su primer encuentro con mi tierra. Me contó que, cuando había estado en Múnich, siendo joven sacerdote, se sintió un poco desorientado, y que había encontrado a muchas personas dispuestas a ayudarle. Fue un coloquio personal, sin grandes discursos: se veía que su corazón se había abierto y que simplemente quería compartir esos momentos con algunos de sus hermanos en el episcopado. Fue un encuentro muy simpático.

¿Vino otras veces a Roma mientras era Papa Pablo VI?

Sí, para su ochenta cumpleaños [el 26 de septiembre de 1977]. El 16 de octubre celebró misa solemne en San Pedro. En aquella ocasión me impresionó que citase un verso de la *Divina Comedia* en el que Dante habla de «aquella Roma donde Cristo es romano» [Purgatorio, XXXII, 102]. Pablo VI estaba considerado como un intelectual que tenía dificultades para mostrarse cariñoso o cercano. Sin embargo, en aquel momento expresaba su calidez a Roma. Yo no conocía o no me acordaba de aquellas palabras de Dante. Me impresionaron mucho. Con ellas, Pablo VI quería expresar su amor por Roma, que se había convertido en la ciudad del Señor, en el centro de su Iglesia.

¿Quién le anunció la muerte del Papa Montini?

Me había ido de vacaciones a Austria. La misma mañana del 6 de agosto me informaron de que el Santo Padre se había sentido mal de repente. Llamé al vicario general de Múnich para decirle que invitase enseguida a toda la diócesis para que rezara por el Papa. Después hice una breve salida y, cuando regresé, me llamaron para comunicarme que la situación del Papa se había agravado; al poco tiempo recibí otra llamada para decirme que había muerto. Escribí una carta destinada a la diócesis y me fui a Roma.

¿Dónde asistió a los funerales del Papa?

Me impresionó la absoluta sencillez del ataúd con el Evangelio encima. Esta pobreza, que el Papa quiso para su funeral, me impactó. Me chocó la misa fúnebre celebrada por el cardenal Carlo Confalonieri, que no pudo participar en el cónclave por haber pasado los ochenta años: hizo una homilía fantástica. Fantástica fue también la homilía que pronunció en otra misa Pericle Felici, en la que subrayó cómo el viento había agitado las páginas del Evangelio depositado sobre el ataúd del Papa durante el funeral. Más tarde regresé a Múnich para celebrar una misa en sufragio: la catedral estaba absolutamente llena. Después fui a Roma para participar en el cónclave.

Usted era un cardenal «novato»...

Me encontraba entre los más jóvenes, pero por ser un obispo diocesano pertenecía a la orden de los presbíteros; y entonces, en el protocolo, yo estaba por delante de muchos de los cardenales de curia, pues éstos pertenecen a la orden de los diáconos. Por tanto, no estaba situado en las últimas posiciones. Recuerdo que, durante la comida, en la que también se guardaba un orden de precedencias, me sentaba entre los cardenales Silvio Oddi y Felici, dos purpurados «italianísimos».

¿Tuvo realmente un papel significativo en el cónclave?

Es verdad que algunos cardenales germanófonos ya nos habíamos visto en otras ocasiones. En estos encuentros participaban Joseph Schoffer —prefecto por la Educación católica—, Joseph Hoffner, de Colonia, el gran Franz Konig, de Viena —que sigue vivo—, y Alfred Bengsh, de Berlín. Además estaban Paulo Evaristo Arns y Aloisio Lorscheider, brasileños de origen alemán. Se trataba de un grupo pequeño. No queríamos en absoluto decidir nada, sino sólo hablar un poco. Yo me dejé guiar por la Providencia, escuchando los nombres y viendo cómo se iba formando un consenso sobre el patriarca de Venecia.

¿Le conocía?

Sí, le conocía personalmente. Durante las vacaciones de verano de 1977, en agosto, me encontraba en el seminario diocesano de Bressanone, y Albino Luciani vino a visitarme. El Alto-Adigio (donde se encuentra Bressanone) pertenece a la región eclesiástica del Triveneto, y Luciani, que era un hombre de una exquisita amabilidad, al ser patriarca de Venecia se sintió obligado a visitar a este joven hermano en el episcopado. Me sentía indigno de tal visita. En aquella ocasión tuve la oportunidad de poder admirar su gran sencillez y también su gran cultura. Me contó que conocía bien aquellos lugares, pues durante su infancia solía venir de peregrinación con su mamá al santuario de Pietralba, un monasterio de los servitas de lengua italiana, a mil metros de altura, muy frecuentado por los fieles del Véneto. Luciani tenía recuerdos maravillosos de aquellos lugares, y por eso estaba contento de regresar a Bressanone.

¿Nunca se había encontrado con él antes de esta ocasión?

No. Yo había vivido, como ya he dicho, en el mundo académico, muy alejado de las jerarquías, y no conocía a eclesiásticos de la jerarquía.

¿Y le volvió a ver?

No, nunca antes del cónclave de 1978.

¿Tuvo ocasión de hablar con él?

Algunas veces, ya que nos conocíamos, pero no muchas. Teníamos mucho que hacer y meditar.

¿Qué impresión le causó su elección?

Yo estaba muy feliz. Tener como pastor de la Iglesia universal a un hombre con aquella bondad y con aquella fe luminosa era la garantía de que las cosas iban bien. Él mismo se quedó sorprendido y sentía el peso de esta gran responsabilidad. Se notaba que este golpe le hizo sufrir. No se esperaba esta elección. No era un hombre que buscara hacer carrera, sino que concebía los encargos que recibió como un servicio, y también como un sufrimiento.

¿Cuál fue su última conversación con él?

El día de su toma de posesión, el 3 de septiembre. La archidiócesis de Múnich y Frisinga estaba hermanada con la diócesis de Ecuador, y aquel mes de septiembre se había organizado en Guayaquil un congreso nacional mariano. El episcopado local había pedido que yo fuese nombrado delegado pontificio para este congreso. Juan Pablo I ya había leído la petición y había confirmado la elección; entonces, durante el tradicional homenaje de los cardenales, hablamos de mi viaje y él invocó bendiciones sobre mí y sobre toda la Iglesia ecuatoriana.

¿Usted se fue a Ecuador?

Sí, mientras estaba allí me llegó la noticia de la muerte del Papa de una manera un poco extraña. Dormía en el episcopio de Quito. No cerré la puerta porque en el palacio episcopal me sentía como en el seno de Abraham. Era una noche oscura cuando entró en mi habitación un haz de luz y se asomó una persona con hábito de carmelita. Me quedé sorprendido por aquella luz y por esta persona vestida de manera lúgubre que parecía el mensajero de noticias infaustas. No estaba seguro de que todo esto estuviese pasando realmente. Al final descubrí que era un obispo auxiliar de Quito [Alberto Luna Tobar, arzobispo de Cuenca], el cual me comunicó que el Papa había muerto. Así fue como me enteré de este hecho tristísimo e imprevisible. A pesar de esta noticia pude dormir en gracia de Dios y a la mañana siguiente celebré misa con un misionero alemán; durante la oración de los fieles, éste rezó «por nuestro Papa muerto Juan Pablo I»; al acto asistía también mi secretario laico, que, acabada la misa, vino a mí consternado para decirme que el misionero se había equivocado de nombre, que tendría que haber rezado por Pablo VI y no por Juan Pablo I. Todavía no se había enterado de que Albino Luciani se había muerto.

Usted vio al Papa en el cónclave. Al recordarle, ¿le parecía un hombre que pudiera morirse al cabo de un mes?

Me pareció que estaba bien. Cierto es que no se presentaba como un hombre de gran salud. Pero muchos parecen ser frágiles y después viven cien años. No soy médico, pero me pareció un hombre que, como yo, no daba muestras de tener una salud de hierro. Pero estas personas son las que después tienen mayor expectativa de vida.

¿Cree que fue una muerte inesperada?

Absolutamente inesperada.

¿Tuvo alguna duda cuando empezaron a correr rumores sobre una muerte violenta del Papa?

No.

El obispo de Belluno-Feltre, el salesiano Vincenzo Savio, anunció que, el pasado 17 de junio, había recibido el visto bueno de la Congregación de las Causas de los santos para que se inicie la causa de beatificación del Siervo de Dios Albino Luciani.[3] ¿Qué opina sobre esto?

Personalmente estoy convencido de que era un santo. Por su gran bondad, sencillez y humildad. Y por su gran coraje. Porque decía las cosas con claridad, aun cuando estuviera en contra de las opiniones generales. Y también por su gran cultura de fe. No sólo era un simple párroco que casualmente se convirtió en patriarca. Era un hombre de gran cultura teológica, de gran sentido y experiencia pastoral. Sus escritos sobre la catequesis son preciosos. Es increíble su libro *Illustrissimi*, que leí inmediatamente después de su elección. Sí, estoy convencidísimo de que es un santo.

¿Aun habiéndolo visto sólo tres veces?

Sí, ha sido suficiente para que su figura luminosa irradiase sobre mí esta convicción.

3. Es el nombre del Papa Juan Pablo I.

Cuando se encontraron en el segundo cónclave de 1978, ¿cuál era la sensación dominante en el colegio cardenalicio?

Después de su imprevista muerte estábamos todos un poco deprimidos. Había sido un golpe fuerte. Cierto es que también después de la muerte de Pablo VI hubo tristeza. Pero la de Montini había sido una vida completa, que tuvo un epílogo natural. Él mismo esperaba la muerte, hablaba de su muerte. Después de un pontificado tan grande hubo un nuevo comienzo, con un Papa diferente pero siempre conservando la línea del anterior papado. El «no» de la Providencia hacia nuestra elección fue un duro golpe, si bien la elección de Luciani no fue errónea. Esos treinta y tres días de pontificado tuvieron una función en la historia de la Iglesia.

¿Cuál?

No fue tan sólo el testimonio de bondad y de una fe alegre. Sino que la muerte imprevista de Luciani abrió las puertas a una decisión inesperada. La de un Papa que no fuese italiano.

¿En el primer cónclave de 1978 se consideró esta posibilidad?

Se habló también de esto. Pero no fue una hipótesis muy real, también por la fantástica figura de Albino Luciani. Más tarde, se pensó que se necesitaba algo absolutamente nuevo.

IV. EL HOMBRE Y LA RELIGIÓN

EL HOMBRE SIGUE SIENDO UN ANIMAL RELIGIOSO

30 preguntas sobre magia, espiritismo, yoga y fuerzas ocultas

Es conocido el auge que ha alcanzado el mundo de lo esotérico. Mueve hoy una cantidad importante de dinero. En ocasiones se ha ridiculizado la figura del diablo, y en paralelo se ha perdido «el respeto», el temor a introducirse en ese mundo. La curiosidad, entonces, no debe superar demasiados obstáculos para caer en la magia y en el intento de aprovechar poderes ocultos que se ponen a nuestro alcance. En esta entrevista, realizada por Ignacio Artizzu, se le plantean treinta preguntas en torno a la magia, el espiritismo, los secretos de Fátima, el ocultismo, los exorcismos... Se publicó en la revista italiana 30Giorni *(número 9, marzo de 1999) con el título «La magia, parodia del divino».*

Eminencia, ¿qué es la magia?

Es el uso de fuerzas aparentemente misteriosas que sirven para obtener un dominio sobre la realidad física y también psicológica. Es decir, el intento de instrumentalizar las potencias sobrenaturales para el propio disfrute. A través de la magia se sale de la esfera de la racionalidad y del uso de fuerzas físicas aprehendidas gracias a la ciencia. Se va buscando —y a veces se encuentra— una manera de apropiarse de la realidad con la ayuda de fuerzas desconocidas. Puede que en muchos casos sea todo una trampa, pero también puede ocurrir que por medio de elementos que se alejan de la racionalidad se pueda acceder a un cierto dominio de la realidad.

Tanto el Nuevo Testamento como el Antiguo condenan de manera férrea cada una de las prácticas mágicas, así como el remitirse al ocultismo en todas sus formas. ¿Cómo comenta esto desde un punto de vista teológico?

Ante todo, veamos el origen más profundo de las supersticiones, de la magia y del ocultismo para entender mejor la condena que se les hace. Diría que existen dos elementos: por una parte, en el hombre, creado a imagen de Dios, se encuentra una sed de lo divino. El hombre no puede limitarse a lo finito, a lo empírico: tendrá siempre el deseo de alargar las perspectivas de su ser y de entrar en la esfera divina, de salir de la pura realidad física y tocar una realidad más intensa. Este deseo, de por sí innato en el hombre —imagen de Dios—, se ha perdido, ya que parece demasiado difícil ir en busca de Dios, elevarse y dejarse sostener por el Amor Divino para así llegar a un verdadero encuentro con el Dios personal que nos creó y que nos ama. Sucede lo mismo en el mundo humano: las aventuras pasajeras son más simples que un amor profundo de una vida. Así como en esta vida humana un amor fiel, un amor verdadero, que llega hasta la profundidad de nuestro ser, exige un empeño bien diferente de las simples aventuras, también las realidades espirituales necesitan de una constancia intensa, una fidelidad, una disciplina interior, la humildad de que nuestras vidas estén dirigidas por las secuelas de Dios. Entonces el hombre va buscando cosas más simples, un experimento inmediato de la profundidad del ser.

También podríamos decir que aquí se verifica una doctrina fundamental de la Iglesia, es decir, que, por una parte, en el hombre encontramos la naturaleza creada por Dios, y, por la otra, se presenta su tendencia opuesta: desorientación y pecado original, las cuales alejan al hombre de su esencia y caricaturizan su deseo innato de amar a Dios y de unirse a Él. Precisamente en este punto es donde se da esta segunda tendencia que trata de buscar un camino más fácil, un contacto más inmediato y, sobre todo, una manera para no someterse al amor y al poder divino. El hombre empieza a convertirse en un dominador de la realidad explotando una supuesta posibilidad de su ser. Y esto a mis ojos supone una profunda inversión y perversión de la relación de nuestra esencia: en lugar de adorar a Dios, de someterse a Dios, el hombre intenta hacerse dominador de la realidad utilizando estas potencias ocultas; lo peor es que se siente el verdadero dominador.

Esta tendencia la encontramos en el capítulo 3 del Génesis: yo mismo me convierto en Dios y poseo el poder divino y no me someto a la realidad. «Entonces la serpiente dijo a la mujer: No moriréis; sino que sabe Dios que el día que comáis de él, serán abiertos vuestros ojos, y seréis como Dios, sabiendo el bien y el mal. Y vio la mujer que el árbol era bueno para comer, y que era agradable a los ojos, y el árbol codiciable para alcanzar la sabiduría; y tomó de su fruto, y comió; y dio también a su marido, que comió como ella. Entonces se abrieron los ojos de ambos, y conocieron que estaban desnudos; entonces cosieron hojas de higuera, y se hicieron delantales» (Gen 3, 4-7).

San Pablo, en Chipre, define públicamente al mago Elimas como «hijo del diablo». ¿Podríamos afirmar con certeza que detrás de la magia y el mundo del ocultismo está siempre el demonio?

Sí. Yo diría que sin el demonio, que provoca estas perversiones de la creación, no podría existir todo este mundo del ocultismo y de la magia. El problema surge cuando entra en juego un elemento que va más allá de las realidades de la razón y las realidades reconocibles gracias a la ciencia unidas a una razón sincera. Se ofrece una entidad aparentemente divina que nos inspira sobrenaturalidad. En cambio, no son nada más que una parodia del divino. Poderes, pero poderes en decadencia, simples ironías contra Dios.

¿Es ésta la raíz de la firme condena hecha por la Iglesia con respecto a la magia y al ocultismo?

Sí. Todo empieza con el Antiguo Testamento: pensemos en el conflicto entre Samuel y Saúl. En éste encontraremos un ejemplo de Dios revelado, un Dios de esta Tierra, por tanto, pagano, ya que pervierte la relación entre Dios y hombre. Esta condena continúa en toda la historia de la Revelación y recibe su último toque de claridad en el Nuevo Testamento. Claramente no es un positivismo que quiere excluir alguna de las riquezas o experiencias del ser, sino la verdad de Dios que se opone a la mentira fundamental.

El nombre del diablo en las Sagradas Escrituras, «padre de las mentiras», llega a comprenderse de un modo nuevo si hemos de considerar todos estos fenómenos, ya que aquí encontramos realmente la mentira en su más alto estado de pureza.

¿Y de qué forma?

El hombre se hace dominador del mundo disfrutando aquello que se nos presenta bajo forma de Dios, y entonces usa su poder para dominar el mundo en sí mismo, cayendo así en una mentira radical. Estas mentiras aparecen en un primer momento como un ensanchamiento del poder, de las experiencias, como algo encantador: el yo se convierte en Dios. Pero al final, la mentira sigue siendo una realidad que destruye. Vivir en la falsedad quiere decir vivir en contra de la realidad y, de este modo, vivir en la autodestrucción. Podemos ver dos aspectos de esta prohibición.

Por una parte, simplemente tenemos que excluir las prácticas ocultas y mágicas porque pervierten la realidad, son mentiras en el sentido más profundo de la palabra. El segundo aspecto —el aspecto moral, que sigue al ontológico— es que, contrarios a la verdad, son destructivos, y destruyen al ser humano comenzando por su núcleo.

Entonces, ¿cuáles son los peligros para quien practica con la magia y lo oculto?

Empecemos hablando del aspecto fenomenológico. La trampa se tiende con promesas, a través de una experiencia de poder, de alegrías, de satisfacción. Pero después el hombre va entregándose a una red demoníaca que poco a poco le somete, llega a ser más fuerte que él. El hombre deja de ser el dueño de la casa.

Pongamos que una persona entre a formar parte de una secta o de un grupo mágico. Se convertirá en un esclavo no sólo del grupo, que de por sí ya sería grave por lo que comporta de alienación total de la persona la pertenencia a estas sectas. Sino que será esclavo de la realidad que se encuentra detrás del grupo, esto es, una realidad realmente diabólica. Y de esta manera el hombre se dirigirá hacia una autodestrucción siempre más profunda, peor que la de las drogas.

¿Desde dónde proviene tanta sed hacia lo oculto?

Me parece una mezcla entre una tendencia hacia lo divino y la desorientación, que cierran al hombre en sí mismo.

Ninguno de los ocultistas declara abiertamente que opera con el concurso del demonio. Todo lo contrario, casi todos afirman que son creyentes y que hacen el bien. Utilizan imágenes sagradas, crucifijos...

Sí. La mentira más profunda después se concreta en una mentira más evidente. El mago, en su orientación personal, ha llegado a la mentira. Después, le resulta natural usar todos sus artilugios para expresar y modelar las mentiras. Naturalmente, el sincretismo es uno de los elementos fundamentales del mundo mágico y ocultista, que se sirve de las religiones y, sobre todo, de los elementos cristianos, pervirtiéndolos con el único interés de atraer a la gente y ser creíbles, haciéndose también con la fuerza escondida de la realidad cristiana. Lo vemos en los Hechos de los Apóstoles con Simón el Mago, que quiere comprar la fuerza de los apóstoles. «Cuando vio Simón que por la imposición de las manos de los apóstoles se daba el Espíritu Santo, les ofreció dinero, diciendo: Dadme también a mí este poder, para que cualquiera a quien yo impusiere las manos reciba al Espíritu Santo. Entonces Pedro le dijo: Tu dinero perezca contigo, porque has pensado que el don de Dios se obtiene con dinero. No tienes tú parte ni suerte en este asunto, porque tu corazón no es recto delante de Dios. Arrepiéntete, pues, de esta tu maldad, y ruega a Dios, y quizá te sea perdonado el pensamiento de tu corazón porque en hiel de amargura y en prisión de maldad veo que estás» (Hechos de los Apóstoles 8,18-23).

Se afirma que existen formas de magia y adivinación que son inocuas y «ligeras», como la lectura de la mano, las cartas y el horóscopo. Y en el Nuevo Catecismo, que las ha condenado, se ironiza sobre ellas. ¿Existe una escala de gravedad o son todas de la misma cepa, y por eso, todas graves?

A lo mejor puede existir una utilización más ligera, pero, de todas maneras, será inaceptable, ya que abre las puertas hacia lo oculto. Si uno empieza a moverse en esta dirección, corre el peligro de caer en una trampa todavía más profunda. Pero el hecho de que uno pueda deslizarse con cierta facilidad, y a veces sin poder evitarlo, no tiene por qué llevarnos hacia un rigorismo. Un rigorismo que ya no distingue entre una conducta que es señal de una cierta ligereza de vida y la manera de actuar de aquellos que han entrado de pleno en estas situaciones. Sin duda, existe una cierta distinción, pero hay que tener presente que un escalón lleva fácilmente a otro, ya que el terreno es resbaladizo.

¿Qué es lo que diría a aquellos que frecuentan a la vez Iglesia y ocultismo, pues creen que una cosa no excluye la otra?

Les diría que tienen que empezar a entender mejor la fe e introducirse profundamente en el camino cristiano para comprender que son dos cosas totalmente diferentes. Si escucho la Palabra del Señor con mi mano en su mano, me dejo guiar por el amor de Cristo, me inserto en la gran comunión de la Iglesia, siguiendo con Ésta el camino de Cristo. Es bien diferente si yo empiezo a entrar en la grave realidad del ocultismo. Las dos posturas son extremadamente distintas desde el inicio. Entender esta distinción es una decisión fundamental del hombre, y el paso inicial hacia el camino de la fe.

Pensemos en el ritual del Bautismo, donde tenemos por una parte el «sí» hacia el Señor y a su ley, y por la otra el «no» hacia satanás. En tiempos pasados había que mirar hacia Oriente para decir que «sí» al Señor y hacia Occidente para decir que «no» a las seducciones del diablo. Con estos rituales, la Iglesia se defendía de las prácticas ocultas, como también lo hace ahora y nos hace entender el carácter inconciliable de las dos posturas. Yo digo que «sí» al camino del Señor y esto implica mi «no» hacia las prácticas mágicas. Debemos renovar de una manera más concreta y realista esta dúplice decisión. Decir que «sí» a Cristo implica que no puedo «servir a la vez dos dueños»; además, como dice el Señor, si digo que «sí» al Señor, en el mismo momento no puedo decir que «sí» a uno de estos poderes escondidos, debo decir: «no, no acepto la seducción del diablo». Y, a lo mejor, con ocasión de renovar los votos del Bautismo antes de Pascua, se debería explicar que lo que pronunciamos no es un antiguo ritual, sino una importante elección para nuestra vida de hoy, un acto concreto y realista.

¿Existe un punto de no-regreso para quien haya entregado su vida a la magia?

Es difícil de responder. Si un individuo ha entrado en lo que el Señor llama «pecado contra el Espíritu Santo», como aversión a Dios y maldición del Espíritu de Dios, pervirtiendo su espíritu, abriéndolo a la acción del demonio, aquí puede que se realice lo que el Señor indica como punto de no-regreso. Pero por nuestra parte no podemos dar un juicio sobre lo ocurrido. Nosotros debemos decir siempre: existe la esperanza de la conversión. Naturalmente, si uno ha entrado en este mundo, es necesaria una conversión radical. Y es una conversión que se hace siempre más difícil, realizable sólo a través de la fuerte ayuda del Espíritu Santo implorado por la comunidad de la Iglesia que quiere ayudar a estas personas para que regresen hacia Dios. Por tanto, debemos mantener siempre la esperanza, y hacer lo posible para implorar el perdón de Dios. Iluminar a aquellas personas y acompañarlas hacia una conversión profunda. Es imprescindible el ritual de la expulsión del demonio. Un ritual cuya importancia no entendían del todo los cristianos, pero que ahora recibe un nuevo sentido y un significado más concreto. Se trata de liberar a las personas del demonio, pues éste, debido al contacto de algunos con la magia y el ocultismo, se ha apoderado realmente de ellos.

Entonces, ¿son necesarios los exorcismos?

Ciertamente.

Tal vez la gente entienda este mensaje, pero lamenta una escasa información por parte de los hombres de la Iglesia. ¿Qué más se podría hacer para informar a los desprevenidos?

Debemos encontrar nuevas formas de apostolado. La propagación del ocultismo en las formas actuales es un fenómeno bastante reciente. Hasta hace diez años nos faltaba la información al respecto. Quizá no estábamos preparados para un ataque similar, y no habíamos instruido suficientemente a los fieles. En mi opinión, tendremos que preparar breves informaciones que digan lo esencial de una manera comprensible. Debemos introducir este discurso en las catequesis para los adultos y en la formación permanente de cada cristiano.

Eminencia, le cito algunos datos. En Italia, al número del horóscopo telefónico llegan diez millones de llamadas al año, y existen por lo menos cien mil magos y menos de treinta y ocho mil sacerdotes. ¿Qué siente ante esta realidad?

Es la señal de que estamos ante una amenaza de paganismo profunda. Esto es, perversión del destino religioso del hombre. En esta religión falsificada, en la cual, como ya he dicho, el hombre disfruta o busca disfrutar de las fuerzas sobrenaturales, existe un desafío fundamental para nuestra obra de evangelización.

Ante el paganismo, debemos anunciar la realidad liberadora de Dios. Estas prácticas se presentan con el pretexto y la pretensión de ofrecer al hombre una liberación. Ofrecen poder, satisfacción, la promesa de hacerte vivir con todas las posibilidades del ser. En la realidad son una esclavitud terrible que puede llegar incluso a deshumanizar. Lo mismo ocurría con las religiones precristianas, que creaban un mundo temeroso. La llegada del anuncio cristiano trajo consigo la liberación de los miedos hacia los demonios. Hay un solo Dios que es más fuerte que todos ellos: éste es el anuncio que ha liberado realmente al mundo. Hoy en día, en algunas partes del mundo que todavía no han sido evangelizadas, se puede ver cómo el miedo hacia los demonios y a los brujos crea un clima de miedo e inmovilidad. No se puede actuar, puesto que a cada paso se puede caer en las manos de un demonio. Entonces debemos proclamar la fuerza liberadora del anuncio de que existe un solo Dios. Un Dios que es Amor, que nos ama, que tiene la fuerza de guiarnos, de darnos la verdadera libertad y que con su potencia invencible nos libera de esta esclavitud. Desgraciadamente esto ya no está presente en la mentalidad de las personas. Muchos ven sólo el camino arduo de la religión, la lejanía de un Dios de quien no tenemos experiencia, y buscan una experiencia inmediata y una rápida satisfacción, y caen en la esclavitud. En esta hora de tentación pagana profunda, creo que debemos anunciar el Evangelio en toda su sencillez y grandeza, como la verdadera y única liberación.

En su vida como sacerdote, arzobispo y cardenal, ¿ha conocido alguna vez a personas dañadas por la magia?

En el ambiente en el que he vivido no estaba presente esta realidad. He oído hablar varias veces de este tipo de casos. Y hoy me llega información de más sitios sobre cómo la magia deteriora y destruye las vidas humanas.

La magia tradicional, folclórica, típica de los países mediterráneos y todavía más radicada en las regio-

nes italianas, ¿es una práctica inocente o el ingrediente principal sigue siendo el concurso del demonio?

En los albores del cristianismo quedaban entre la gente elementos mágicos, con una presencia reducida, redimensionados por una fe que se difundía, pero que, sin embargo, suponía el peligro de que pudiese transformarse en magia. Era una presencia peligrosa e inaceptable, pero dominada por la vida de fe de la multitud. Sin embargo, ahora vemos que estos pequeños «residuos» que parecían inocentes no lo son en absoluto, y pueden convertirse en la chispa que provocaría una nueva irrupción del ocultismo en el mundo.

¿Es un método de valoración válido el hecho de que el ocultista pida dinero, o no?

Depende de su previa decisión de ser mago. Si el suyo fuese un trabajo moralmente justo, podría pedir que le pagasen. Pero ya que su menester implica mentiras y la perversión de la realidad, la presencia del dinero no sirve más que para continuar la mentira que se encuentra en la base de su trabajo. En este sentido, en el comercio de la magia y de los «poderes», se hace más visible una perversión todavía más profunda. Las cosas espirituales no se pueden pagar. La verdadera experiencia espiritual, la que Cristo me regala, la puedo obtener sólo a través de mi conversión, de mi «éxodo» espiritual. Entonces debemos ayudar a aquellas personas caídas en la red del ocultismo a reencontrar el camino a la conversión, ofrecerles una comunidad, acompañarlas hacia la fe y ayudarlas a introducirse en un camino que las lleve a la verdad, además de facilitarles el acceso —si las condiciones son aptas— al exorcismo efectuado por sacerdotes autorizados por el obispo.

También la meditación trascendental y, en particular, el yoga tienen como sustrato el ocultismo. De hecho, el último grado del yoga, el más elevado, conlleva un contacto con el mundo de los espíritus y la adquisición de poderes mágicos. ¿Considera que existe una relación de fondo, aunque sea poco aparente, entre la difusión de las religiones orientales y el actual regolfo del ocultismo?

Sin duda, en el fondo está presente. Digamos que la oferta de estas religiones orientales se mueve en diferentes niveles. Existe un yoga reducido a un tipo de gimnasia: se ofrece algún elemento que proporciona ayuda para el relajamiento del cuerpo. Bien, si el yoga está realmente reducido a un tipo de gimnasia, o sea, a movimientos exclusivamente físicos, se podría aceptar. Pero, repito, para serlo tendrá que estar realmente reducido a un puro ejercicio de relajación física, aislado de todo elemento ideológico. Sobre este punto hay que estar muy atentos para no introducir, en lo que sería mera preparación física, una determinada visión del hombre, del mundo, de la relación entre Dios y el hombre. Esta purificación de un método, en sí lógico, de ideas incompatibles con la vida cristiana se podría comparar con la «desmitificación» de las tradiciones paganas sobre la creación del mundo. Como, por ejemplo, en el primer capítulo del Génesis, en el que el Sol y la Luna, grandes divinidades del mito, están reducidas a «lámparas» creadas por Dios, lámparas que reflejan la luz de Dios y que nos hacen imaginar la verdadera Luz, el Creador de la luz. Y, de este modo, también en el caso del yoga y de las demás técnicas orientales, sería necesaria una transformación y un desplazamiento radical que realmente quite del medio todas las pretensiones ideológicas. En el momento en el que comparecen elementos que pretendan guiar hacia una «mística», se convierten en instrumentos que conducen en una dirección equivocada.

Esta transformación o aclaración, ¿ha existido?

Generalmente, no. Puede que algunas personas hayan intentado excluir los elementos ideológicos y religiosos y hayan mantenido estas prácticas sobre un plano de puro ejercicio físico. Esto no lo podemos excluir.

¿Puede existir un «yoga cristiano»?

En el momento en el que lo llamamos «yoga cristiano» ya está ideologizado y aparece como una religión, lo cual no me gusta mucho. Mientras que sobre el aspecto puramente físico, repito, algunos elementos podrían subsistir. Hay que estar muy atentos cuando se habla de un contexto ideológico, que lo lleva a convertirse en un poder cuasi místico. El riesgo es que el yoga pueda transformarse en un método autónomo de «redención», desprovisto de un verdadero encuentro entre Dios y el hombre. Y en este caso ya nos encontraríamos en lo trascendente. Es verdad que también en la oración y en la meditación cristiana la posición del cuerpo tiene su importancia y significa una conducta interior que se expresa también en la liturgia. Pero en el yoga los movimientos del cuerpo tienen una implicación diferente con respecto a la relación con Dios, que no es la de la liturgia cristiana. Hay que tener la máxima prudencia, ya que detrás de estos elementos corporales se esconde una concepción del ser como tal, de la relación entre cuerpo y alma, entre hombre, mundo y Dios.

¿Considera legítima la enseñanza de la meditación trascendental y del yoga en las iglesias católicas y en las comunidades religiosas por parte de los sacerdotes?

Me parece muy peligroso, ya que, en este contexto, estas prácticas se ofrecen, efectivamente, como algo religioso.

¿Es posible conjugar el mantra con la oración cristiana?

El mantra es una oración que no está dirigida a Dios, sino a otras divinidades que son ídolos.

¿Por qué este desaprecio de Cristo y de la Iglesia?

Es una cuestión profunda relacionada con la situación actual del mundo. Las raíces de este comportamiento son muchas y se han desarrollado durante el curso de una época, aunque sólo ahora salen a la luz con toda su fuerza. Me parece que el elemento último es aquel, otra vez, del capítulo 3 del Génesis: la soberbia del hombre que intenta proclamarse a sí mismo como Dios y no acepta el sometimiento ante Él. Detrás de esta actitud existe la voluntad de retener a Dios en las manos, en lugar de ponerse en las suyas.

Urs von Balthasar define la meditación trascendental como una traición con respecto a la fe cristiana. ¿Está de acuerdo con esta afirmación?

Sí. Porque el Dios Trascendente, la persona que me ha llamado y que me ama, viene deformado en una dimensión trascendental del ser. Creo que es necesario distinguir bien entre el Dios Trascendente y lo trascendental. Mientras el trascendente es una persona que me ha creado, lo trascendental es una dimensión del ser que implica una filosofía de la identidad. El camino de la meditación trascendental, si se analiza en sus últimas intenciones, tiene la capacidad de guiarte al introducirte dentro de tu identidad, algo exactamente opuesto a la visión cristiana, que reconoce una unión de identidades. Cristo se ha identificado con nosotros, y así nos introduce en su Cuerpo, pero es una identificación diferente, obrada en el amor, en la cual permanece siempre una identidad personal distinta; mientras que la meditación trascendental comporta sumergirse, dejarse «deshacer» en la identidad del ser supremo.

En términos espirituales, ¿cuál es el precio de estas prácticas?

Perder la fe y la perversión de la relación hombre-Dios suponen una profunda desorientación del ser humano; así que, al final, el hombre se casa con la mentira.

¿Cómo debería concretarse el respeto hacia estos cultos no cristianos?

El respeto lo debemos, sobre todo, a las personas. Como dice san Agustín, debemos tener amor hacia el pecador y no hacia el pecado. Al hombre que cae en estos errores debemos considerarle como persona creada y llamada hacia Dios. También como alguien que ha buscado, en un cierto sentido, llegar a la realidad divina para encontrar las repuestas a su deseo de elevarse. Además, debemos respetar los elementos que he señalado, aclarando convenientemente aquellas realidades que son destructivas y que se oponen, no sólo a la fe cristiana, sino a la verdad del mismo ser humano.

Actualmente en el mundo pululan profetas que afirman recibir revelaciones por parte de Dios y de la Virgen. Divulgan libros que contienen mensajes aparentemente buenos y conformes con la fe cristiana y la doctrina de la Iglesia. Pero detrás de estos mensajes existe —en muchos casos— una técnica mediática, como la «escritura automática», u otras formas de espiritismo. ¿Qué tipo de conducta tiene que tener el cristiano ante estos fenómenos?

Me parece que el origen de esta inflación de mensajes se encuentra en lo que hemos señalado, esto es, en el deseo de apoderarse de la experiencia directa con lo divino, de no quedarse en la sobriedad de la fe sino tocar desde muy cerca la realidad de Dios. El primer punto esencial es el de confiar en el Señor, que se ha revelado en su Palabra y que está presente tanto en la Iglesia como en los Sacramentos. Vivir este camino fundamental nos aporta experiencias diferentes, un poco más arduas, pero al final resulta mucho más real y gratificante al ser más verdadero. La conducta fundamental debe ser la de vivir realmente la fe en la vida de la Iglesia, convencerse de que Dios, como dijo san Juan de la Cruz, al darnos a su Hijo nos ha dado todo, porque Jesús es su Palabra, y no hay más que añadir. Dios no puede dar más de sí mismo después de entregarnos a su Hijo. Debemos ponernos realmente en las manos del Hijo y vivir la vida de la Iglesia, que es inmensamente rica, porque el Señor está rodeado por los santos, empezando por la Virgen. Y esta experiencia es posible para todos. Si se cree en Dios, no se camina solo, sino que se está acompañado por este gran ejército que forman los santos y los creyentes de todos los tiempos, y de este modo recibo todas las respuestas, porque la Iglesia vive y tiene voz viva para hablar y anunciar hoy la Palabra del Señor como la Palabra presente para mí y para nuestro tiempo. Y si uno vive esta realidad con convicción y con alegría, no con un sentido purista, sino con toda la riqueza y la belleza que esto conlleva, ya no le hace falta nada más. Puede establecer con el propio discernimiento qué cosas le pueden resultar útiles sin ser dependiente de estos fenómenos.

Algunos afirman que poseen el texto del «Secreto de Fátima». ¿Es posible?

No.

Si detrás de las apariciones y de los mensajes existe un fenómeno mediático de escritura automática, ¿podemos creer que nos encontramos ante un fenómeno falso?

Se trata de fenómenos de médium que no tienen nada que ver con la mística cristiana.

Entre las diversas ramificaciones de la *New Age* está la llamada «medicina alternativa», en la cual tiene bastante relevancia la pranoterapia. Algunas personas aseveran que tienen un fluido en las manos que puede curar a los enfermos, y lo confunden con el carisma de las curaciones...

El carisma de las curaciones se manifiesta en primer lugar en la ausencia total de elementos de magia y se realiza con un espíritu de oración. Las curaciones obradas por el Señor y por los apóstoles son expresiones de oración. No se utilizan medios y contextos espirituales ajenos a la fe y a la razón. Los verdaderos carismas, en oposición a los poderes y fluidos de los cuales esta gente hace alarde, se someten a la verdad y al poder de Dios y no introducen otros elementos. Los demás casos son expresión de un terrible mundo subterráneo que, después de permanecer mucho tiempo oculto, hoy, de nuevo, en una fase de «repaganización», emerge y se sitúa a la vista de todos.

Si la religión tiene sitio en nuestra civilización

La globalización es una de las características de nuestro mundo. Es lógico que, al inicio de un nuevo milenio, nos planteemos cuestiones en torno al modo en que deben presentarse las religiones en esta sociedad. Parece problemático que cada una reclame para sí la posesión en exclusiva de la verdad. ¿Es necesario el relativismo para poder vivir en paz? ¿Qué es la tolerancia? El cardenal Ratzinger escribe al respecto el libro titulado Fe, verdad, tolerancia. El cristianismo y las religiones del mundo, *en el que opina acerca de estas cuestiones. Con ocasión de su aparición, tiene lugar esta interesante entrevista concedida a Antonio Socci, publicada íntegramente en el periódico italiano de la ciudad de Milán* Il Giornale, *el día 26 de noviembre de 2003. De forma asequible y sintética ofrece las claves que vertebran su pensamiento y da respuesta a la pretensión por parte del cristianismo de afirmar que sólo él posee la verdad plena, al tiempo que convive pacífica y amistosamente con las demás religiones.*

Eminencia, hay una idea que se ha afirmado en la alta cultura y en el pensamiento común según la cual todas las religiones son vías que llevan hacia el mismo Dios, de forma que vale igual una que otra. ¿Qué piensa, desde el punto de vista teológico?

Diría que, incluso en el plano empírico, histórico, no es cierta esta concepción, muy cómoda para el pensamiento de hoy. Es un reflejo del relativismo difundido, pero la realidad no es ésta, porque las religiones no están de una forma estática, una junto a otra, sino que se encuentran en un dinamismo histórico en el que se convierten también en desafíos la una para la otra. Al final, la verdad es una, Dios es uno; por ello, todas estas expresiones tan diferentes, nacidas en diversos momentos históricos, no son equivalentes, sino que son un camino en el que se plantea la cuestión: ¿adónde ir? No se puede decir que son caminos semejantes porque están en un diálogo interior, y me parece evidente que cosas contradictorias no pueden ser medios de salvación: la verdad y la mentira no pueden ser vías de salvación equiparables. Por eso, esta idea no responde a la realidad de las religiones y no responde a la necesidad del hombre de encontrar una respuesta coherente a sus grandes interrogantes.

En algunas religiones se reconoce el carácter extraordinario de la figura de Jesús. Parece que no es necesario ser cristiano para venerarlo. En ese caso, ¿es necesaria la Iglesia?

Ya en el Evangelio encontramos dos posturas posibles referentes a Cristo. El Señor mismo distingue: qué dice la gente y qué decís vosotros. Pregunta qué dicen aquellos que Le conocen de segunda mano, o de manera histórica, literaria, y después qué dicen aquellos que Le conocen de cerca y han entrado en un encuentro verdadero, tienen experiencia de Su verdadera identidad. Esta distinción permanece en toda la historia: existe una impresión desde fuera que tiene elementos de verdad. En el Evangelio algunos afirman: «es un profeta». Así como hoy se dice que Jesús es una gran personalidad religiosa o que hay que contarlo entre los «avatares» —las múltiples manifestaciones de lo divino—. Pero los que han entrado en comunión con Jesús reconocen que existe otra realidad, es Dios presente en un hombre.

¿No es comparable con las otras grandes personalidades de las religiones?

Son muy distintas unas de otras. Buda, en sustancia, dice: «Olvidadme, id sólo por el camino que he mostrado.» Mahoma afirma: «El señor Dios me ha dado estas palabras que verbalmente os transmito en el Corán.» Y así. Pero Jesús no entra en esta categoría de personalidades ya visible e históricamente diferentes. Menos aún es uno de los «avatares», en el sentido de los mitos de la religión hinduista.

¿Por qué?

Es una realidad del todo distinta. Pertenece a una historia, que comienza desde Abraham, en la cual Dios muestra su rostro, Dios se revela como una persona que sabe hablar y responder. Y este rostro de Dios, de un Dios que es persona y actúa en la historia, encuentra su cumplimiento en el instante en que Dios, haciéndose hombre

Él mismo, entra en el tiempo. Por tanto, incluso históricamente, no se puede equiparar a Jesucristo con las diversas personalidades religiosas o con las visiones mitológicas orientales.

Para la mentalidad común, esta «pretensión» de la Iglesia que proclama «Cristo, única salvación» es arrogancia doctrinal.

Puedo entender los motivos de esta moderna visión que se opone a la unicidad de Cristo, y comprendo también una cierta modestia de algunos católicos para los cuales «nosotros no podemos decir que tenemos algo mejor que los demás». Además, existe también la herida del colonialismo, período durante el cual algunos poderes europeos, en función de su poder mundial, instrumentalizaron el cristianismo. Estas heridas han permanecido en la conciencia cristiana, pero no deben impedirnos ver lo esencial. Porque el abuso del pasado no debe impedir la comprensión recta. El colonialismo —y el cristianismo como instrumento de poder— es un abuso. Pero el hecho de que se haya abusado de ello no debe cerrar nuestros ojos frente a la realidad de la unicidad de Cristo. Sobre todo, debemos reconocer que el cristianismo no es una invención europea, no es un producto nuestro. Es siempre un desafío que procede de fuera de Europa: al principio, vino de Asia, como bien sabemos, e inmediatamente se encontró en oposición con la sensibilidad dominante. Aunque más tarde Europa fue cristianizada, siempre quedó esta lucha entre las pretensiones particulares, entre las tendencias europeas, y la novedad siempre nueva de la Palabra de Dios que se opone a estos exclusivismos y se abre a la verdadera universalidad. En este sentido, me parece que debemos redescubrir que el cristianismo no es una propiedad europea.

¿El cristianismo contrasta también hoy con la tendencia al cerramiento que hay en Europa?

El cristianismo es algo que viene realmente de fuera, de un acontecimiento divino que nos transforma y se opone incluso a nuestras pretensiones y a nuestros valores. El Señor cambia siempre nuestras pretensiones y abre nuestros corazones a Su universalidad. Me parece muy significativo que en este momento el Occidente europeo sea la parte del mundo más opuesta al cristianismo, precisamente porque el espíritu europeo se ha independizado y no quiere aceptar que haya una palabra divina que le muestre un camino que no siempre es cómodo.

Evocando a Dostoievski, me pregunto si un hombre moderno puede creer, creer de verdad, que Jesús de Nazaret es Dios hecho hombre. Se percibe como un absurdo.

Cierto; para un hombre moderno es algo casi impensable, un poco absurdo y con facilidad se atribuye a un pensamiento mitológico de un tiempo pasado que ya no es aceptable. La distancia histórica hace más difícil pensar que un individuo que vivió en un tiempo lejano pueda estar ahora presente, para mí, y que sea la repuesta a mis preguntas. Me parece importante observar que Cristo no es un individuo del pasado lejano, sino que ha creado un camino de luz que invade la historia empezando por los primeros mártires, con estos testigos que transforman el pensamiento humano, ven la dignidad del esclavo, se ocupan de los pobres, de los que sufren y llevan así una novedad en el mundo también con el propio sufrimiento. Con esos grandes doctores que transforman la sabiduría de los griegos, de los latinos, en una nueva visión del mundo inspirada justamente por Cristo, que encuentra en Cristo la luz para interpretar el mundo, con figuras como san Francisco de Asís, que ha creado el nuevo humanismo. O figuras también de nuestro tiempo: pensemos en la madre Teresa, Maximiliano Kolbe... Es un ininterrumpido camino de luz que hace camino en la historia y una ininterrumpida presencia de Cristo, y me parece que este hecho —que Cristo no se ha quedado en el pasado, sino que ha sido siempre contemporáneo a todas las generaciones y ha creado una nueva historia, una nueva luz en la historia, en la cual está presente y siempre contemporáneo— hace entender que no se trata de cualquiera grande en la historia, sino de una realidad que es en verdad otra, que lleva siempre luz. Así, asociándose a esta historia, uno entra en un contexto de luz, no se pone en relación con una persona lejana, sino con una realidad presente.

En su opinión, ¿por qué un hombre del año 2003 necesita a Cristo?

Es fácil advertir que las cosas que proporciona un mundo sólo material o incluso intelectual no responden a la necesidad más profunda, más radical, que existe en todo hombre: porque el hombre tiene el deseo —como dicen los Padres— del infinito. Me parece que precisamente nuestro tiempo, con sus contradicciones, sus desesperaciones, su extendido refugio en callejones como la droga, manifiesta visiblemente esta sed del infinito, y sólo un amor infinito, que sin embargo entra en la finitud y se convierte en un hombre como yo, es la respuesta. Ciertamente, es una paradoja que Dios, el inmenso, haya entrado en el mundo finito como hombre. Pero es precisamente la respuesta que necesitamos: una respuesta infinita que, no obstante, se hace aceptable y accesible para mí, «acabando» en un ser humano que, con todo, es el infinito. Es la respuesta que se necesita: si no existiera, se debería inventar...

Existe una novedad en su libro a propósito del tema del relativismo. Usted sostiene que, en la práctica política, el relativismo es bienvenido porque nos vacuna, digamos, de la tentación utópica. ¿Es el juicio que la Iglesia siempre ha ofrecido sobre la política?

Diría que sí. Ésta es una de las novedades esenciales del cristianismo para la historia. Porque hasta Cristo, la identificación de religión y Estado, divinidad y Estado, era casi necesaria para dar una estabilidad al Estado. Después el islam vuelve a esta identificación entre mundo político y religioso, con el pensamiento de que sólo con el poder político se puede también moralizar la humanidad. En realidad, desde Cristo encontramos inmediatamente la postura contraria: Dios no es de este mundo, no tiene legiones, así lo dice Cristo; Stalin dice que no tiene divisiones. No tiene un poder mundano, atrae a la humanidad hacia sí no con un poder externo, político, militar, sino sólo con el poder de la verdad que convence, del amor que atrae. Él dice: «Atraeré a todos hacia mí.» Pero lo dice justamente desde la cruz. Y así crea esta distinción entre emperador y Dios, entre el mundo del emperador al cual conviene lealtad, pero una lealtad crítica, y el mundo de Dios, que es absoluto. Mientras que el Estado no es absoluto.

Por tanto, no existe poder o política o ideología que pueda reivindicar para sí lo absoluto, lo definitivo, la perfección...

Esto es muy importante. Por ello he sido contrario a la teología de la liberación, que de nuevo ha transformado el Evangelio en receta política con la absolutización de una postura para la cual sólo ésta sería la receta para liberar y dar progreso... En realidad, el mundo político es el mundo de nuestra razón práctica en el que, con los medios de nuestra razón, debemos encontrar los caminos. Hay que dejar a la razón humana que halle los medios más adecuados y no absolutizar el Estado. Los Padres han orado por el Estado reconociendo en él la necesidad, su valor, pero no han adorado el Estado: ésta me parece la distinción decisiva.

Pero éste es un extraordinario punto de encuentro entre pensamiento cristiano y cultura liberal-democrática.

Pienso que la visión liberal-democrática no habría podido nacer sin este acontecimiento cristiano que ha dividido los dos mundos, con lo que ha creado también una nueva libertad. El Estado es importante, se deben obedecer las leyes, pero no es el poder último. La distinción entre el Estado y la realidad divina crea el espacio de una libertad en la que una persona puede también oponerse al Estado. Los mártires son un testimonio para esta limitación del poder absoluto del Estado. Así ha nacido una historia de libertad. Si bien después el pensamiento liberal-democrático ha tomado sus caminos, el origen es precisamente éste.

Los sistemas comunistas europeos se han derrumbado. Pero usted, en su libro, no excluye que el pensamiento marxista pueda volver a presentarse de otras formas en los próximos tiempos.

Es una hipótesis mía, pero me parece que comienza ya a verificarse, porque el puro relativismo que no conoce valores éticos fundamentales y por tanto no conoce realmente tampoco un porqué de la vida humana, incluso de la vida política, no es suficiente. Por ello, para un no creyente que no reconoce la trascendencia, persiste este gran deseo de encontrar algo absoluto y un sentido moral de su actuación.

Las agitaciones «no-global» de estos años, ¿son de nuevo una trasposición de la sed de absoluto en un objetivo político?

Diría que sí. Existe siempre esta sed, porque el hombre tiene necesidad de lo absoluto, y si no lo encuentra en Dios, lo crea en la historia.

Siguiendo con el tema del relativismo, ¿se deben respetar *a priori* todos los usos y costumbres y las civilizaciones o existe un canon mínimo de derechos y deberes que debe valer para todos?

Ésta es la otra cara de la moneda. Primero hemos constatado que la política es el mundo de lo opinable, de lo perfectible, donde con las fuerzas de la razón se deben buscar los mejores caminos, sin transformar en absolutista un partido o una receta. Sin embargo, también existe un campo ético, la política; por ello al final no puede conllevar un relativismo total en el que, por ejemplo, matar y crear paz tengan la misma legitimidad. En diversos documentos de nuestra Congregación hemos subrayado este hecho, aunque se reconoce totalmente la autonomía política.

Así que no todo está permitido...

Hemos dicho siempre que ni siquiera la mayoría es la última instancia, la legitimación absoluta de todo, en cuanto que la dictadura de la mayoría sería tan peligrosa como el resto de las dictaduras. Porque un día podría decidir, por ejemplo, que hay una «raza» que hay que excluir para el progreso de la historia, aberración lamentablemente que ya hemos visto. Por tanto, existen límites también al relativismo político. El límite está trazado por algunos valores éticos fundamentales que son precisamente la condición de este pluralismo. Y son, por tanto, obligatorios también para las mayorías.

¿Algún ejemplo?

Sustancialmente, el Decálogo ofrece en síntesis estas grandes constantes.

Volviendo a otro aspecto del «relativismo cultural», también entre los católicos hay quien considera la misión casi una violencia psicológica frente a pueblos que tienen otra civilización.

Si uno piensa que el cristianismo es sólo su propio mundo tradicional, evidentemente percibe así la misión. Pero se ve que no ha entendido la grandeza de esta perla, como dice el Señor, que se le da en la fe. Naturalmente, si fueran sólo tradiciones nuestras, no se podrían llevar a los

demás. En cambio, si hemos descubierto, como dice s[a]
Juan, el Amor, si hemos descubierto el rostro de Dios, t[e]
nemos el deber de contarlo a los demás. No puedo mant[e]
ner sólo para mí una cosa grande, un amor grande, de[bo]
comunicar la Verdad. Por supuesto, en el pleno respe[to]
de su libertad, porque la verdad no se impone con otr[os]
medios más que con la propia evidencia, y sólo ofrecie[n]
do este descubrimiento a los demás —mostrando lo q[ue]
hemos encontrado, el don que tenemos en la mano, q[ue]
está destinado a todos— podemos anunciar bien el cr[is]
tianismo, sabiendo que supone el altísimo respeto de [la]
libertad del otro, porque una conversión que no estuvie[ra]
basada en la convicción interior —«he encontrado lo q[ue]
deseaba»— no sería una verdadera conversión.

**Recientemente ha salido a la luz en la prensa un f[e]
nómeno doloroso: la conversión de muchos inm[i]
grantes que proceden del islam y que, además de h[a]
llarse en peligro, se encuentran solos, no respaldad[os]
por la comunidad cristiana.**

Sí, lo he leído y me duele mucho. Siempre es el mis[mo]
síntoma, el drama de nuestra conciencia cristiana q[ue]
está herida, que es insegura de sí. Naturalmente de[be]
mos respetar los estados islámicos, su religión, pero, s[in]
embargo, también tenemos que pedir la libertad de co[n]
ciencia de cuantos quieren hacerse cristianos, y con v[a]
lor debemos asistir a estas personas si estamos conve[n]
cidos de que han encontrado algo que es la respues[ta]
verdadera. No debemos dejarlos solos. Se debe hac[er]
todo lo posible para que puedan, en libertad y con p[az]
vivir cuanto han hallado en la religión cristiana.[1]

---

1. También publicada en la página web www.kattoliko.it

La religión, entre lo moderno y lo postmoderno

«*La religione tra moderno e postmoderno.*» *Así titula Vittorio Possenti la entrevista que realiza al cardenal Ratzinger, publicada en* Il Monoteismo. Annuario di filosofía 2002 *(Mondadori, Milán, 2002). La conversación analiza las filosofías contemporáneas, y da razón de algunas manifestaciones que vivimos en nuestra sociedad. El pensamiento social y político del último siglo ha presentado la religión como opio del pueblo, como sistema que restringe la libertad, como actitud que reprime al hombre, como creencias que limitan la ciencia...; son concepciones modernas de la religión. Sin embargo, podemos decir que quizá asoman ya en nuestros días otras concepciones de la dimensión religiosa del hombre y del papel de la religión. De todo esto trata esta intensa e interesante entrevista.*

IL MONOTEISMO. ANNUARIO DI FILOSOFÍA ITALIA, *1 DE OCTUBRE DE 2002*

¿Qué cambios es posible diagnosticar en el ámbito de las religiones mundiales, y en particular en el cristianismo, durante el transcurso hacia la nueva época?

Hoy, todas las grandes religiones mundiales están viviendo un proceso de profundas fusiones, transformaciones y crisis. En el siglo XIX se llegó por primera vez a tener un intenso contacto entre el cristianismo y las religiones de la India. Esto hizo que se crease el neohinduismo, es decir, una nueva interpretación de la herencia espiritual india que al mismo tiempo acogía una visión cristiana. De este modo, el neohinduismo quiere conservar su identidad y además consolidarla con respecto a la religión cristiana.

El fenómeno más distinguido al que se asiste es la

asunción del universalismo cristiano —es decir, de su empuje misionero— por parte del hinduismo: un universalismo que hasta ahora era del todo extraño a la religión hindú.

En esta perspectiva, la religión propia y particular se vive como si fuese universal: la raíz mística de la religión india sería lo que verdaderamente aúna y abraza todo, es decir, donde cada una de las expresiones religiosas encontraría su sitio.

La conciencia de que detrás de todas las formas de religiosidad se esconde un Uno inefable, donde todos somos idénticos a Dios, se funde hoy en día con el relativismo occidental, y a partir de aquí ejerce una fuerza de atracción particular.

Algo similar podría decirse sobre el budismo. El budismo contiene un concepto de compasión relacionado con el del amor cristiano, con lo que se trata de mostrar de nuevo la identidad última de todas las religiones.

A pesar de todo, a las tendencias universalistas se les pueden contraponer las reacciones particularistas, que, conscientemente, quieren recluir dentro de unos confines bien definidos lo que es extraño, y que, además, intentan afirmar la propia identidad rechazando el cristianismo por ser diferente y la actividad misionera porque se considera un imperialismo religioso.

Por otro lado, en todo el mundo hay una tendencia hacia la politización de la religión: en definitiva, su universalidad consiste en su utilización, con fines políticos, para defender la justicia, la paz y preservar la creación. ¡Que sean bienvenidos estos objetivos! Pero allí donde la religión estará medida según sus fines y su utilidad en la política mundial, ésta será destrozada por el interior. La tendencia hacia la universalidad de la teología de la liberación está relacionada con esta idea.

En primer lugar, nada le es más extraño al budismo que la idea de cambiar el mundo y de dar un nuevo orden a las instituciones mundanas. Pero sobre la vía que conduce a una diferente interpretación de la idea de compasión, K.N. Jayatilleke, por ejemplo, ha llegado a la conclusión de que en el budismo se encuentra el fin innato de querer democratizar la sociedad. Entonces no nos debe sorprender la idea de que puedan nacer teologías de la liberación de naturaleza islámica en el seno de Oriente Medio. Se trata de un fenómeno marginal en el proceso de renacimiento del islam. También este proceso está muy estratificado y no sería concebible sin el contacto con el cristianismo. Además, éste adquiere ventaja de la pobreza de la fe cristiana y del predominio de filosofías radicalmente secularistas en el mundo occidental. Desde aquí, el sentimiento religioso de los pueblos islámicos se aleja: el cristianismo parece haber perdido sus fuerzas vitales, y esto hace que se haga sentir aún más la fuerza religiosa del islam.

En estos procesos el componente político es relevante. Mucho más lo será para el islam, que considera inseparables la política y la religión. De todos modos, hay que estar atentos en interpretar todo esto sólo en clave política, ignorando la fuerza religiosa, que no está ausente en absoluto.

La disgregación del cristianismo por obra del pensamiento secularista ha llevado a Occidente a tocar nuevas formas de religiosidad, que se esconden detrás de la etiqueta de *New Age*. No se busca la fe sino la experiencia religiosa, si se va en búsqueda de caminos que conducen hacia una unión mística, y de tal manera se llega también a un redescubrimiento de las religiones precristianas, se asiste a un regreso de deidades y de rituales precristianos. La madre Tierra y el padre Sol considerados juntos corresponden a las ideas igualitarias de la época más que a la fe en un único Dios; las imágenes místicas están en auge y los rituales semimágicos resultan más prometedores que la sobria embriaguez de la liturgia cristiana, por no hablar de su forma racional «atrofiada» en los tiempos recientes.

Así llegamos al cristianismo. De inmediato se pueden reconocer dos tendencias fundamentales que están contrapuestas: por un lado, los intentos de llevar adelante un camino de racionalización y de una adecuación, lo más completa posible, a los estándares de vida modernos. Estos conformismos, por su naturaleza, no conducen hacia un fortalecimiento del vínculo religioso sino a una progresiva disolución. Un cristianismo que está de acuerdo con todo y que es compatible con todo es un cristianismo superfluo. Sin embargo, en los racionalismos extremos siempre incumbe la vuelta al mito, que además no necesita de una justificación empírica, sino que representa un irracional programa añadido para la realización de la concepción secularista del mundo.

Por otro lado, tenemos el despertar de la fe de renovada intensidad, que en el interior de la Iglesia se manifiesta con movimientos religiosos, mientras que hacia el exterior asume formas eclesiásticas autónomas.

Lo que más salta a la vista es el rápido crecimiento de las iglesias pentecostales que muestran un fervor religioso, una sólida fe y al mismo tiempo un interés relativamente vacío por aquellas cuestiones que presentan un carácter institucional; lo que diferencia el pentecostalismo es el fuerte resalto que confiere a la experiencia religiosa. También tuvieron un gran éxito las llamadas comunidades fundamentalistas, que están caracterizadas por una clara profesión de fe y por netas delimitaciones de los confines con respecto al mundo secular. Quien cree, quiere saber en lo que cree y por qué cree; busca una firmeza, una decisión y un recorrido claro.

Todos estos fenómenos, naturalmente, también pueden observarse dentro de la Iglesia católica. Siempre es más evidente cómo la adecuación progresiva, el continuo difundirse de los caracteres esenciales de la fe no abre caminos hacia el futuro.

Para la Iglesia católica es importante poseer una clara conciencia de su universalidad, tanto en la perspectiva sincrónica como en la diacrónica: ella une a los hombres y las culturas de todos los lugares y de todos los tiempos. La Iglesia católica es una fuerza que une en un mundo que está amenazado por los particularismos. Al mismo tiempo, esto significa su carácter metapolítico: por sí misma, la Iglesia no es un instrumento político, la fe tiene sus propios ámbitos, que constituyen una corrección de todo lo que es político y, contemporáneamente, es una fuerza moral por su configuración justa.

En definitiva, la fe entrega al ser humano los contenidos esenciales, que se resumen en dos puntos: el «desde dónde» y el «hacia dónde», una certeza que nos aúna y que nos sostiene durante la vida y cuando se muere.

Por un lado, esta fe está abierta a la razón; su apertura con respecto a la razón y la responsabilidad hacia ésta son esenciales para ella. Pero la fe también confiere a la razón una amplitud de horizontes y una certeza que la razón, en las mismas preguntas esenciales del ser-hombre, por sí sola no puede tener y que nos conduce más allá de la ratio, nos dirige hacia las profundidades del *intellectus* (para recoger una distinción de los padres de la Edad Media), abriéndose hacia la dimensión mística, el contacto del alma por parte del Dios viviente.

Después del declive de la crítica, según la cual la religión es comparable al opio del pueblo, ¿qué interrogantes y problemas verosímiles interpelan con mayor vigor la conciencia humana y religiosa del siglo XXI?

Es difícil hacer previsiones, ya que podrían entrar en la escena repentinos cambios de la conciencia histórica. A comienzos del siglo XX, ¿quién habría podido prever que en los años veinte el liberalismo sería considerado como una ideología burguesa que se había superado, y que, en su lugar, había aparecido el existencialismo, la filosofía de los valores y nuevos bocetos de la metafísica? A comienzos de los años sesenta, ¿quién habría podido prever que en 1968 surgiera un cambio que a su vez volviese a imponer una nueva ideología, el marxismo, que sustituyera al existencialismo?

Del mismo modo, hoy en día no podemos prever las posibles mutaciones de la conciencia colectiva. Lo que podemos extraer de la situación actual es que habrá, por un lado, una rehabilitación del mito y de las formas de religiosidad con un toque mítico, en donde el ser humano busca la experiencia de la comunidad, de la unidad entre el alma y el cuerpo, de la totalidad y el abandono de unos vínculos del mundo de la técnica como momentos de libertad, de olvido, en síntesis, de felicidad. Debido a esto podría aumentar ulteriormente la fractura entre el mundo racional y el mundo irracional. Esto, en un ámbito filosófico, significaría un ulterior alejamiento de la metafísica y consolidar el dominio del positivismo como única forma de racionalidad, por lo cual, la capacidad de comprender lo que es la razón y lo que es racional se reduce siempre más.

Pero también veo una posibilidad de que la fe cristiana renazca, que el catolicismo viva, y que gracias a éstos la filosofía reciba nuevos impulsos. Así como en la década de 1920, la fenomenología husserliana había abierto de improviso las puertas hacia una renovación de la metafísica y el personalismo había mutado el cuadro de la filosofía, de este mismo modo, una fe renovada abrirá de nuevo las puertas hacia la filosofía a través de preguntas primigenias del ser humano —preguntas fundamentales que nunca se resolvieron— sobre su origen y su futuro, sobre la vida y la muerte, sobre Dios y la eternidad.

El liberalismo filosófico, muy conocido entre los diversos escalones de la cultura occidental, continúa sosteniendo que la primera y fundamental «necesidad humana» tiene que renacer con la libertad. Considerando este asunto, se hace siempre más viva la reflexión sobre si están o no presentes en el hombre necesidades, preguntas, exigencias, por lo menos fundamentales, de lo que tiende hacia la libertad. La cual, además, gracias al liberalismo filosófico, se entiende como una libertad de elección. ¿No le parece ésta una grave restricción al problema?

En efecto, nos encontramos delante de una peligrosa unilateralización de las preguntas fundamentales sobre la existencia humana. El mismo concepto de libertad está indebidamente reducido. En general, el concepto de libertad no sólo está reducido al de libertad de elección, sino que ha sido concebido desde un punto de vista exclusivamente individualista; por ejemplo, lo que formuló Marx cuando todavía era joven: «la libertad consiste en hacer hoy esto, mañana lo otro... Como a mí me dé la gana». Pero de tal manera nos olvidamos que la humanidad nos es dada sólo en nuestro ser el uno con el otro, y que mi libertad puede funcionar sólo en unión con la libertad de los demás. Estamos enlazados el uno con el otro en un sistema de prestaciones recíprocas: sólo así nutrición, salud, trabajo y tiempo libre pueden estar asegurados. Mi libertad será siempre una libertad dependiente, una libertad con los demás y a través de los demás. Sin la sinergia con las demás libertades, mi libertad se aniquila a sí misma. Entonces, en primer lugar, la libertad debe tener en cuenta el recíproco ser el uno con el otro. No puede haber arbitrariedad, pero sí necesita de un ordenamiento de las libertades y de la observancia de sus reglas. Si es así, le sigue la siguiente pregunta: ¿quién establece estas reglas? ¿Y cuál es el criterio según por el cual vienen instituidas? A la primera pregunta hoy responderemos refiriéndonos a la democracia como forma reguladora de la libertad, y esto me parece justo.

De todos modos, nos queda la segunda pregunta, ya que aquí debería haber unos criterios para el ordenamiento justo de las libertades. Ahora diremos nosotros: es la mayoría quien elige. Pero también pueden haber mayorías enfermas, el siglo pasado nos lo demostró. Puede haber una mayoría que elija que una parte de la población debe ser exterminada, ya que impide el goce de la propia libertad. O, en cambio, que un pueblo limítrofe debe ser combatido porque restringe el propio espacio vital. Existen normas que ninguna mayoría debe abrogar.

Así, es verdaderamente necesario formular la pregunta ¿cuáles son los bienes que nadie puede destruir sin destrozar al ser humano y, de este modo, destrozar la libertad? No se puede eludir la pregunta sobre lo incondicionalmente bueno y sobre lo incondicionalmente malo, se debe tener un ordenamiento de la libertad que sea digno del hombre. La libertad es un bien, pero lo es sólo si vive en una red de relaciones con otros bienes, desde los cuales resulta claro qué es la libertad efectiva y qué es, en cambio, la libertad ilusoria.

A pesar del final catastrófico del «ateísmo científico-dialéctico» de origen marxista, en la cultura occidental posmoderna permanece una fuerte aversión hacia el cristianismo, que se expresa bajo el nombre de agnosticismo y ateísmo agresivos de origen empirista, científico, escéptico. ¿Están ganando Hume y Bentham? ¿Cómo se puede evaluar aquella conducta que tiene la intención de prescindir sistemáticamente de Dios en el ámbito civil, procediendo *«etsi Deus non daretur»*? **¿Sería éste el canon central de todas las morales laicas auténticas?**

En efecto, parece ser que actualmente el pensamiento continúa desarrollándose en esta dirección. Después de que el marxismo, ante lo que pasó en 1989, aún siga estando en pausa reflexiva, las filosofías parecidas a la del racionalismo crítico de Popper corresponden, la mayor parte, al sentido contemporáneo de lo que puede considerarse como racional. La verdad tal cual —se piensa— no puede conocerse, sino que sólo se avanza poco a poco gracias a los pequeños pasos de verificación y de falsificación. Se consolida la tendencia a sustituir el concepto de verdad con el de consentimiento. Pero esto significa que el hombre se separa de la verdad del mismo modo que se separa de la distinción entre el bien y el mal, sometiéndose completamente al principio de mayoría.

Antes ya intenté indicar adónde puede llevar todo esto y qué tipos de tiranía de la falsedad se pueden crear en el dominio exclusivo del principio del consentimiento.

El recorrido hacia esta etapa comienza, naturalmente, con el idealismo alemán, en el que se empezaba con creer en el supuesto de que el hombre puede conocer no la realidad como tal, sino sólo la estructura de su conciencia.

Mientras tanto, las filosofías de Singer, Rorty y Sloterdijk indican ulteriores radicalizaciones que conducen hacia la dirección antes citada, es decir: el hombre planea y «construye» el mundo sin criterios preestablecidos y, de este modo, supera necesariamente el concepto de dignidad humana. En consecuencia, los derechos humanos se convierten en problemáticos.

Dentro de tal concepción de la razón y de la racionalidad no queda sitio alguno para el concepto que se tiene sobre Dios. De todos modos, no se puede defender la dignidad humana sin el concepto de Dios creador. La dignidad humana pierde así su lógica. Naturalmente, nosotros no podemos y no nos está permitido obligar a alguien a creer en Dios. Por ello es muy urgente hacerlo presente en el conflicto de la razón. En relación con esto, los pensadores cristianos tienen por delante una gran misión que cumplir.

Observadores de varias extracciones sostienen que se está viviendo un abandono dentro de la Iglesia de las «pruebas» de la verdad del cristianismo, de una pretensión hacia la verdad. A todo esto se le añade el hecho de que muchos exponentes cristianos aman dialogar sólo con aquellos sectores culturales que acogen la función social de la religión, su utilidad civil, sus símbolos, mientras que se muestran indiferentes hacia las verdades que sostienen los asertos de la fe. En su opinión, ¿se puede asignar a tal diagnóstico un valor según el cual la praxis actual del ca-

tolicismo proclama como secundaria la verdad de aquellos contenidos?

Probablemente sea cierto el hecho de que, actualmente, importantes sectores del catolicismo, en el diálogo con los no creyentes, apartan la pregunta sobre la verdad, considerándola sin perspectiva además de estéril, y que quieran focalizar el debate sobre la utilidad social de la fe. Todo esto se puede admitir o puede resultar el único camino utilizable. Pero si se quisiese dejar caer la pretensión hacia la verdad y que de este modo se intentase desclasar el cristianismo considerándolo un «hábito» (o «tradición») en vez de «verdad» (útil), significaría la renuncia del cristianismo a sí mismo.

De esta forma, el cristianismo estaría muy bien incorporado en el sistema moderno, pero, al mismo tiempo, perdería su alma.

Entonces Cristo ya no podría decir: «Yo soy la verdad», sino que retrocedería al orden de grandeza de un hombre con una significativa experiencia religiosa, o si queremos decirlo de otra forma, de un reformador de la sociedad que falló en su intento.

Por otra parte, gracias a la grandeza de sus pretensiones, la Iglesia presta un servicio a la sociedad; ella no permite que nos quedemos anclados en las filosofías del consentimiento o en las técnicas sociales; la Iglesia nos exhorta siempre a hacernos la pregunta sobre la verdad, sólo así la cultura del hombre puede quedarse preservada.

A partir de aquí entiendo una buena parte del escándalo, pero también la intrínseca necesidad de la declaración «Dominus Iesus», que de hecho no permite la calma ante la copresencia de diferentes «tradiciones religiosas», sino que piensa más allá de como lo hace el hombre: él está llamado por la verdad, y está constituido de manera tal que no existan sólo diferentes formas de experiencia religiosa, sino que existe también un hombre que es Dios. Esta pretensión no puede quedarse muda o ser rebajada por mera comodidad.

Por parte del cristianismo y de sus relaciones con las demás religiones, hay una cuestión sobre su verdad (¿parcial?, ¿histórica?, ¿universal?). ¿Qué posición asumir entre los que sostienen las necesidades religiosas, históricamente variables y situadas según las culturas, y quien, en cambio, defiende la portada universal del cristianismo? ¿Cómo se puede sostener la pretensión cristiana hacia la verdad si se asume el hecho de que la idea misma de verdad no sea aplicable a la religión, la cual tendería sólo hacia la piedad y las costumbres y excluiría el conocimiento?

En parte ya he respondido a la pregunta con lo dicho anteriormente. También antes, hice alusión a una bella frase de Tertuliano: «Cristo no ha dicho que Él es la costumbre, sino que es la verdad» (Virg. 1,1). Si Cristo no es la verdad, entonces ya no existiría fundamento para la pretensión cristiana hacia la universalidad y hacia la misión. Si la fe cristiana fuese sólo una tradición, eso sí, significativa, no sería comprensible el motivo por el que debería impartirse a los demás. Al contrario, la verdad es para todos una sola, y si Cristo es la verdad, entonces tiene que ver con todos; y sería un pecado ocultarla a los demás.

Si se define el cristianismo como una religión europea, nos olvidamos de que no nació en Europa y de que en los primeros siglos se difundió de manera uniforme tanto en Europa como en Asia; la misión nestoriana había llegado hasta China y la India; Armenia y Georgia son antiguas tierras cristianas.

También en la península arábiga hubo una relevante presencia de cristianos; presencia que se debilitó notablemente por el éxito que tuvo el islam; pero aun así no pudo eliminarla del todo. Estas comunidades cristiano-orientales, por las cuales Antioquía, Constantinopla y Roma estaban consideradas el «Occidente», nunca dejaron de existir. Hoy en día la oposición más fuerte al cristianismo proviene de Europa y de su filosofía poscristiana, mientras que en los países extraeuropeos la fe encuentra un apoyo siempre más fuerte.

Al cristianismo se le objeta que, en la manifestación concreta que ha obtenido, ha recibido una influencia tanto de la filosofía griega, sobre todo, y de sus desarrollos en el pensamiento medieval, como del pensamiento europeo moderno. Y de esto derivará el sentido de deshelenización y del puro regreso a la Biblia. En esta perspectiva nos olvidamos en primer lugar de que la filosofía griega tuvo que enfrentarse a un profundo proceso de refusión con el mensaje cristiano.

En oposición a esto, hubo una reacción en el ámbito filosófico que se enfrentó a esta transformación cristiana y a la nueva síntesis de las culturas, con la intención de preservar el elemento auténticamente griego. Pero aquí nos olvidamos de que también en el Antiguo Testamento tuvo lugar un encuentro entre el pensamiento griego y la antigua tradición bíblica: el proceso del encuentro entre las culturas estuvo presente entonces incluso en la Biblia. Además, nos olvidamos de que, por su parte, la filosofía griega, en particular con Platón, recibió fuertes influjos de las tradiciones orientales para así convertirse en una fusión de culturas; gracias a Plotino, el pensamiento griego se asoma a las tradiciones de Asia y entra en contacto con algunos guías del espíritu indio. Pero, sobre todo, se ha olvidado el sentido auténtico y profundo del encuentro de la fe bíblica con la filosofía griega: se trata de impedir un autoaislamiento y una reducción de la fe bíblica en una tradición religiosa particular, se trata de impedir exponerse hacia la pretensión de la razón que relaciona a todos los hombres y de mantener el cristianismo anclado a la pregunta sobre la verdad como única clave de su universalidad y como obligación que le viene dada por la imagen de Cristo.

Quien quiera liquidar esta comparación con la razón y con la pregunta sobre la verdad considerándola una «helenización» está particularizando el cristianismo, reduciéndolo a una expresión de una forma particular, para nada universal, de experiencia religiosa. El Papa, en la encíclica *Fides et ratio*, ha incluido estas conexiones dentro del debate filosófico y teológico contemporáneo: se trata de superar la «costumbre» y de quedarse en el camino de la verdad. Es una llamada que nos interesa a todos.

V. CRISTIANISMO Y MUNDO DEL SIGLO XXI

LA IGLESIA PUERTAS AFUERA

Promover una visión común en lo esencial

Durante el Congreso de Cristología organizado por la Universidad Católica San Antonio de Murcia, del 28 al 30 de noviembre de 2002, el cardenal Joseph Ratzinger dedica más de hora y media a los representantes de diferentes medios de comunicación de toda España. No quedó pregunta sin respuesta. Las preguntas abordan temas muy diversos, las respuestas dan testimonio de alguien que está seguro de aquello que transmite. Alfa y Omega y la agencia Zenit, entre otros medios, publicaron la entrevista, si bien de manera incompleta; aquí recogemos las preguntas que los representantes de estos medios plantearon al cardenal Ratzinger (España, 19 de diciembre de 2002).

¿Qué ha aprendido el cardenal Ratzinger que no supiera ya el teólogo Ratzinger?

La sustancia de mi fe en Cristo ha seguido siendo siempre la misma: conocer al hombre que es Dios, que me conoce, que —como dice san Pablo— se ha entregado por mí. Está presente para ayudarme y guiarme. Esta sustancia ha seguido siendo siempre igual. En el transcurso de mi vida he leído a los Padres de la Iglesia, a los grandes teólogos, así como la teología presente. Cuando yo era joven, era determinante en Alemania la teología de Bultmann, la teología existencialista; después, fue más determinante la teología de Moltmann, teología de influencia marxista, por así decir. Diría que, en el momento actual, el diálogo con las demás religiones es el punto más importante: comprender cómo, por una parte, Cristo es único, y, por otra parte, cómo responde a todos los demás, que son precursores de Cristo, y que están en diálogo con Cristo.

¿Piensa que la Iglesia, especialmente en el mundo occidental, está preparada para afrontar este fuerte movimiento de secularización y este enorme vacío de fe? O, ¿todavía se da entre los hombres una visión de cristiandad, pero no la de una Iglesia misionera?

Creo que tenemos que aprender. Nos ocupamos demasiado de nosotros mismos, de las cuestiones estructurales, del celibato, de la ordenación de las mujeres, de los Consejos, de los derechos de los Consejos, de los sínodos... Trabajamos siempre sobre nuestros problemas internos, y no nos damos cuenta de que el mundo tiene necesidad de respuestas, no sabe cómo vivir. Esta incapacidad de vivir del mundo se ve en la droga, en el terrorismo, etc. Por tanto, el mundo tiene sed de respuestas, y nosotros nos quedamos en nuestros problemas. Estoy convencido de que si salimos al encuentro de los demás, y presentamos a los demás de manera apropiada el Evangelio, incluso los problemas internos se relativizan y se resuelven. Para mí, éste es un punto fundamental:

tenemos que hacer el Evangelio accesible al mundo secularizado de hoy.

Nos adentramos en la Navidad. Dios se encarna por medio de una Mujer. ¿Cómo se hace posible hoy la encarnación de Cristo dentro de la Iglesia por medio de la mujer? ¿Qué papel tiene la mujer en la teología?

El tema exigiría una discusión larga. Es importante ver que, en todos los períodos de la Iglesia, la mujer ha ocupado siempre un lugar muy grande e importante. Con Jesús estaban las mujeres, con san Pablo y con los apóstoles estaban las mujeres. Son muy poco conocidas las hermanas de los grandes Padres de la Iglesia, que eran muy importantes para estas personas y que nos ofrecieron su testimonio. Pensemos cómo la vida de san Jerónimo no se podría pensar sin esa gran contribución de mujeres que han aprendido hebreo y, naturalmente, griego con él, eran mujeres doctas. Por ejemplo, si pienso en mi patria, la misión católica fue fecunda en el momento en que llegaron las mujeres. San Bonifacio sabía bien que sin mujeres, sin las madres y hermanas en la fe, la fe no podía tocar el corazón. Por este motivo llamó a toda su familia y estuvo rodeado por una familia de santas. Así, en todos los períodos de la misión han sido sobre todo las mujeres las que, finalmente, han encarnado la maternidad de la Iglesia, y el elemento femenino hizo amable a la Iglesia. Pensemos en Iberoamérica y en que fue la aparición de la Virgen en Guadalupe la que marca el inicio del camino de la Iglesia en estos países. Cada período tiene su modo específico de la contribución de la mujer. El ministerio jerárquico está determinado por Cristo a su fisonomía, mientras que la contribución de la mujer pertenece al gran sector de la realización carismática de la

Iglesia, que no es menos importante que la jerárquica; es mucho más pluriforme y exige mucha más creatividad, y estoy convencido de que las mujeres de hoy tienen la creatividad necesaria para ofrecer la contribución absolutamente necesaria de la mujer.

¿Qué debe hacer una universidad católica, portadora de la verdad de Cristo, para hacer presente la misión evangelizadora del cristianismo?

Es importante que una universidad católica no se limite a preparar para el futuro desempeño de una profesión. Una universidad es algo más que un centro de enseñanza, en el que aprendo física, sociología, química... Es muy importante una buena formación profesional, pero si fuera sólo esto, no sería más que un refugio de saberes. Una universidad tiene que tener como fundamento la construcción de una interpretación válida de la existencia humana. A la luz de este fundamento, podemos ver el lugar que ocupa cada una de las ciencias, así como nuestra fe cristiana, que debe estar presente a un alto nivel intelectual. Por este motivo, en la escuela católica tiene que darse una formación fundamental en las cuestiones de la fe y, sobre todo, un diálogo interdisciplinar entre profesores y estudiantes, de modo que juntos puedan comprender la misión de un intelectual católico en nuestro mundo.

Algunos interpretan a menudo el hecho de anunciar a Cristo como una ruptura en el diálogo con las demás religiones. ¿Cómo es posible anunciar a Cristo y dialogar al mismo tiempo?

Diría que hoy domina, realmente, una visión relativista de la vida. Aquel que no se muestra relativista parece pecar de intolerante. El mismo hecho de pensar que se puede comprender la verdad esencial es visto ya como algo intolerante. Pero en realidad esta exclusión de la verdad es un tipo de intolerancia muy grave, pues reduce las cosas esenciales de la vida humana al subjetivismo. De este modo, en las cosas esenciales ya no tendremos una visión común y cada uno puede y, según este punto de vista, debe decidir como se le antoje. Perdemos así los fundamentos éticos de nuestra vida común.

Ante la búsqueda actual de espiritualidad, mucha gente recurre a la meditación trascendental. ¿Qué diferencia hay entre la meditación trascendental y la meditación cristiana?

En pocas palabras, diría que lo esencial de la meditación trascendental es que el hombre se expropia del propio yo, se une con la universal esencia del mundo; por tanto, queda un poco despersonalizado. Por el contrario, en la meditación cristiana no pierdo mi personalidad, entro en una relación personal con la persona de Cristo, entro en relación con el Tú de Cristo, y de este modo este yo no se pierde, mantiene su identidad y responsabilidad. Al mismo tiempo, la persona se abre, entra en una unidad más profunda, que es la unidad del amor que no destruye. Por consiguiente, diría en pocas palabras que la meditación trascendental es impersonal, y en este sentido «despersonalizante». Mientras que la meditación cristiana es «personalizante», ya que permite acceder a una unidad profunda, que nace del amor y no de la disolución del yo.

Este último año ha sido difícil para los católicos, por el espacio que han tenido en los medios de comunicación los escándalos atribuidos a sacerdotes. Algu-

nos han hablado de campaña contra la Iglesia. ¿Usted, qué piensa?

También en la Iglesia los sacerdotes son pecadores, pero estoy personalmente convencido de que la permanente presencia de pecados de sacerdotes católicos en la prensa, sobre todo en Estados Unidos, es una campaña construida, pues el porcentaje de estos delitos entre sacerdote no es, al menos, más elevado que en otras categorías, o quizá más bajo. En Estados Unidos tenemos noticias sobre este tema, pero menos del 1% de los sacerdotes son culpables. Es decir, la permanente presencia de noticias en este sentido no corresponde a la objetividad de la información y a la objetividad estadística de los hechos. Por tanto, se llega a la conclusión de que la realidad está manipulada, de que se quiere desacreditar a la Iglesia. Es una conclusión muy lógica y fundada.

¿Cuál es la aportación de Juan Pablo II al diálogo interreligioso?

El Santo Padre ve su misión personal como una misión de conciliación en el mundo, una misión de paz. Mientras en el pasado, por desgracia, se daban guerras de religión, el Santo Padre quiere mostrar que la justa relación entre las religiones no es la guerra, no es la violencia, es el diálogo, y el intento de comprender los elementos de verdad que se dan en las demás religiones. El Santo Padre no pretende relativizar la unicidad de Cristo, que es el Camino, la Verdad y la Vida, pero quiere mostrar que esta verdad sobre Cristo no puede anunciarse con violencia o a través del poder humano, sino sólo con la fuerza de la verdad. Y para eso se requiere un contacto humano de diálogo y de amor, como hicieron los apóstoles en la gran misión de la Iglesia antigua: sin ningún poder mundano, con la fuerza de su convicción, con el testimonio del sufrimiento, pues con el testimonio de la caridad y del diálogo fueron capaces de convencer al mundo antiguo. El Santo Padre trata, simplemente, de renovar esta fuerza de diálogo y de amor de los primeros siglos en la relación con las religiones.

¿Cómo mantener la fidelidad a la Iglesia y favorecer la comunión, estando abiertos a que el Espíritu nos lleve hasta la verdad completa?

Creo que es una cuestión, sobre todo, de la maduración de la fe personal. Aparentemente fidelidad y apertura parecen excluirse. Pero yo creo que la auténtica fidelidad al Señor Jesús, y a su Iglesia, que es su cuerpo, es una fidelidad dinámica, pues el mismo Jesús es idéntico consigo mismo, y por otra parte esta identidad es de apertura para todos. La verdad es para todos y todos están creados para llegar al Señor. Sus brazos abiertos en la cruz simbolizan, para los Padres de la Iglesia, al mismo tiempo la máxima fidelidad —el Señor es clavado en la cruz— y el gesto de abrazo al mundo, para atraer el mundo hacia sí, y dejar espacio a todos. Por tanto, una auténtica fidelidad al Señor participa en el dinamismo de la persona de Cristo, que puede abrirse a los diferentes desafíos de la realidad, del otro, del mundo, etc. Pero, al mismo tiempo, encuentra de este modo su identidad profunda, que no excluye nada que sea verdadero, sólo excluye la mentira. En la medida en que entramos en comunión con Cristo, en su amor que nos acepta a todos y nos purifica a todos, en la medida en que participamos en la comunión con Cristo, podemos ser fieles y abiertos.

Usted está en una atalaya desde la que se divisa un panorama de conjunto. ¿En qué situación se encuentra actualmente la comunicación ecuménica del concepto de Iglesia?

En primer lugar, se nos dijo que si sólo hubiéramos hablado del carácter único de Cristo, toda la cristiandad habría quedado encantada con este documento, todos nos hubiéramos unido en un aplauso a la Congregación. «¿Por qué habéis añadido el problema eclesiológico que ha creado esto?», nos han preguntado. Era necesario hablar también de la Iglesia, pues Jesús creó este Cuerpo, y está presente a través de los siglos a través de su Cuerpo, que es la Iglesia. La Iglesia no es un espíritu que sobrevuela. Estoy convencido de que hemos interpretado de manera totalmente fiel la *Lumen gentium* del Vaticano II, mientras que en estos últimos treinta años hemos ido atenuando el texto. De hecho, nuestros críticos nos han dicho que nos hemos quedado en la letra del Concilio, pero que no hemos entendido el Concilio. Al menos reconocen que somos fieles a la letra. La Iglesia de Cristo no es una utopía ecuménica, no es algo que hacemos nosotros; si así fuera, no sería la Iglesia de Cristo. Estamos convencidos de que la Iglesia es un cuerpo, no es sólo una idea, pero esto no excluye diferentes modos de una cierta presencia de la Iglesia incluso fuera de la Iglesia católica, que son especificados por el Concilio.

En la actividad inaudita del Santo Padre Juan Pablo II, ¿cuál será la contribución más importante de este papado? ¿Cómo recordará el cristianismo a este Papa?

No soy un profeta, por eso no me atrevo a decir qué es lo que dirán dentro de cincuenta años, pero creo que es sumamente importante la presencia del Santo Padre en todas las partes de la Iglesia, que ha creado una experiencia sumamente viva de la catolicidad y de la unidad de la Iglesia. La síntesis entre catolicidad y unidad es una sinfonía, no es uniformidad. Lo dijeron los Padres de la Iglesia. Babilonia era uniformidad, y la técnica crea uniformidad. La fe, como se ve en Pentecostés, en donde los apóstoles hablan todos los idiomas, es sinfonía, es pluralidad en la unidad. Esto aparece con gran claridad en el pontificado del Santo Padre, con sus visitas, sus encuentros. Pienso que algunos documentos serán importantes para siempre: quiero mencionar la *Redemptoris missio*, la *Veritatis splendor*, la *Evangelium vitae* y también la *Fides et ratio*. Son cuatro documentos que serán realmente monumentos para el futuro. Por último, me parece que se recordará su apertura a las demás comunidades cristianas, a las demás religiones del mundo, al mundo profano, a las ciencias, al mundo político, refiriendo todo a la fe y a sus valores, pero mostrando también que la fe es capaz de entrar en diálogo con todos.

Se ha dicho que es necesario convocar un nuevo Concilio III para que la Iglesia se vaya adaptando a los nuevos tiempos. ¿Usted, qué opina?

Ante todo, yo diría que es un problema práctico. No hemos puesto en práctica suficientemente la herencia del Vaticano II; estamos trabajando todavía para asimilar e interpretar bien esta herencia, pues los procesos vitales requieren tiempo. Una medida técnica avanza rápidamente, pero la vida tiene caminos mucho más largos. Se requiere tiempo para que crezca un bosque, se requiere tiempo para que crezca un hombre... De este modo, estos caminos espirituales, como el de la asimilación de un

Concilio, son caminos de vida, que tienen necesidad de una cierta duración, y que no se pueden recorrer de un día para otro. Por eso creo que no ha llegado el momento de un nuevo Concilio. Quisiera recordar algo que sucedió en el siglo IV, siglo de grandes Concilios. Cuando invitaron diez años después de un Concilio a san Gregorio Nacianceno a participar en un nuevo Concilio, éste dijo: «¡No! Yo no voy. Ahora tenemos que seguir trabajando sobre el otro. Tenemos tantos problemas. ¿Para qué queréis convocar inmediatamente otro?» Creo que esta frase algo emotiva nos muestra que se requiere tiempo para asimilar un Concilio. En el tiempo intermedio entre dos grandes Concilios, son necesarias, sobre todo, otras formas de contacto entre los episcopados: los sínodos en Roma, y en este sentido es necesario, sin duda, mejorar el procedimiento, pues hay demasiados monólogos. Tenemos que encontrar realmente un proceso sinodal, de un camino en común. Después están los sínodos continentales, regionales, etc. El trabajo efectivo de las conferencias episcopales. El encuentro de las conferencias episcopales con la Santa Sede. Nosotros, en la Curia romana, vemos en el transcurso de cinco años a todos los obispos del mundo. Hemos mejorado mucho estas visitas *ad limina*, que antes eran muy formales y que ahora son auténticos encuentros de diálogo. Por tanto, tenemos que mejorar estos instrumentos para tener un permanente diálogo entre todas las partes de la Iglesia y entre todas las partes con la Santa Sede, para llegar a una mejor aplicación del Concilio Vaticano II. Y después veremos...

Se debate el que en los preámbulos de la futura Constitución europea aparezca la palabra de Dios y referencias al pasado cristiano de Europa. ¿Piensa

usted que puede haber una Europa unida de espaldas a su pasado cristiano?

Estoy convencido de que Europa no debe ser sólo algo económico, político, sino que tiene necesidad de fundamentos espirituales. Es un hecho histórico que Europa es cristiana, y que ha crecido sobre el fundamento de la fe cristiana, que sigue siendo el fundamento de los valores para este continente, que a su vez ha influido en otros continentes. Me parece indispensable tener un fundamento de valores y, si nos preguntamos cuál es este fundamento, nos damos cuenta de que no hay otro fuera de los grandes valores de la fe cristiana, por encima de las confesiones, y por ello para mí es indispensable el que en esta Constitución futura de Europa se hable de los fundamentos cristianos de esta Europa.

No quisiera caer en el error de construir un catolicismo político. La fe no indica inmediatamente recetas políticas, pero indica los fundamentos. Por una parte, la política tiene su autonomía, pero por otra parte no hay una separación total entre política y fe. Existen fundamentos de la fe que crean después un espacio libre para la razón política. Por tanto, la pregunta es: ¿Qué es lo que pertenece a estos fundamentos para que pueda funcionar la política? ¿Cuáles son los aspectos que deben dejarse libres?

En primer lugar, es fundamental tener una visión moral antropológica, y aquí la fe nos da la luz. Para tener esta visión antropológica, que garantiza la libertad de la razón política, ¿es necesaria la persona de Dios? Estoy convencido de que una moral que no conoce a Dios se fragmenta y, por tanto, al menos la gran intuición de que hay un Dios que nos conoce y que nos señala la figura del hombre, como imagen de Dios, pertenece a estos fundamentos. Además [citar a Dios] no es un acto de violencia contra nadie, no destruye la libertad de nadie, sino que abre a todos el espacio libre para poder construir una vida realmente humana, moral.

Hay profesores de seminario del País Vasco que llegan a justificar el terrorismo de ETA o no lo condenan tajantemente. Parece ser que hay conexiones entre estos sacerdotes y la teología de la liberación. Se habla incluso de una Iglesia indígena vasca. ¿Qué decisiones se pueden tomar al respecto?

En este caso se aplica simplemente lo que la Congregación para la Doctrina de la Fe dijo entre los años 1984 [instrucción «Libertatis nuntius»] y 1986 [instrucción «Libertatis conscientia»] sobre la teología de la liberación. Ciertamente, el cristianismo se relaciona con la libertad, pero la verdadera libertad no es una libertad política. La política tiene su autonomía, esto ha sido subrayado sobre todo por el Concilio Vaticano II, y no debe ser construida por la fe como tal, debe tener su racionalidad. De la Sagrada Escritura no se pueden deducir recetas políticas y mucho menos justificaciones del terrorismo. Me parece que por lo que se refiere a este caso específico ya está dicho todo en las dos instrucciones de nuestra Congregación respecto a la teología de la liberación. La novedad del mesianismo cristiano consiste en que Cristo no es inmediatamente el mesías político, que realiza la liberación de Israel, como se esperaba. Éste era el modelo de Barrabás, de aquellos que querían alcanzar de forma inmediata, y recurriendo incluso al terrorismo, la liberación de Israel. Cristo creó otro modelo de liberación, que se ha realizado en la comunidad apostólica; en la Iglesia, tal y como se ha constituido, conformado y testimoniado en el Nuevo Testamento. Pero, como decía, ya todo está dicho en esas dos instrucciones.

¿Cuál cree que puede ser el punto de partida para coordinar el crecimiento del poder técnico y científico de la humanidad con la fe y la moral?

Es algo que hay que descubrir de nuevo, pues los paradigmas científicos cambian, y de este modo la situación del diálogo entre ciencia y fe se encuentra ante nuevos desafíos. Un instrumento importante, por ejemplo, es la Academia Pontificia de las Ciencias, de la que ahora soy también miembro, y de hecho hace poco he participado por primera vez en una de sus reuniones. Hasta ahora era solamente una asamblea de científicos: físicos, biólogos, etc.; ahora han entrado también filósofos y teólogos. Hemos visto que es difícil el diálogo entre las ciencias y la filosofía y la teología, pues son modos totalmente diferentes de afrontar la realidad, con métodos diferentes, etc. Uno de estos académicos —era especialista en la investigación del cerebro humano— dijo: existen dos mundos inconciliables, pues por una parte tenemos la ciencia exacta, para la cual —en su campo— no hay libertad, no hay una presencia del espíritu, y por otra parte, me doy cuenta de que soy un hombre y sé que soy libre. Por tanto, según él, son dos mundos diferentes y no tenemos la posibilidad de conciliar estas dos percepciones del mundo. Él mismo reconocía que creía en los dos mundos: en la ciencia, que niega la libertad, y en su experiencia de hombre libre. Pero de este modo no podemos vivir, sería una esquizofrenia permanente. En esta situación actual de aguda especialización metodológica por ambas partes, debemos buscar la manera en la que uno descubra la racionalidad del otro y encontrar un auténtico diálogo. Por el momento no existe una fórmula. Por eso es sumamente importante encontrar exponentes de las dos partes del pensamiento humano: de las ciencias, y de la filosofía y la teología. Así pueden descubrir que ambas son expresiones de la razón auténtica, pero deben comprender que la realidad es una y que el hombre es uno. Por eso es muy importante que, en las universidades, las facultades no estén simplemente una al lado de otra, sino que estén en un contacto permanente, lo cual nos ha de permitir aprender a pensar con los demás y a encontrar la unidad de la realidad.

Algunos interpretan en muchas ocasiones el hecho de anunciar a Cristo como una ruptura en el diálogo con las demás religiones. ¿Cómo es posible anunciar a Cristo y dialogar al mismo tiempo?

Diría que hoy domina, realmente, una visión relativista de la vida. Aquel que no se muestra relativista parece pecar de intolerante. El mismo hecho de pensar que se puede comprender la verdad esencial es visto ya como algo intolerante. Pero en realidad esta exclusión de la verdad es un tipo de intolerancia muy grave, pues reduce las cosas esenciales de la vida humana al subjetivismo. Perdemos así los fundamentos éticos de nuestra vida común. Cristo es totalmente diferente a todos los fundadores de otras religiones, y no puede ser reducido a un Buda o a un Sócrates o un Confucio. Es realmente el puente entre el cielo y la tierra, la luz de la verdad que se nos ha aparecido. El don de conocer a Jesús no significa que no haya fragmentos importantes de verdad en otras religiones. A la luz de Cristo, podemos instaurar un diálogo fecundo con un punto de referencia en el que podemos ver cómo todos estos fragmentos de verdad contribuyen a una profundización de nuestra propia fe y a una auténtica comunión espiritual de la humanidad.

¿Qué le diría usted a un joven teólogo? ¿Qué aspectos de la cristología le aconsejaría estudiar?

Es importante, ante todo, conocer la Sagrada Escritura, el testimonio vivo de los Evangelios, tanto de los sinópticos como del Evangelio de san Juan, para escuchar la auténtica voz. En segundo lugar, son muy importantes los grandes Concilios, sobre todo el Concilio de Calcedonia, así como los sucesivos Concilios que aclararon el significado de esa gran fórmula sobre Cristo, verdadero Dios y verdadero hombre. La novedad de que realmente es Hijo de Dios, y realmente hombre, no es una apariencia, por el contrario une a Dios con el hombre. En tercer lugar, le sugiero profundizar en el misterio pascual: conocer este misterio del sufrimiento y de la resurrección del Señor y de este modo conocer qué es la Redención. La novedad de que Dios, en la persona de Jesús, sufre, lleva nuestros sufrimientos, comparte nuestra vida, y de este modo crea el paso a la auténtica vida en la Resurrección. Se trata de todo el problema de la liberación de la vida humana, que hoy está comprendida en el misterio pascual, que por una parte se relaciona con la vida concreta de nuestro tiempo y, por otra, se representa en la liturgia. Me parece central precisamente este nexo entre liturgia y vida, ambas fundadas en el misterio pascual.

Usted es prefecto de la Congregación para la Doctrina de la Fe, lo que antes se llamaba la Inquisición. Mucha gente desconoce los dicasterios vaticanos. Creen que es un lugar del que parten condenas. ¿En qué consiste su trabajo?

Es difícil responder a esto en dos palabras. Tenemos dos secciones principales: una disciplinar y otra doctrinal. La disciplinar tiene que ocuparse de problemas de delitos de sacerdotes, que por desgracia existen en la Iglesia. Ahora tenemos el gran problema de la pederastia, como sabéis. En este caso, debemos sobre todo ayudar a los obispos a encontrar los procedimientos adecuados, de modo que actuamos como una especie de tribunal de apelación: si uno se siente tratado injustamente por el obispo, puede recurrir a nosotros. La otra sección, más conocida, es la doctrinal. En este sentido, Pablo VI definió nuestra tarea como aquella que ha de «promover» y «defender» la fe. Promover, es decir, ayudar al diálogo en la familia de los teólogos del mundo, seguir este diálogo y alentar las corrientes positivas, así como ayudar a las tendencias menos positivas a conformarse con las tendencias más positivas. La otra dimensión es defender: en el contexto del mundo de hoy, con su relativismo, con una oposición profunda a la fe de la Iglesia en muchas partes del mundo, con una ideología agnóstica, atea, etc., es fácil que se pierda la identidad de la fe. Tenemos que ayudar a distinguir auténticas novedades, auténticos progresos, de otros pasos que implican una pérdida de identidad de la fe. Tenemos a disposición dos instrumentos muy importantes para este trabajo: la Comisión Teológica Internacional, con treinta teólogos propuestos para un período de cinco años por los obispos; y la Comisión Bíblica, con treinta exegetas, también ellos propuestos por los obispos. Son foros de discusión en que los teólogos intentan llegar a un, por así decir, entendimiento internacional incluso entre las diferentes escuelas de teología, practicando un diálogo con el Magisterio. Para nosotros es fundamental la colaboración con los obispos. Si es posible, deben resolver los problemas los obispos. Pero con frecuencia, el problema supera las posibilidades de un obispo, de modo que se recurre a la Congregación, donde contamos con teólogos de fama internacional. Aquí promovemos el diálogo entre estos teólogos para llegar, si es posible, a una solución pacífica. Sólo en poquísimos casos se da una solución negativa.

¿Cómo puede el hombre de hoy, creyente o no, tener la convicción de que Dios existe?

No contamos con pruebas racionales en el sentido de que sea algo científicamente demostrable como, por ejemplo, la existencia del oxígeno. Pero, en realidad, un hombre atento puede comprender que la existencia de este mundo no se explica sin Dios, que esta vida humana refleja la presencia de un Dios, porque todos los problemas morales, todos los problemas de nuestro ser resultan absurdos sin Dios. Me parece que se puede entender que sin Dios el mundo es absurdo, que nuestra vida es absurda; si queremos vivir de una manera responsable, se abre sólo este camino de reconocer que existe un Dios y que nosotros somos en el mundo el proyecto de Dios, que somos conocidos por Dios y que podemos responderle.

En la sociedad en la que hoy vivimos, los países, ciudades y pueblos se han convertido en lugares donde convive gente de diferentes culturas y religiones. ¿Hay alguna forma de que la convivencia sea pacífica?

En la pregunta usted ya ha dado la respuesta: no podemos «uniformar» el mundo; debemos reconocer a los hombres en su diversidad y su identidad; no podemos imponer al otro con violencia y desde fuera nuestra identidad, pues cada cuerpo social, cada hombre tiene derecho a su identidad. Sin embargo, podemos crear una convivencia fecunda sobre la base de este espíritu de reconocimiento del otro; para ello hay que encontrar criterios éticos comunes, que debemos aprender; y me parece que el cristiano, con sus convicciones, que en el fondo no han sido inventadas por las personas, sino que son la voz de la creación, puede ayudar a que todos aprendan este espíritu de aceptar al otro y de encontrar reglas, al menos fundamentales, para una convivencia fecunda y verdaderamente humana.

El pontificado de Juan Pablo II se ha convertido por razones obvias en el pontificado más mediático. Incluso su Santidad ha insistido en la importancia de los medios de comunicación para anunciar el Evangelio. En el contexto de los actuales medios de comunicación, ¿cómo debería ser un medio de comunicación católico para que cumpliera su misión y a la vez fuese competitivo para mantenerse como empresa?

Naturalmente, yo no soy especialista de los medios, y por eso no osaré dar consejos. Pero me parece importante que un medio católico tenga, por una parte, claros los fundamentos éticos y morales que corresponden a la esencia del hombre, de modo que no se sienta constreñido, impedido en su realización cultural. Ha de basarse, por tanto, en el fundamento ético que da la fe, en la gran visión divina del mundo y del hombre, que en algunos momentos debe aparecer, debe ser explícita en una transmisión eclesiástica, y que abre una cultura humana, un gran humanismo. Yo diría simplemente que si somos católicos debemos mostrar esta gran apertura que forma desde siempre parte del catolicismo, más en consideración de esta gran cultura que se ha creado en España, esta gran poesía, pintura, teatro, etc.; si partimos, en suma, de esta visión del catolicismo sin un puritanismo equivocado, encontraremos el modo de mostrar los fundamentos éticos necesarios y de mostrar una cultura humana. Me parece que el punto de partida de los medios católicos puede ser el de mostrar un renovado y verdadero humanismo.

Un mensaje para los trabajadores de la UCAM[1]

Sed lo más cualificados posible en vuestra disciplina, porque ser católico no quiere decir ser menos cualificado. Y al mismo tiempo, tened confianza en que la fe es el camino que abre el futuro, y colaborad en el gran diálogo, basándoos en la fe católica y abriendo así espacios de vida y de desarrollo humano, de un humanismo verdadero.

Toda disolución causa dolor I

El dominical alemán Es gilt das gesprochene Wort *ha batido el récord de ventas de su historia con los dos números que incluían la presente entrevista con el cardenal Ratzinger. Era abril de 1999. Las contestaciones son inteligentes y valiosas. «El valor de la palabra» es el título de la serie periodística que recoge las palabras del cardenal.*

Dos luteranos hacen las preguntas. Tratan del aborto, del islam en las aulas europeas, de la ruptura de los matrimonios de cristianos, del lugar de los divorciados, de los

---

1. Son las siglas de la Universidad organizadora del congreso: Universidad Católica San Antonio, Murcia.

Estados no confesionales y del espacio que ocupa la religión en ellos, de los esfuerzos de la Iglesia por aprovechar los resquicios que permitan condescender con situaciones duras... Muchos de los diagnósticos que hace de Alemania pueden aplicarse a buena parte de los países de Occidente.
(Welt am Sonntag, Alemania, 4 de abril de 1999.)

Durante su mandato como prefecto de la Congregación para la Doctrina de la Fe, el cardenal Joseph Ratzinger no concedió muchas entrevistas. La entrevista más larga y detallada fue la concedida en abril de 1999 al secretario de Estado Klaus Bölling y al secretario bávaro del Interior Peter Gauweiler. La entrevista se publicó en dos entregas, el domingo de Pascua de 1999 y el domingo siguiente. Ambas ediciones de esta publicación dominical fueron las más vendidas de toda su historia.

Roma - Gauweiler: Eminencia, le agradecemos mucho que, a pesar de su apretada agenda, se digne recibir a dos tercos luteranos y compatriotas alemanes. Ante todo, ¿cómo está Su Santidad, cómo está el Papa?

Ratzinger: Estuve anoche con él y lo encontré muy animado, muy despierto, muy bien tanto física como espiritualmente. Está, por una parte, el problema de la cadera, que probablemente ya no tenga solución,[2] y, por otra, el que a menudo abusa de sus fuerzas y luego está cansado. Le resulta difícil reducir sus actividades. Pero en conjunto goza de buena salud.

Bölling: ¿Le será posible entonces realizar el largamente acariciado proyecto de visitar los Santos Lugares?

2. En mayo de 1994 se le había implantado una prótesis de cadera.

R: Eso es algo que se ha propuesto firmemente. Y creo que este viaje también podría ser un elemento para la paz. Si el Santo Padre visita Belén y Jerusalén, ello podría impulsar moralmente un mejor entendimiento entre las partes.[3]

G: Por su libro *La sal de la tierra*, tan alabado por la revista *Der Spiegel*, sabemos que usted siempre habla alemán con el Papa polaco. ¿Qué dice el Papa, qué dice el cardenal Ratzinger sobre la situación de la República Federal, cuáles son los principales desafíos espirituales en esta Alemania cada vez más secularizada?

R: Yo no me atrevo a hablar en nombre del Papa, que naturalmente presta una atención especial a Alemania. El alemán fue la primera lengua extranjera que aprendió en la escuela, y su familia tenía una tradición austriaca. Por eso Alemania/Austria han sido siempre un foco de interés espiritual para él. Pero, como les digo, yo no quisiera hablar en su nombre, sino sólo en el mío propio.

En principio, la problemática y el desafío en Alemania no son esencialmente distintos de los del mundo occidental en su conjunto, a saber: la discrepancia entre, por una parte, nuestro saber técnico y, por otra, nuestra capacidad moral. El progreso y los éxitos de la razón científica y técnica nos fascinan cada vez más. Pero esa fascinación conlleva una cierta atrofia de la capacidad y la inteligencia éticas. Esta desproporción entre nuestra capacidad moral por una parte y nuestras capacidades

---

3. Juan Pablo II visitó Tierra Santa en marzo de 2000, año del Jubileo.

técnicas por otra constituye el problema del mundo de hoy. Y en este sentido también es el problema de la Iglesia, que no es en sí misma una institución moral, pero que sí tiene que ver con la visión moral de la humanidad.

Esta situación hace que Dios se convierta en una hipótesis lejana y que todo lo que tiene que ver con la religión se vea arrinconado al ámbito de lo subjetivo. Cada uno puede tener sus propias ideas, sus propios sentimientos subjetivos, pero ya no existe una visión común. Sin embargo, cuando el sujeto tiene la última palabra, entonces la Iglesia se desintegra y también se desintegra la escala de valores éticos. Johann Baptist Metz tiene razón cuando dice que la crisis de Dios es la auténtica crisis de la Iglesia. Existen muchísimas razones más, pero la razón principal es ésta: cuando Dios es mi idea subjetiva, entonces la Iglesia también se desintegra. Y el desafío más importante consiste precisamente en aprender de nuevo a ver a Dios en común.

G: ¿Y qué juicio le merece a usted el clima espiritual de la Alemania reunificada?[4]

R: Lo primero que debo decir es que no vivo en Alemania y que por tanto he perdido un poco el contacto. Por supuesto que la reunificación es algo positivo, por lo cual debemos estar agradecidos. Pero también ha significado un nuevo impulso para el agnosticismo y el ateísmo. Mientras que, por una parte, se ha renunciado rápidamente y con facilidad a los aspectos económicos del marxismo, otras cosas, como por ejemplo la libertad

---

4. La reunificación alemana se llevó a cabo tras la caída del Muro de Berlín, que tuvo lugar el 9 de noviembre de 1989.

para abortar, se han considerado conquistas a las que no se quiere renunciar y que también se imponen en la parte oriental del país, haciendo que Dios desaparezca como importante factor de la vida pública. Si ahora hubiese que redactar una nueva constitución para Alemania, probablemente Dios ya no aparecería en el preámbulo, pues ha dejado de ser una entidad que todos pueden invocar como fundamento en el que basar una constitución.

En Alemania sigue habiendo una gran generosidad y solidaridad para con el Tercer Mundo, así como una gran conciencia de la responsabilidad hacia los pobres. Pero al lado de esto hay un enfriamiento cada vez más extendido respecto a la religión y la fe cristiana, y a través del elemento multicultural, que en la sociedad moderna es cada vez más fuerte, crece el escepticismo respecto a todas las religiones, lo cual a su vez aumenta el relativismo ético.

B: Quizá exagero un poco, pero hay un cierto atisbo, un asomo de *Kulturkampf*, de combate cultural en la República Federal, y como cristiano evangélico de a pie quisiera hacerme eco de una ginecóloga católica madre de tres hijos que hace pocos días ha dicho públicamente que el abandono por parte de su Iglesia del Consejo Orientador para las mujeres embarazadas marginaría a muchas mujeres católicas en situación de desamparo y que sería para los médicos católicos, y no para los teólogos, una situación muy difícil que el Vaticano persistiera en su postura de rigor. También dijo que a los médicos católicos se les podrían plantear conflictos de conciencia prácticamente insolubles. ¿Qué le respondería usted hoy a esta médica católica?

R: Usted comprenderá que en este momento no debo pronunciarme. Los obispos alemanes se han dirigido al propio Santo Padre; quieren que sea el pontífice quien se pronuncie, y nadie más. Me consta que el Papa está trabajando intensamente en el tema. Sería del todo inoportuno por mi parte inmiscuirme, tanto más cuanto que algunos me han achacado querer hacer la guerra por mi cuenta, con lo cual demuestran que desconocen por completo el funcionamiento de la Curia.

B: A usted se le considera un rigorista.

R: Sí, pero aquí los cardenales no hacen su propia política; existen unos órganos con unas estructuras y unas competencias claras. Tenemos la Congregación, que se compone de tres niveles: los colaboradores de la casa, un consejo permanente constituido por profesores de Roma, que en parte también puede ampliarse con expertos internacionales, y finalmente la asamblea cardenalicia, en la que el prefecto es un *primum inter pares*. Se trabaja en esos tres niveles, y luego el prefecto es el portavoz hacia el exterior, pero no es quien toma las decisiones. Cualquier otra cosa que se diga, presentando el Vaticano como un campo de batalla en el que los cardenales luchan a brazo partido, es una caricatura de lo que aquí acontece. Por eso digo que lo que ahora procede es dejar que el Papa decida y mientras tanto mantener la disciplina.

Pero sí quisiera hacer un comentario. En Alemania se oyen muchas voces en este debate, está la voz de esta médica, pero también otras. El espectro es muy amplio. Lo que no puedo aceptar es que se imponga lo políticamente correcto y sólo se pueda defender una posición. Esto no debería permitirse, porque es malo para la cultura del debate. No debe permitirse que de un lado o del otro se etiquete la postura contraria como algo inaceptable y ni siquiera digno de ser discutido.

B: Pero ¿no apunta en el horizonte un cierto peligro de que más allá del resultado de esa discusión católica interna se produzca una tensión entre la Iglesia católica y el Estado de la República Federal? El Estado no impone determinados valores. La Constitución menciona a Dios, pero ello no significa que seamos un Estado confesional y que no haya separación entre Iglesia y Estado. Las iglesias tienen, entre otras, la función de proponer determinados valores allí donde el Estado debe abstenerse. ¿No existe el peligro de que, en esta discusión sobre el Consejo Orientador para las embarazadas, la grieta entre la sociedad cada vez más secularizada y la Iglesia se haga tan grande, que el diálogo entre ambas partes resulte prácticamente imposible?

R: Al Estado y a la Iglesia cabe añadir un tercer factor, la sociedad, que está entre ambos. Y con ello volvemos a lo que decíamos antes: la sociedad se ha ido alejando progresivamente de su fundamento cristiano, que en el momento de redactar la Constitución aún era algo que no se discutía. En este sentido, con el devenir de la historia al que estamos asistiendo, cambia, nos guste o no, la presencia de la Iglesia en la sociedad. Y con ello cambia también la relación entre el Estado y la Iglesia, porque el Estado considera principalmente la sociedad en su conjunto; y la presencia que tenga la Iglesia en la sociedad y el peso que en ella tengan sus valores determinará también la influencia en la legislación y en la coordinación entre el Estado y la Iglesia en general.

Nuestro interés, naturalmente, es que al menos los grandes valores que la Iglesia representa sigan estando presentes en la sociedad, que se entiendan y se puedan realizar, de tal manera que también la legislación estatal esté inspirada en las bases morales del cristianismo. En este punto no debe haber retroceso por parte de la Iglesia; desde el principio, incluso cuando no era más que una pequeña comunidad dentro del Imperio Romano, la Iglesia se ha considerado portadora de una responsabilidad pública para con la humanidad, y así seguirá siendo. Pero la Iglesia debe revisar constantemente su forma de estar presente y la mejor manera de ejercer su influencia; y si es preciso, debe estar dispuesta a ceder terreno allí donde vea que espiritualmente ya no hay justificación.

En cuanto al Estado, yo diría que por supuesto no impone determinados valores, pero su legislación sí presupone unos valores morales. Una legislación que no tuviera unas bases morales sería puro positivismo, que fue lo que vivimos durante el nacionalsocialismo: El Führer decide lo que es bueno y lo que es moral. Ni el Estado ni la mayoría pueden decidir qué es bueno sin la referencia a unos valores.

G: No puedo transmitirle los saludos del mundo católico, pero sí informarlo de que ayer el portavoz de la Alianza Evangélica, que cuenta con más de un millón de miembros, me telefoneó a Roma para decirme lo siguiente: «Peter Gauweiler, cuando veas al cardenal Ratzinger, dile por favor de parte nuestra que se mantenga firme y que no ceda en el tema del aborto.»

Hace pocos días el Instituto Federal de Estadística dio a conocer que el año pasado se practicaron 131.000 abortos en Alemania. 131.000 es aproximadamente el número de habitantes de la ciudad de Wurzburgo. Y el *statu quo* jurídico que hace que esto sea posible no lo discute nadie, con la honrosa excepción de Baviera. La enorme presión que se está ejerciendo sobre la Iglesia católica para que siga colabo-

rando en la expedición de los certificados necesarios para la interrupción del embarazo, esa insistencia de la sociedad secular por implicar como sea al Vaticano... ¿no se explicarían tal vez también por la mala conciencia frente a lo insostenible de la situación?

R: Me gustaría añadir que la situación jurídica alemana debe tener en cuenta los desarrollos más recientes. Las dos últimas sentencias del Tribunal Constitucional inciden en la necesidad de que todo el mundo pueda tener acceso al aborto, autorizándose, además, que un médico pueda vivir exclusivamente de practicar abortos. Estas sentencias han modificado la interpretación de la ley a la cual se refieren. En realidad, según los términos de la ley, el aborto es un delito, aunque en determinadas circunstancias puede no ser castigado. Con esta jurisprudencia, que estamos viendo reflejada en otras sentencias, vamos hacia una situación en la que el aborto ya no es una falta que no se castiga, sino una especie de derecho; y hacia eso tienden también ciertos sectores influyentes de nuestra sociedad. Y me parece que éste es un punto que deberían replantearse todos aquellos que se preocupan por nuestro Estado, nuestro país y nuestro pueblo, porque con ello se está modificando radicalmente nuestra concepción del ser humano y sus derechos.

Hace poco he recibido una carta de una mujer muy competente, con gran experiencia como directora de un Centro de Orientación, que dice que en realidad todas las mujeres son contrarias al aborto: enfrentada consigo misma, cuando prescinde de la presión de los medios y del mundo que la rodea, el hecho de tener que negarse como madre es algo que va en contra de su ser más profundo. Creo que todos nosotros, y también las mujeres, debemos defendernos contra cualquier forma ideológica de lavado de cerebro, que puede llegar a destruir una cierta sabiduría atávica del ser humano.

También podría quizá aportar otro testimonio: hace poco me reuní con un senador de un país europeo vecino, que me dijo lo siguiente: cuando el aborto ya esté asentado, será promover la eutanasia, para la cual tratarán de alcanzar el mismo estatus. Pero eso, me dijo, no será tan fácil, porque hay demasiada gente mayor. Los viejos tienen miedo de que los manden al cielo cuando ingresan en un hospital, y se defenderán. Son una parte importante del electorado con la cual habrá que contar. Los niños no nacidos, en cambio, no votan, y por eso nadie los defiende. Esto también es algo que debería alertarnos.

G: Como el nivel de las aguas freáticas ha bajado, ahora se trata de que las iglesias modifiquen sus parámetros para que no se note la disminución.

R: No, usted puede decir en qué casos caben distintas formas de aplicación de esos parámetros, pero los parámetros mismos no los puede usted modificar.

B: Eminencia, permítame una observación ligeramente polémica. ¿Usted cree realmente que es bueno para la Iglesia católica que en el debate sobre el certificado del Consejo Orientador se utilicen términos como «licencia para matar», o que su colega el cardenal Meisner compare la píldora abortiva RU 486 con el Zyklon B, un veneno con el cual mataron a millones de conciudadanos judíos alemanes y de otros países? ¿No cree que con ello se eleva el nivel emocional de la discusión y se hace más difícil conseguir lo que usted antes propugnaba?

R: No me gustaría seguir pronunciándome sobre una cuestión acerca de la cual ya he hablado demasiado. Por ambas partes se están poniendo etiquetas que no favorecen la cultura del debate. Pero en lo que al cardenal Meisner se refiere, creo que hay que distinguir dos aspectos. Que lo que aparentemente es un medicamento resulte en realidad un medio para matar, un medio que la gente seguramente usa sin darse cuenta de que está matando a alguien, es una auténtica perversión de la medicina. Porque los medicamentos sirven para curar. Cuando se inventan medicamentos capaces de matar entramos en lo que le decía al principio: el conocimiento técnico supera, arrincona y pervierte el conocimiento moral. Alzar la voz contra esto es algo en mi opinión absolutamente necesario. La medicina que se convierte en su contrario es un arte diabólico.

La mirada al pasado, donde ya sabemos lo que ocurrió, resulta muy oportuna. Pero de ello no puede sacarse la falsa conclusión de que se está poniendo al mismo nivel las SS y a las mujeres que toman el medicamento. Mirándolo bien, esto no tiene nada que ver con lo dicho por el cardenal Meisner. Son dos cosas distintas: por una parte, se trata de denunciar con la máxima energía el mal uso de la medicina y de nuestros conocimientos, y de mostrar que eso forma parte del fenómeno de los asesinatos posibilitados y encubiertos por la técnica. Algo totalmente distinto es el tema de las personas y su responsabilidad. En un caso —en los campos de concentración— tenemos a personas que de forma consciente se prestaron a ese mecanismo. No es en absoluto el caso de las mujeres que nos ocupan. La pregunta que no podemos eludir es la siguiente: ¿Dónde están en realidad los autores intelectuales que de hecho vuelven a hacer lo que entonces se hizo?

B: Su colega Kasper, ahora delegado en el Vaticano, sugirió hace poco que Roma debería mostrarse algo más liberal respecto al tema de los divorciados que se han vuelto a casar, y no sólo en lo relativo a la autorización para comulgar.

R: También éste es uno de los temas clásicos y controvertidos que no tienen solución, si no es mirándolos dentro de un contexto más amplio, es decir, a la luz de la fe en el Dios que para nosotros se encarnó en Cristo. De lo contrario, quedamos atrapados en querellas puramente autodestructivas. Por eso es tan importante que no caigamos en esta trampa, sino que veamos cuáles son los auténticos retos de nuestra época.

No cabe duda de que la cuestión de la fragilidad de los matrimonios es un problema muy grave en nuestra sociedad, del cual ningún responsable puede desentenderse. Y a este respecto no puede decirse que yo me haya mostrado especialmente combativo. Cuanto más le preocupa a uno un problema humano, más necesario es tratar de entenderlo en todos sus elementos y no dejarse llevar por las emociones.

Lo primero es que la institución del matrimonio sin duda está en crisis, aunque sólo sea por la facilidad del divorcio, el gran número de divorciados, la naturalidad con que se aceptan las uniones no matrimoniales y también la tendencia que se está imponiendo de considerar iguales las uniones entre personas del mismo sexo, o al menos de concederles un estatus equivalente. Esto modifica los fundamentos de nuestra sociedad, y debemos ser conscientes de ello.

Lo segundo es que existe sufrimiento, pues cualquier disolución es siempre dolorosa. Aun los divorcios resueltos con generosidad causan dolor en la mujer divorciada, o en el hombre abandonado, o en los hijos. Por tanto, no podemos pretender inventar una terapia por así decir indolora. Por otra parte, debemos tener en cuenta qué podemos y qué tenemos derecho a hacer. Un cristiano católico no se mueve a este respecto en el reino de las hipótesis, porque la Iglesia sabe que según el dogma un matrimonio válido es indisoluble. Y el dolor que se produce renunciando a la comunión es un dolor más justificado que otros muchos que podrían producirse siendo menos intransigentes.

Por muy en serio que debamos tomarnos ese dolor, la Iglesia por supuesto siempre busca los resquicios, por así decir, que la propia palabra de Dios le permite. Pablo abrió un primer resquicio al decir que en un matrimonio entre un cristiano y un no cristiano, si las cosas no funcionan, según la fe es posible el divorcio. La opinión pública apenas sabe que el Papa, con sus colaboradores y con el cuerpo de los teólogos, está intentando explorar y ampliar esas posibilidades, hasta el punto de que a veces nos entra cierto vértigo de si no estaremos yendo mucho más allá de lo permitido. La norma para nosotros siempre es la siguiente: lo prioritario es la salvación de las almas, es decir la vida y la fe de las personas. En este sentido las posibilidades ya se han ampliado mucho, sin favorecer el que se falte a la palabra dada.

Hay una segunda pista que arranca de la pregunta: ¿Se produjo realmente un matrimonio válido según lo entiende el dogma, o acaso hubo circunstancias sociales que imposibilitaron que hubiese plena voluntad? En este caso el matrimonio no es válido; entonces la Iglesia habla de «nulidad» del matrimonio y abre la puerta a un nuevo matrimonio, libremente contraído. En estos dos sectores la Iglesia ha dado en los últimos veinte años unos pasos que hace cincuenta años nos hubieran parecido impensables.

B: Lo cual a usted quizá le disguste, porque algunas de estas concesiones sí han sido claudicaciones ante el espíritu de los tiempos o...

R: ... No, por el bien de las personas debemos buscar los resquicios que tenemos, pero también debemos decir dónde están totalmente agotados.

G: Otro tema muy distinto, Eminencia. Hace poco el ayatolá Mohammed Khatami visitó al Papa en el Vaticano; la impresión es que se trata de un hecho sin precedentes. Vivimos una época propicia para el debate, también con relación al islam. Por eso quisiéramos preguntarle con toda ingenuidad al prefecto: ¿Es el Dios trino del Nuevo Testamento el Alá del Corán? Entre cristianos y musulmanes ¿es posible alcanzar una reconciliación respetando la diferencia? ¿No supone esto como condición previa un cristianismo más fuerte y más seguro de sí mismo?

R: Son muchas preguntas a la vez. El Papa encarna sin duda un cristianismo fuerte como hombre firmemente enraizado en la fe, y por ello precisamente puede hablar con todo el mundo. Por eso no debería especularse acerca de esa visita. Todavía recuerdo que hace unos quince años Arafat visitó por primera vez al Papa. Poco antes de la visita me llamó el entonces presidente de la Comunidad Israelita de Múnich, el señor Lamm, y me dijo: Eminencia, debe impedirlo, ¡eso no puede ser! Pero el Papa sabía exactamente quién era Arafat y a pesar de todo opinaba que a lo mejor hablar con alguien como él podía allanar el camino hacia la paz. Y así fue. Para muchos el encuentro entre el Papa y Fidel Castro fue casi una blasfemia, pero también aquí la norma es que si uno es fuerte en la fe puede hablar tranquilamente con una persona así.

La visita de Khatami atestigua una apertura del islam iraní. Khatami ha escrito artículos interesantes, que hay que considerar como intentos desde la tradición islámica de llegar a la libertad de un verdadero diálogo, que en un mundo como el nuestro es imprescindible. Por eso no se trata en modo alguno de un retroceso del cristianismo, sino sólo de la disposición a dialogar allí donde el diálogo sea posible.

Y con ello llegamos a la segunda pregunta, teológica esta vez: ¿Qué relación hay entre el Dios del islam y el Dios del cristianismo? Como usted sabe, los musulmanes dicen que no somos monoteístas porque creemos en tres dioses y que por tanto nuestra fe en Dios supone haber abandonado la fe de Abraham. El ímpetu férreo con el cual el Corán defiende el monoteísmo en el mundo es para ellos lo más grande que pueden aportar, y también lo que oponen a lo que para ellos es la desviación del cristianismo.

Los cristianos en el fondo tienen más posibilidades de ser tolerantes y comprensivos, en la medida en que pueden decir: sí, hay un solo Dios, pero ese Dios nos ha permitido, por así decir, mirar dentro de él. No ha anulado su unidad, no hay tres dioses: esa unidad no es la unidad de una partícula indivisible de la materia, sino la unidad del amor, y en ella está presente ese ritmo de la trinidad, que es la forma suprema de la unidad. Por eso yo como cristiano diría que el monoteísmo del islam va por detrás del monoteísmo cristiano. No es que sea falso, pero le falta la profundidad que Cristo ha aportado con su comunidad divina y su comunidad humana. Podemos decir pues que creemos en un solo Dios, pero por su misericordia lo conocemos más profundamente y de una forma más humana. Por eso no es un Dios totalmente diferente, sino que son niveles distintos de reconocimiento.

G: ¿Y qué contestaría usted a la pregunta que muchos se hacen en Alemania sobre si hay que impartir religión islámica en nuestras escuelas?

R: Las clases de religión islámica son otro tema candente y difícil en el que habría que profundizar. La situación en Alemania es bastante peculiar, en la medida en que en las escuelas públicas se imparten clases de religión de las dos confesiones cristianas, que el Estado sufraga pero de cuyo contenido se responsabilizan las iglesias. Eso es algo muy poco corriente y seguramente se explica porque en Alemania el cristianismo en sus distintas formas se considera un fundamento de nuestra vida cultural además de una base moral importante para el Estado.

En los últimos treinta o cuarenta años el número de los no cristianos ha aumentado, y de ahí que haya aparecido la asignatura de ética para aquellos que no pertenecen a ninguna religión. La justificación es el convencimiento de que la ética es importante para todos, y eso hace que se plantee la pregunta: ¿Y quién decide qué es la ética? Ahora, con una comunidad islámica cada vez más fuerte, se ha suscitado la posibilidad de añadir las clases de religión islámica. Hay que tener presente que el islam tiene una imagen de la sociedad muy distinta de la nuestra. Por una parte, no conoce la separación entre Iglesia y Estado, entre religión y sociedad, sino que prevé una estructura en la cual la religión determina el Derecho, la legislación y toda la vida de la sociedad, de tal manera que se obliga al islam a adaptarse a una situación extraña para él permitiéndole inscribirse en una constelación occidental, en la cual la religión representa una institución propia dentro del Estado, relacionada en cierto modo con él, pero claramente separada.

A ello se añade que el islam no es una categoría unitaria, con lo cual se plantea la cuestión de saber a qué autoridades islámicas habría que confiar esas clases de religión. Eso habría que negociarlo con las instancias islámicas para que en todo caso la Constitución fuera aceptada y respetada como marco. Si es así, no veo mayores dificultades. Creo, por otra parte, que en la práctica sería más una información que una auténtica clase de religión islámica. A esto último se oponen las dificultades que acabo de mencionar.

G: Eminencia, esta parte de nuestra conversación aparecerá el domingo de Pascua, y la Pascua es en cierto sentido su fiesta. Usted nació en sábado santo y dicen que fue bautizado con el agua bendecida justamente la noche de Pascua. Fue el primer bautizado con el agua nueva. Permítanos pedirle al prefecto para la fe unas palabras destinadas a los lectores del *Welt am Sonntag* sobre la Pascua, tanto para los creyentes como para los no creyentes.

R: Creo que hay que tomársela sencillamente como una ocasión para la alegría. Me parece maravilloso que en la liturgia de la Iglesia se unan siempre lo cósmico, el elemento de la naturaleza y las estaciones del año, con la fe y con la parte histórica del dogma. La resurrección ligada al renacer de la naturaleza, que nos alegra, que nos ofrece un nuevo comienzo y que justamente se convierte para nosotros en algo más, en un signo de que como seres humanos no estamos abandonados, un signo de que existe un Dios que se ocupa de nosotros y como resucitado nos da a nosotros la seguridad de que la vida lleva en sí la esperanza que se extiende hasta la eternidad. Diría que es una ocasión para relajarse, para respirar, para agradecer los dones de la naturaleza. Pero, más allá de esto, la Pascua también hay que entenderla como una llamada, como una perspectiva, como algo que nos asegura que Dios, al que muchas veces no entendemos, sabe lo que hace y lo hace bien. Dios vive y nos ama, Cristo ha resucitado.

El poder de la moral no ha abdicado II

En la segunda parte de la entrevista de Welt am Sonntag *realizada por Klaus Bölling y Peter Gauweiler al cardenal Joseph Ratzinger se trata de cuestiones muy diversas: si se escucha hoy la voz de la Iglesia en guerras como las de los Balcanes, el espacio de las mujeres en la vida de la Iglesia, cuándo se levantará la excomunión a Lutero, el derecho a sublevarse, cómo puede superar un país su pasado negativo, si el cardenal es y se ve rigorista... (Welt am Sonntag, Alemania, 11 de abril de 1999).*

Roma – Bölling: ¿Cree usted que el Vaticano, y concretamente el Santo Padre, que indudablemente es una potencia mundial moralmente hablando, tiene alguna posibilidad, más allá de los llamamientos morales, de contribuir de forma efectiva a limitar y resolver los conflictos, y lo digo pensando por ejemplo en la guerra de Kosovo? Durante la guerra fría, la política del Vaticano en Europa oriental ayudó a atenuar la opresión ejercida por las autoridades comunistas. ¿No es desalentador para el Papa, y tam-

bién para un hombre como usted, no poder hacer nada hoy en la antigua Yugoslavia?[5]

Ratzinger: Sí, por supuesto que es desalentador. Yo sé lo mucho que el Papa lo siente, y nosotros también. Aquí en Italia hay una sensibilidad especial hacia ese problema tan serio y tan trágico. Las posibilidades de influir en la antigua Yugoslavia son naturalmente escasas, teniendo en cuenta además que la ortodoxia patriótica se mezcla con el orgullo yugoslavo, que tiende a ver a Roma como un enemigo. Pero usted ha dicho antes que el Papa sólo tenía la posibilidad de hacer llamamientos morales. Naturalmente, el poder de la moral ha retrocedido, pero no ha abdicado. En el mundo occidental, y creo que en todo el mundo, aún existe la conciencia de que si renunciamos a la moral nos destruiremos. Y en la medida en que la moral sea razonable representa un poder. Por eso el Vaticano hará todo lo que esté en sus manos, por una parte a través de llamamientos públicos, pero también a través de conversaciones discretas a distintos niveles para ayudar a encontrar soluciones que contribuyan a la paz. En este sentido creo que, si bien ya hemos dejado atrás la época más brillante de la política vaticana en Europa oriental, no estamos totalmente inermes.

Gauweiler: A propósito de los ortodoxos. El Papa recordó una vez que justamente la Silla de Pedro era también la de la unidad. Cada vez hay más gente que al final del siglo XX y comienzos del XXI se pregunta:

---

5. En 1999 la OTAN intervino en la guerra de Yugoslavia; entre el 24 de marzo y el 10 de junio las fuerzas de la OTAN realizaron bombardeos continuos contra objetivos yugoslavos. Los conflictos habían comenzado con ataques en 1996.

¿Por qué hay tantas divisiones y tantas enemistades entre quienes se dicen seguidores de Cristo? ¿Hay alguna posibilidad de que ahora, que se acerca el cambio de siglo, tal vez se avance en la dirección de unir de nuevo toda la cristiandad en una sola Iglesia?

R: Por supuesto, esto es lo que esperamos. Por otra parte, el realismo debe servirnos para no esperar demasiado, porque las esperanzas truncadas muchas veces abren heridas más profundas y con ellas mayores divisiones. Debemos conformarnos con pequeños pasos. Pienso que antes de terminar el año se firmará el consenso sobre la justificación, lo cual ya es algo. No resuelve todas las diferencias, pero sí es un paso muy importante, ya que esto fue lo que provocó la separación. Y hay otros muchos pasos como éste que se pueden dar. En mi opinión lo más importante que ha ocurrido es que, como cristianos, cada vez somos más conscientes de que tenemos una responsabilidad común. Y estoy seguro de que seguiremos avanzando en este sentido. Más allá de la separación, que no podemos ignorar, lo indudable es que hoy somos mucho más conscientes de que todos —tanto evangélicos como católicos— somos cristianos y tenemos mucho en común; sabemos que debemos influir juntos, también en la vida pública. Aumenta la conciencia de que la separación no es la última palabra, sino que aun existiendo la separación hay una unidad. Me parece que no deberíamos menospreciar esa unidad que efectivamente existe. Claro que la unidad plena es la aspiración, pero esa unidad interior en cosas tan esenciales de nuestra responsabilidad es el paso más importante para llegar a superar progresivamente también las otras cuestiones que nos separan.

G: Leyendo sus memorias, se ve que lo católico y lo evangélico le han acompañado siempre en todo su quehacer como teólogo, y yo he tenido la impresión de que también aquí la reconciliación en la diferencia puede ser un camino para acabar con antiguos puntos de enfrentamiento, sin tener que renunciar al carácter propio. Martín Lutero desafió al emperador y al imperio con esta frase: «Aquí estoy; no puedo hacer otra cosa. Que Dios me ayude. Amén.» Éste también podría ser el lema de Juan Pablo II. Hoy hace casi 500 años que el joven monje agustino y profesor de religión católica Martín Lutero cumplió como peregrino con todos los requisitos piadosos, implorando la clemencia de Dios. ¿Es imaginable que alguna vez el reformador, como lo llamamos nosotros los evangélicos, alcance la misma gracia que Galileo Galilei y se levante la excomunión pronunciada contra él?

R: Él personalmente está en manos de Dios y no debemos preocuparnos. Lo que hay entre él y los católicos son elementos de sus enseñanzas. Sin duda hay muchos elementos que nos unen. Están las canciones nacidas de la Reforma, las plegarias, etc. Pero hay determinados elementos que nos separan. Lutero volverá a ser admitido en la comunidad cuando realmente hayamos superado juntos esos elementos. La doctrina de la justificación es uno de ellos. Hay otros. Después de haber dado un paso, esperamos que con paciencia podamos seguir avanzando. Pero la presencia del legado de Lutero en canciones que son plegarias dentro de la Iglesia católica demuestra que Lutero es un maestro que, a pesar de todo lo que no podíamos y en parte aún no podemos admitir, nos ha dado algo valioso.

B: Eminencia, espero que no le moleste que le haga la pregunta directamente a usted. Hay más de mil millones de cristianos católicos...

R: No sabemos hasta qué punto son católicos individualmente considerados.

B: Eso, por supuesto, no lo sabemos. Pero numéricamente es así. Y entre ellos hay una mayoría de mujeres. ¿Escuchará el Santo Padre las voces que piden una mayor implicación de las mujeres en la vida de la Iglesia o, en su opinión, que pasa por ser —si me permite la expresión periodística— una especie de bastión contra el espíritu de nuestro tiempo, esto es inimaginable?

R: La ordenación de las mujeres y su mayor implicación son dos cosas absolutamente distintas. La segunda ya está en marcha, y si va a la iglesia verá que hay misas en las que el sacerdote aparece relativamente tarde y humildemente rodeado de mujeres. Si eso es positivo y de buen gusto ya es otro cantar. Tampoco es tan importante estar delante del altar y frente a los feligreses, aunque a mucha gente por lo visto le fascina. Es más importante tener responsabilidades dentro de la Iglesia en el ser y en el vivir. En este sentido, el papel de las mujeres fue desde siempre mucho mayor de lo que hoy se supone, si pensamos por ejemplo que en la Edad Media hubo monasterios dobles para hombres y mujeres, en los que una mujer mandaba sobre los hombres y tenía jurisdicción sobre ellos. O piense en las grandes mujeres proféticas como Hildegard von Bingen, Catalina de Siena, Brígida de Suecia, que predicaron en público dirigiéndose a la conciencia de los hombres, incluso de los Papas. En realidad, la fuerza de las mujeres en la Iglesia ha sido siempre muy grande. Diría incluso que la Iglesia, al crear las órdenes femeninas dando así un estatus a las mujeres solteras, dio un paso importantísimo para la emancipación de la mujer. Eso hizo que pudiera vivir sola, ya no necesitaba estar sometida a un hombre y podía disponer de su vida. Bueno, cada época tiene sus formas. Habrá que preguntarse lo que hoy es posible y lo que conviene. Nosotros en la Curia somos más bien lentos, pero de todas formas hay muchas mujeres trabajando con nosotros. Cuando llegó la primera, y eso fue en la época de mi predecesor, todavía era algo asombroso; ahora es normalísimo que haya mujeres en la Curia. Eso se ampliará, y encontrar la forma correcta a veces no es posible sin una cultura del debate, pero sucederá.

Otro problema es el de la ordenación de las mujeres. Usted sabe el terremoto que esto provocó en la Iglesia anglicana, y sabe que también la Iglesia ortodoxa se opone. Para nosotros el tema es de una naturaleza distinta, porque no se trata de una posición que nosotros podamos modificar, sino de un sacramento que la Iglesia ha recibido de Cristo. Lo importante es que el sacerdocio no se considere como un honor especial y una posición de poder, sino realmente como un servicio.

G: Estos últimos años han sido elevadas a los altares muchas mujeres. El inicio del proceso para la beatificación de la madre Teresa de Calcuta levantó hace un tiempo gran expectación. Usted hablaba de las nuevas formas que la época exige. La obra de la madre Teresa estuvo y está en cierto modo ligada a lugares muy degradados del Tercer Mundo, donde la gente vive en la miseria. Pero esos lugares degradados no sólo existen en el Tercer Mundo, sino que los

tenemos también entre nosotros. En Berlín, en el centro de Fráncfort y en innumerables metrópolis del mundo occidental. Teniendo en cuenta el precedente de esta futura santa, ¿no deberían fundarse los nuevos conventos occidentales de los siglos XX y XXI precisamente en esos lugares?

R: Fundar una orden no es algo que se pueda hacer por decreto. Yo puedo nombrar a alguien presidente de un consejo de vigilancia o también confiarle una función dentro de la Iglesia, pero la fundación de una orden debe partir de una llamada espiritual interior. Ahí se acaba el poder de la Iglesia y empieza el del Espíritu Santo. Entonces la Iglesia tiene que estar abierta para ofrecer un espacio. La madre Teresa fue sin duda una respuesta a un gran desafío, y ahora en esos lugares degradados del mundo occidental su comunidad empieza a estar presente. Aquí, en la esquina de nuestro *palazzo*, hemos cedido un terreno en el que se podrá construir una casa para que duerman las mujeres sin techo y donde también podrán comer los hombres. Una presencia como ésta precisamente en este lugar de Roma era sin duda muy importante. Y también me parece muy bonito que ahora haya hermanas del Tercer Mundo que nos ayuden en el denominado Primer Mundo. Este intercambio, en el que no sólo somos nosotros los que damos, sino que ellos también dan, y el hecho de que ahora ellos también tengan algo que regalarnos, es importantísimo.

G: Preguntaba eso porque el propio Papa ha calificado la evangelización, o mejor dicho la neoevangelización, como tarea primordial de toda la cristiandad. Se tiene la impresión de que el comunismo, pese a todo su horror y toda su hostilidad hacia la Iglesia

—y por favor no me malinterprete—, fue un enemigo más fácil que la decadencia y la ruina exterior e interior a las que ahora asistimos cada vez más, con su mezcla de abandono, cultura de la droga y miseria de la juventud en los centros de nuestras grandes ciudades, por desgracia también en Alemania.

R: Como poder ideológico totalitario el marxismo fue un enemigo más fácil porque se definía, y contra él se podía luchar. Pero no debemos perder de vista que ha dejado un legado de terribles heridas y de gran empobrecimiento espiritual, que se ha hecho visible cuando ha caído el telón de acero. La situación no hace más que empeorar, porque no hay respuesta y porque no fuimos capaces de ofrecer en lugar de la ideología derribada unas fuerzas espirituales capaces de interceptar todo eso. De ahí que ahora estemos expuestos, tanto en el Este como en el Oeste, al ateísmo, que hace que la gente se desmorone. Porque al dejar que la vida simplemente fluya, fatalmente nos desmoronamos. Y volvemos a estar al principio: ¿Cómo podemos más allá de lo subjetivo dar a lo moral una fuerza común? ¡Es imposible sin la intervención de Dios! Hans Küng hace un intento muy loable de construir un *ethos* secular. Pero cada vez vemos mejor los límites de ese esfuerzo. O este *ethos* es demasiado general y no sirve, o es concreto; entonces, cuando concreta, naturalmente se plantea la cuestión de la relación con la instancia que lo sostiene. Naturalmente, fuera de la influencia de Dios también puede haber una moral atea elevada, no lo discuto, pero yo diría que a la larga termina en el vacío. Acaba de aparecer un libro[6] que es un diá-

---

6. Este libro fue publicado con el título *¿En qué creen los que no creen? Un diálogo sobre la ética en el fin del milenio.*

logo entre el cardenal Martini y Umberto Eco, y que además contiene una carta de Indro Montanelli, uno de los periodistas italianos más prestigiosos, en la cual dice que los ateos siempre tienen las de perder: «Yo no puedo tener fe y, como no puedo, tampoco puedo ver qué debería ser mi vida.» Esta pregunta siempre acaba planteándose.

B: Durante muchos años guardé la reseña de una conferencia que usted dio en 1986 en Sudamérica sobre la teología de la liberación. En ella nos ponía usted inequívocamente en guardia contra el mito de la revolución. Pero pronunció una frase que a muchos nos llamó la atención. Dijo que en situaciones extremas existe el derecho a sublevarse. Yo mismo he estado varias veces en Sudamérica, una vez con el entonces canciller alemán en una reunión con los obispos católicos, algunos de los cuales se quejaban de que las injusticias sociales en Brasil y en otros países de América Latina continuaban existiendo y a veces daba la impresión de que una parte de los obispos se inclinaba por apoyar el *statu quo*. Mirando a América Latina desde Europa, usted manifestó una cierta comprensión para quienes decían que la Iglesia católica debía tomar partido por los oprimidos y los privados de derechos, contra unas estructuras esclerosadas que no eran del agrado de Dios.

R: Es evidente que la Iglesia debía y debe ponerse del lado de los oprimidos. Lo hemos dicho siempre con toda claridad. Pero eso no tiene nada que ver con lo que algunos, confundidos por la ideología, propugnaban, en la creencia de que utilizando el modelo marxista era como mejor se defendía a los oprimidos, y que en el fondo ésa era la única manera de defenderlos. Era comprensible, pero no era ni racional ni cristiano, y había que buscar otras formas de resistencia. No dijimos simplemente «amoldaos», sino que dijimos «no creáis que resolvéis las cosas aceptando esa receta marxista y poniéndoos bajo la protección de la gran potencia soviética, que tampoco será más caritativa con vosotros». Fue un error creer que con un gran estallido se podía arreglar todo de repente, sin el sufrimiento de un largo camino hecho de mejoras y también de una resistencia que debe encontrar sus propias formas. Para ello hacen falta muchos elementos, sobre todo formación, que es lo que permite asumir la responsabilidad y permite también crear una nueva capa dirigente.

Mi postura es la de hacer que las personas que están en la miseria sean capaces de hacer algo por sí mismas y se conviertan en una capa social que tenga un peso dentro del Estado y pueda enfrentarse a ciertos poderes. Nosotros no estábamos a favor de los poderosos, que sólo querían defender su posición, pero tampoco en contra de unas formas de resistencia racionales. Lo único que hicimos fue llamar la atención, en primer lugar, sobre que no convenía mezclar fe e ideología y, en segundo lugar, llamar a mostrarse precavido ante una fe ingenua y supersticiosa en el poder de una ideología que propugnaba un estallido revolucionario.

B: ¿Paciencia, cuando de lo que se trata es de acabar con las condiciones indignas en la que esa gente vive?

R: La Iglesia tampoco es naturalmente un poder que pueda cambiarlo de repente todo. Hay que evaluar las propias limitaciones. La miseria creciente en las grandes ciudades, por otra parte, es un fenómeno de los últimos cincuenta años. Antes la gente era pobre. Vivía en el campo. Pero, en una sociedad fundamentalmente agraria, tenía su lugar en la vida. Luego la irrupción de la industrialización, que a esos países les llegó de una forma abrupta, sin ninguna preparación y sin una clase media ilustrada, provocó el éxodo rural y dio lugar a esas ciudades de quince millones de habitantes realmente destructivas, en las que apareció una forma completamente nueva de miseria.

G: Eminencia, volvamos a Alemania. Usted dijo una vez que no debíamos insistir tanto en la autoinculpación. Ahora ya hemos dejado atrás la segunda dictadura, y tenemos la impresión de que podemos mirar las cosas cara a cara de forma más libre y relajada. ¿En qué puede contribuir el poder reconciliador de la fe a ese debate sobre Alemania y su pasado?

R: En primer lugar está por supuesto el valor de afrontar la verdad. Eso siempre es lo primero: ver lo que ha ocurrido y admitirlo sinceramente. Y luego, junto con el valor de afrontar la verdad, también está la capacidad de reconciliación. Porque una vida humana sin perdón, sin reconciliación y sin la posibilidad de empezar de nuevo, sencillamente no es posible. Por supuesto, eso debe ir unido al sentido de la justicia. Hay cosas que la reconciliación no puede borrar. Lo que fueron actos propiamente criminales, si queremos que imperen el derecho y la verdadera reconciliación, deben encontrar una respuesta adecuada. Esa relación con la justicia, que establece de nuevo unas normas claras que dictan lo que está bien y lo que está mal, unida a la capacidad de reconciliación y de volver a empezar son los dos elementos que necesitamos, además de la capacidad de reconocer la verdad. Por otra parte, hace falta la bondad, que es reconciliadora. Creo que ésta es la trilogía para la cual la fe nos proporciona las condiciones espirituales necesarias.

B: Eminencia, somos prácticamente de la misma generación. Igual que usted, yo también asistí a mis clases de latín y de matemáticas oyendo retumbar los cañones. Por eso he leído sus memorias con cierta emoción. Y me ha llamado la atención una frase que quiero citar y que me gustaría que me comentara. Usted escribe que quien está del lado de Dios no necesariamente está del lado del éxito. Justamente los cínicos, dice usted, son muchas veces personas a las que la suerte parece sonreír; y esta cuestión se la plantean no sólo los cristianos de a pie, sino también algunos estudiosos de la religión, sobre todo cuando se hacen mayores: la duda acerca de la justicia del orden divino.

R: Esta cuestión se planteará siempre. Ya en los salmos se habla de la buena gente a la que le va mal en la vida, y de personas cínicas a las que todo les sale bien. El Libro de Job es el clásico libro de esta disputa con Dios, que es recurrente en la literatura cristiana, sobre todo en san Agustín. En conjunto, sin embargo, podemos decir que aquel que en sus sufrimientos mantiene la fe en Dios encuentra un sentido a sus penas y empieza a ver más allá. Y entonces la vida eterna es para él algo más que una vaga esperanza, es algo que siente como una fuerza en el presente. Creo que se pueden reunir argumentos y siempre es bueno hacerlo, pero sin la propia experiencia dolorosa de una larga lucha interior no es posible llegar a reconocerlo. En esta experiencia de la lucha interior se llega a notar algo de la presencia de Dios. El sufrimiento adquiere un nuevo rostro, se convierte en algo distinto, que puedo compartir con Jesucristo, que otros pueden compartir conmigo y yo con otros, y sé que me convierte en algo nuevo. Para mí sigue siendo conmovedora la imagen de los tres jóvenes echados al horno de fuego ardiendo: precisamente del horno de fuego del sufrimiento han salido las mayores alabanzas de Dios, porque los que sufren experimentan más a Dios y se acercan más a él, reconocen mejor su rostro que los ricos.

B: Permítame una última pregunta. ¿Qué sintió cuando fue llamado a Roma? Algunas personas que creen conocerlo bien o que tal vez lo conocen realmente bien dicen que por su temperamento espiritual y emocional usted no es en absoluto la persona indicada para el cargo de prefecto de la Congregación para la Doctrina de la Fe, ya que lo que de veras le atraía era una vida de investigador. ¿No vio justamente en la llamada del Papa un desafío para convertirse en un bastión, en un paladín contra el espíritu de nuestro tiempo, de forma que en realidad ve usted como un cumplido el que lo consideren como un representante de cierto rigorismo católico en el cumplimiento de su función?

R: En realidad ya me extrañó que me nombraran arzobispo, porque precisamente tenía en ese momento grandes proyectos científicos. Siempre tuve la esperanza de poder retirarme a tiempo para retomarlos, pero eso no ocurrió. Cuando fui llamado a Roma, Italia además me era bastante desconocida todavía. No he estudiado aquí y mis conocimientos de italiano eran modestos; tampoco conocía el mundo de la Curia, es decir que fue en cierto modo un salto en el vacío. Pero, por otra parte, reconozco que lo vi como un auténtico desafío. No fue mi elección, pero fue un desafío que me pareció importante y creí que podía aportar algo. No obstante, no me gusta verme como un rigorista, pues me gustaría mantener el principio de la caridad, pero sí me veo como alguien a quien no le importa nadar contra corriente y resistir su empuje.

VI. PROBLEMAS DE LA IGLESIA

LA IGLESIA PUERTAS ADENTRO

La moral sexual según Ratzinger

Después de que Ratzinger se hubiera convertido en Benedicto XVI, aparecieron diversas reediciones de todo cuanto aquél dijo o publicó. La editorial Galaxia Gutenberg/ Círculo de Lectores recupera con este motivo el libro Dios y el mundo. Creer y vivir en nuestra época *(2002), una conversación con el periodista alemán Peter Seewald. En algún medio se reprodujeron las reflexiones que dedicaron durante la entrevista al tema del matrimonio. Las respuestas dan fe de lo que el Papa opina del matrimonio entre homosexuales, del uso del preservativo, de la moral sexual de la Iglesia y de otros temas que se preveían controvertidos de cara a su papado.*

La mayoría de los jóvenes dudan hoy en día entre contraer matrimonio o iniciar una convivencia más bien libre. El Estado, por su parte, intenta equiparar las uniones de hecho y las parejas homosexuales al matrimonio. Se plantea la pregunta: ¿por qué tiene que ser el matrimonio la única forma aceptable de convivencia?

Por un lado, sólo un ámbito de fidelidad realmente sólido es adecuado a la dignidad de esta convivencia humana. Y no sólo en lo que respecta a la responsabilidad frente al otro, sino también frente al futuro de los hijos que surgen de ella. En este sentido, el matrimonio nunca es un asunto exclusivamente privado, sino que tiene carácter público, social. De él depende la configuración fundamental de una sociedad.

Últimamente también se percibe esto, cuando convivencias no matrimoniales adquieren formas legales. Aunque se las considera formas de unión menores, tampoco éstas pueden pasar sin la responsabilidad pública, sin la inclusión en lo común de la sociedad. Y ese mero hecho manifiesta la inevitabilidad de una regulación pública y jurídica y, en consecuencia, social, aun cuando se crea que hay que introducir niveles inferiores. Segundo aspecto que hay que considerar: cuando dos personas se entregan mutuamente y, juntas, dan vida a los hijos, también está afectado lo sagrado, el misterio del ser humano, que trasciende mi propia autodeterminación.

Sencillamente, yo no me pertenezco sólo a mí mismo. Cada persona alberga el misterio divino. Por eso la convivencia de hombre y mujer también se adentra en lo religioso, en lo sagrado, en la responsabilidad ante Dios. La responsabilidad ante Dios es necesaria, y ésta hunde precisamente en el sacramento sus raíces más auténticas y profundas. Por eso, todas las demás formas son modalidades alternativas que en última instancia pretenden sustraerse de alguna manera tanto a la responsabilidad mutua como al misterio del ser persona, de ahí que introduzcan en la sociedad un factor de inestabilidad que traerá consecuencias.

La cuestión de la pareja homosexual es un tema muy diferente. Pienso que cuando la diferenciación entre hombre y mujer deja de tener relevancia a la hora de formar un matrimonio, una familia, se está vulnerando el tipo fundamental de construcción de la persona. De este modo una sociedad se enfrentará a la larga a grandes problemas. Si escuchamos la palabra de Dios debemos dejarnos regalar sobre todo por la iluminación de que la convivencia de hombre, mujer e hijos es algo sagrado. La propuesta de configuración de una sociedad da resultado cuando se considera a la familia, y con ello a la forma de unión bendecida por Dios, la manera correcta de ordenar la sexualidad.

La fórmula matrimonial dice así: «Te acepto como mi esposa/marido y te prometo fidelidad en lo bueno y en lo malo, en la salud y en la enfermedad. Prometo amarte, honrarte y respetarte mientras viva.» Esto suena muy bien, pero ¿por qué tiene un matrimonio que esforzarse por durar toda la vida, «hasta que la muerte los separe»?

Porque así se incide en el carácter definitivo del amor humano y en la responsabilidad que se contrae con él. No deberíamos intentar demostrarlo racionalmente hasta en su menor detalle. Aquí sale a nuestro encuentro la gran sabiduría de la tradición, que, en definitiva, está respaldada por la palabra del mismo Dios. Sólo cuando me doy por entero, sin reservarme una parte ni, como quien dice, aspirar a una revisión, a una rescisión, respondo plenamente a la dignidad humana. La vida humana no es un experimento ni un contrato de arrendamiento, sino la entrega del uno al otro. Y la entrega de una persona a otra sólo puede ser acorde con la naturaleza humana si el amor es total, sin reservas.

Ya hemos hablado varias veces de sexualidad; evidentemente la Iglesia supone en ella un gran misterio. De otro modo es inconcebible por qué mantiene ideas tan rigurosas en esas cuestiones, incluso en el seno del matrimonio. ¿Es una idea diferente sobre la vida, sobre las personas, la que obliga a la Iglesia a prohibir los anticonceptivos?

De hecho, la Iglesia considera la sexualidad una realidad central en la creación. En ella la persona está conducida al Creador en su máxima cercanía, en su suprema responsabilidad. Con ello participa personal y responsablemente en las fuentes de la vida. Cada individuo es una criatura de Dios, y al mismo tiempo un hijo de sus padres. Por este motivo existe en cierto modo una interrelación entre la creación divina y la fertilidad humana. La sexualidad es algo poderoso, y eso se ve en que pone en juego la responsabilidad por un nuevo ser humano que nos pertenece y no nos pertenece, que procede de nosotros y, sin embargo, no viene de nosotros. A partir de ahí, creo yo, se entiende que dar vida y responsabilizarse de ella más allá del origen biológico sea algo casi sagrado. Por estos motivos heterogéneos la Iglesia también ha tenido que desarrollar lo que los diez mandamientos esbozan y nos dicen. La Iglesia tiene que proyectar una y otra vez esa responsabilidad sobre la vida humana.

¿Se puede ser un buen cristiano aunque se contravengan las ideas de la Iglesia en cuestiones de moral sexual?

Que uno siempre se quede rezagado de lo grande que la Iglesia le confía en la explicación de la palabra de Dios es otro asunto. Pero cuando se quiere permanecer en el camino, cuando se conserva el reconocimiento fundamental de esa sacralidad de la intervención conjunta con Cristo en la creación, uno permanece en la comunidad católica, incluso cuando se produce el fracaso. En este caso, precisamente en la búsqueda, uno sigue siendo, si queremos expresarlo así, un «buen católico».

Los obispos italianos han exigido más valor para procrear. Porque una sociedad que se asusta de engendrar niños se «deshumaniza», decía uno de sus llamamientos.

Cuando se extingue el amor a los hijos, verdaderamente se pierde mucho. Antes, los italianos eran famosos por su amor a la familia y a los hijos. Hoy en día, algunas zonas de Italia tienen la menor tasa de natalidad del mundo. Aquí, la nueva riqueza ha provocado cambios fundamentales. De hecho, una gran tentación de las sociedades occidentales es considerar a los hijos competidores que quieren arrebatarnos algo de nuestro espacio vital, de nuestro futuro. Al igual que considerar después a los hijos una propiedad y una autorrepresentación. En última instancia, no se está dispuesto a aceptar sus propias exigencias, dado que habría que dedicarles tiempo y la totalidad de la propia vida.

Un obispo italiano me dijo que los pobres invierten en la vida, que desean ver su futuro en los hijos; los ricos invierten en cosas. No pretendo exagerar el significado de la palabra, pero es evidente que entre nosotros la inversión en cosas, en autoasegurarnos mediante valores reales que son la multiplicación de nuestro propio Yo, es más poderosa que la disposición a servir a otra vida. Aunque respetemos plenamente la problemática del crecimiento de la población, hemos de reconocer por otro lado los problemas de una sociedad envejecida que se niega su propio futuro.

Palabra clave: crecimiento de la población. A la Iglesia se le reprocha que, con su rigurosa política de prohibición de anticonceptivos en el Tercer Mundo, está provocando graves problemas, que en ocasiones se traducen en auténtica miseria.

Esto es un completo disparate, por supuesto. La miseria se produce por la quiebra de la moral, que antes ordenaba la vida en las organizaciones tribales y en la comunidad de los cristianos creyentes, excluyendo de ese modo la enorme miseria que contemplamos hoy. Reducir la voz de la Iglesia a la prohibición de los anticonceptivos es un desorden grave basado en una visión del mundo completamente trastornada, como demostraré enseguida.

La Iglesia predica sobre todo la santidad y la fidelidad del matrimonio. Y cuando su voz es escuchada, los hijos disponen de un espacio vital en el que pueden aprender el amor y la renuncia, la disciplina de la vida recta en medio de cualquier pobreza. Cuando la familia funciona como ámbito de fidelidad, existe también la paciencia y respeto mutuos, que constituyen el requisito previo para el uso eficaz de la planificación familiar natural. La miseria no procede de las familias grandes, sino de la procreación irresponsable y desordenada de hijos que no conocen al padre y a menudo tampoco a la madre y que, por su condición de niños de la calle, se ven obligados a sufrir la auténtica miseria de un mundo espiritualmente destruido. Por lo demás, todos sabemos que hoy la rápida propagación del sida en África está provocando justo el peligro opuesto: no la explosion demográfica, sino la extinción de tribus enteras y la despoblación de muchas regiones.

Por otra parte, cuando pienso que en Europa se pagan primas a los agricultores por matar a sus animales, por destruir trigo, uva, frutas de todo tipo, porque al parecer ya no se puede controlar la superproducción, me parece que esos sabios ejecutivos, en lugar de aniquilar los dones de la creación, harían mejor en reflexionar cómo conseguir que redundasen en provecho de todos.

No generan miseria aquellos que educan a las personas para la fidelidad y el amor, para el respeto a la vida y la renuncia, sino los que nos disuaden de la moral y enjuician de manera mecánica a las personas: el preservativo parece más eficaz que la moral, pero creer posible sustituir la dignidad moral de la persona por condones para asegurar su libertad supone envilecer de raíz a los seres humanos, provocando justo lo que se pretende impedir: una sociedad egoísta en la que todo el mundo puede desfogarse sin asumir responsabilidad alguna. La miseria procede de la desmoralización de la sociedad, no de su moralización, y la propaganda del preservativo es parte esencial de esa desmoralización, la expresión de una orientación que desprecia a la persona y no cree capaz de nada bueno al ser humano.

La «comunión» en la Iglesia no es un hecho sociológico

Esta entrevista la concedió el cardenal Ratzinger al semanario italiano Famiglia Cristiana *el día 20 de febrero de 2003, con ocasión de la publicación de su nuevo libro* La comunión en la Iglesia. *Aborda un tema tan característico y rico como el de la «comunión». Afirma que la comu-*

nión eclesial no puede reducirse a un concepto sociológico. Para comprender cómo se gobierna y dirige la Iglesia, cuál es la relación entre iglesias particulares y la Santa Sede, para comprender la colegialidad en la Iglesia o el papel de las conferencias episcopales se requiere comprender el significado teológico de esta «comunión».

¿Qué es la comunión en la Iglesia?

En la primera Carta de Juan encontramos una definición que ofrece una visión sumamente completa de la comunión. San Juan dice que lo que se nos ha dado con la fe, con el ser cristiano, es ante todo la comunión con Dios, con el Dios Trinidad, que en sí mismo es comunión. Ésta es la belleza que nos ofrece la revelación: Dios es comunión y por ello puede dar comunión. El hombre, a través de la comunión con Dios, entra en comunión con todos los demás hombres que viven en la misma comunión. Aquí se encuentran la línea vertical y la horizontal y se convierten en una única realidad. El Dios Trinitario, que es comunión, crea la comunión humana más amplia y profunda. La comunión con Cristo crea este lazo entre Dios y el hombre. Esta comunión se encarna, por así decir, en el sacramento de la Eucaristía, con el que nos unimos al cuerpo del Señor. De este modo nace la Iglesia: es una comunión de comuniones, es decir, existe como realidad eucarística. Cada comunidad eucarística está en presencia de Cristo en su totalidad. Esto exige que una comunidad no se contraponga, en nombre de un Cristo «suyo», a las demás, porque sólo hay un Cristo. De esta forma se comprende la importancia de que todas las iglesias sean una Iglesia única, porque Cristo es único. Me parece que, desde un primer momento, la constitución misma de la Iglesia está hecha de esta unidad y multiplicidad. Como puede verse, la comunión en la Iglesia es un hecho teológico, no sociológico. Quien transforma el concepto de comunión en un concepto meramente sociológico comete un error.

Pero esta comunión, ¿tiene consecuencias sociales?

Ciertamente. Basándonos en este fundamento, en un concepto teológico de comunión, surge una visión social más profunda. Dios es Dios de todos y Cristo busca a todos. La comunión en Cristo se traduce en responsabilidad con los demás. Del hecho de ser cristianos, del seguimiento de Cristo, surge el compromiso por el bien de todos y por la eliminación de aquello que destruye la red de las relaciones sociales.

¿Cómo se traduce este concepto de comunión eclesial en las relaciones que se dan entre la Curia romana y las iglesias locales?

Ampliaría la cuestión: no se trata sólo de cultivar relaciones correctas entre la Curia romana y las iglesias locales, sino también y sobre todo de favorecer la unidad y la multiplicidad que es la Iglesia. Las iglesias locales deben vivir sus especificidades culturales e históricas integrándolas en la unidad del conjunto, abriéndose a la aportación fecunda de las demás iglesias, de manera que ninguna emprenda caminos que las demás no reconocen. La Curia romana, que ayuda al Santo Padre en su servicio a la unidad, tiene la función de promover esta compenetración entre las iglesias locales para que las diversidades se conviertan en una realidad polifónica, en la que viven unidad y multiplicidad.

En la relación entre el «centro» y la «periferia», entre la Santa Sede y las diferentes iglesias locales, ¿qué importancia tiene el principio de subsidiariedad?

Es un concepto técnico que exigiría una discusión más detallada para definir su significado. Se puede aceptar en el sentido de que la atención por la unidad no debe apagar los carismas de las iglesias locales: es más, debe alentarlos y ponerlos al servicio de la única Iglesia. Por una parte, el servicio central de la Curia romana no debería ocuparse de aquello que puede hacerse mejor en una parte concreta de la Iglesia; por otra, sin embargo, las iglesias locales no deberían vivir de manera autónoma, sino orientarse a enriquecer la unidad, porque Cristo es uno.

Pongamos un ejemplo que le afecta. Si se dieran dudas sobre la ortodoxia de un teólogo, ¿no debería atenderlo el episcopado de la Iglesia local a la que pertenece el teólogo antes de que intervenga la Congregación de la que usted es prefecto?

Aquí, en la Congregación, nos sentimos felices cuando un obispo o la Conferencia Episcopal interesados afrontan problemas de este tipo. Pero con frecuencia nos dicen que se trata de cuestiones que van más allá de los límites de la Iglesia local, cuestiones que entran en el debate de la Iglesia universal, y quieren ser ayudados.

¿Se quitan la responsabilidad de encima?

No, no me atrevería a decir algo así. Nosotros siempre alentamos a los obispos a que tomen en sus manos las soluciones de problemas como el que acaba de citar, pero en un mundo cada vez más globalizado esto resulta sumamente difícil.

¿Qué pasos ha dado la colegialidad episcopal tras el Vaticano II?

Se han hecho grandes progresos. Pienso en el desarrollo de las visitas *ad limina*. Recuerdo la primera que realicé, en 1977. Desde hacía poco tiempo era arzobispo de Múnich. Todo consistió en un encuentro con el prefecto de la Congregación de los Obispos, una visita a las basílicas y la audiencia con Pablo VI. Ahora los obispos se encuentran con todas las Congregaciones y Consejos. Se da un diálogo vivaz y fecundo. Y los obispos lo agradecen, pues por una parte es posible comprender mejor lo que sucede en las diferentes áreas geográficas y culturales; y, por otra, los obispos pueden afrontar juntos las soluciones que quieren dar a los problemas y también comprender mejor lo que dice el Magisterio. Le pongo otro ejemplo: los contactos regulares que tenemos con las presidencias de las conferencias episcopales así como las visitas recíprocas. De este modo crece la comprensión mutua. Además, no hay que olvidar los sínodos de los obispos. En definitiva, se da un continuo intercambio entre el centro y la periferia que da vivacidad al compromiso común por la única Iglesia.

Las conferencias episcopales, ¿no deberían valorarse más como un medio de colegialidad?

Distinguiría entre pequeñas conferencias, con diez o quince miembros, y grandes conferencias, con más de doscientos obispos, quizá. En el primer caso, la conferencia episcopal puede ser realmente un instrumento de coordinación, de visión común, de ayuda recíproca y también de corrección fraterna, cuando es necesaria. En el caso de las grandes conferencias, cuando en las asambleas se encuentran kilos de papel que hay que leer, órdenes del día con decenas de puntos para discutir, creo que es realmente imposible un diálogo profundo. Se da también el riesgo de que las discusiones y las soluciones sean tomadas con antelación por las oficinas, por la burocracia. En el caso de las grandes conferencias, el debate debería limitarse quizá a pocos argumentos relevantes y descentralizar el resto a cada Iglesia local. Es importante que las conferencias sean un instrumento flexible.

Usted ha mencionado el sínodo como uno de los progresos de la colegialidad. ¿Le gusta el actual método de las asambleas sinodales?

Diría, aunque es una opinión totalmente personal, que es un método algo ritualizado. Garantiza un ritmo ágil de las sesiones de trabajo, pero tiene la desventaja de que no es posible una auténtica discusión entre los obispos que participan. Es necesario salvaguardar ciertamente la rapidez del trabajo, pero hay que encontrar también espacios para una real y fecunda discusión.

Su libro me da a entender que usted no tiene una particular preferencia por aplicar a la Iglesia el concepto de pueblo de Dios...

No es verdad. El concepto de pueblo de Dios es un concepto bíblico. Más bien, no me gusta el uso arbitrario de este concepto, que, por el contrario, en la Sagrada Escritura, tiene una definición bastante clara. En el Antiguo Testamento, el pueblo de Dios es Israel, sobre todo porque acepta la llamada y la elección de Dios, porque entra en la voluntad de Dios. No es un concepto estático, sino dinámico: es pueblo de Dios como pueblo judío, pero su ser pueblo de Dios tiene que renovarse siempre en el dinamismo de su relación con Él. Esto es fundamental en el Antiguo Testamento.

¿Y en el Nuevo?

En el Nuevo Testamento, en casi todos los pasajes este concepto indica a Israel, y tan sólo en dos o tres textos a la Iglesia. De este modo, se entiende que la Iglesia entra en la elección de Israel, participa en este ser pueblo de Dios. Pero también aquí, no se trata de una propiedad adquirida: la Iglesia se convierte en pueblo de Dios al seguir la línea de esta elección. Sin embargo, al concepto de Antiguo Testamento se le añade una nueva manera de integrarse en la voluntad de Dios: es la comunión con Cristo. Hay un fundamento teológico y después una concreción cristológica, pero sobre todo se da un dinamismo vital que prohíbe enorgullecerse: «nosotros somos pueblo de Dios». Tenemos siempre que convertirnos en pueblo y sólo en ese movimiento es válido el concepto. Si lo consideramos, por el contrario, como un modelo profano, no bíblico, la visión de la Iglesia queda seriamente comprometida.

En el libro, usted es severo con quien utiliza la liturgia de manera sólo comunicativa, como medio de educación de los fieles. ¿Por qué?

Quiero precisar que la liturgia es comunicativa y pastoral. Me opongo a quienes piensan que sólo es comunicativa si se transforma en espectáculo, en una especie de «show», reduciendo a muy poco esa gran obra de arte que es la liturgia, cuando se celebra bien y con participación interior. En los últimos veinte años, la práctica dominical en Alemania se ha reducido en un 70%. Los fieles no se sienten involucrados en celebraciones «creativas» que no les dicen nada. Con demasiada frecuencia se trata la liturgia como una cosa de la que uno puede disponer según su capricho, como si fuera de nuestra propiedad exclusiva. Pero de este modo acabamos corrompiéndola.

La propuesta de un ayuno eucarístico [no comulgar], a la que parece aludir, ¿no va en contra de la tendencia de las exhortaciones de muchos pontífices, a partir de san Pío X?

No. Ya hice esta propuesta hace quince o veinte años. La primera vez, en el contexto de la celebración del Viernes Santo, día de ayuno. Encontramos las raíces de este ayuno en el Evangelio de Marcos: «Días vendrán en que les será arrebatado el novio; entonces ayunarán» (Marcos, 2, 20). Y ya en el siglo I surge el ayuno del Viernes Santo, expresión de nuestra «compasión» con Cristo, que murió en la cruz por nosotros. La segunda vez que hablé de esto fue al afrontar el argumento de los divorciados que se han vuelto a casar, dado que hoy en día son casi los únicos que no pueden acceder a la comunión. Cada uno de nosotros debería meditar sobre si tiene que asociarse, al menos en alguna ocasión, a esta situación de exclusión. De este modo, les ofreceremos un signo de solidaridad y tendremos una oportunidad más de profundizar en nuestra vida espiritual. Constato que muchas veces en los funerales, en las bodas, en muchas otras circunstancias, se va a comulgar como si fuera simplemente una parte del rito: es una cena y hay que comer. Pero de esta manera se deja de vivir la profundidad espiritual de este acontecimiento, que es siempre un gran desafío para cada uno de nosotros.

Estoy de acuerdo con los grandes Papas cuando dicen que tenemos necesidad de la comunión eucarística porque sólo el Señor nos da lo que no podemos alcanzar por nosotros mismos. Precisamente porque somos insuficientes, tenemos necesidad de su presencia. Sin embargo, debemos evitar un ritualismo superficial, que degrada este gesto, y tratar de profundizar en su grandeza.

A propósito de los divorciados que se han vuelto a casar, ¿cree que la situación de exclusión para recibir la comunión seguirá en pie?

Si el primer matrimonio era válido y viven en una unión opuesta al vínculo sacramental, queda en pie la exclusión. Me parece necesario, sin embargo, ampliar la discusión para no reducir toda la realidad dolorosa de esta condición únicamente al acceso a la comunión. Es necesario ayudar a estas personas a vivir en la comunidad parroquial, a compartir su sufrimiento, mostrarles que son amados y que pertenecen a la Iglesia y que la Iglesia sufre con ellos. Creo que tiene que extenderse esta responsabilidad común, ayudarse recíprocamente y que unos lleven el peso de los otros, de manera muy fraterna.

¿Cuáles son los problemas de la Iglesia que más le preocupan en estos momentos?

Yo diría simplemente la actual dificultad para creer. El relativismo, que ya es espontáneo para el ser humano de nuestro tiempo. Hoy en día parece un gesto de soberbia, incompatible con la tolerancia, pensar que hemos recibido realmente la verdad del Señor. Sin embargo, parece que para ser tolerantes tienen que considerarse iguales todas las religiones, todas las culturas. En este contexto, creer es un acto que se hace cada vez más difícil. Se asiste de este modo a la pérdida silenciosa de la fe, sin grandes protestas, en gran parte de la cristiandad. Ésta es la preocupación mayor. Por tanto, es importante preguntarnos cómo podemos, en medio de esta oleada de relativismo, volver a abrir las puertas a la presencia del Señor, a la revelación que hace de Él la Iglesia. Entonces, sí que abriremos incluso una puerta a la tolerancia, que no es indiferencia, sino amor y respeto por el otro, ayuda recíproca en el camino de la vida.

¿Para qué un catecismo y su compendio?

El 7 de marzo la Oficina de prensa de la Santa Sede dio a conocer una carta en la que Juan Pablo II le pide al cardenal Joseph Ratzinger, prefecto de la Congregación para la Doctrina de la Fe, que presida una comisión especial encargada de preparar un Compendio del Catecismo de la Iglesia católica. En la práctica, la Comisión, asistida por un ágil Comité de redacción, deberá escribir una síntesis esencial y completa del voluminoso Catecismo de la Iglesia católica publicado en 1992, y del que se han vendido unos ocho millones de ejemplares en el mundo.

Para saber algo más, la revista 30Giorni *solicita una entrevista al cardenal Ratzinger, que, como afirma el mismo periodista: «Nos ha recibido con su habitual amabilidad en sus oficinas del palacio del ex Santo Oficio.»*

Eminencia, ¿por qué un Compendio del Catecismo? ¿El texto publicado en 1992 era demasiado poderoso?

El deseo de un Catecismo breve nació inmediatamente después de la publicación del grande.

La edición de 1992 es un punto de referencia importante para saber qué enseña la Iglesia, y por eso es útil también para los no católicos. Por otra parte, resulta demasiado voluminoso, sobre todo para el simple uso catequético que se le da. De aquí la necesidad de una síntesis —de forma breve, simple y clara— de lo que es esencial y fundamental en la fe y en la moral católica. Mientras, se han publicado algunos trabajos realizados con la misma intención. Diría que ninguno ha resultado un verdadero éxito. Finalmente, en el Congreso internacional celebrado en el Vaticano el pasado octubre con motivo de los diez años del catecismo, se le expresó este deseo al Santo Padre. El Papa dio su aprobación.

Sin embargo, como afirmó el cardenal de Viena Christoph Schonborn, la idea misma de catecismo ha sido refutada frecuentemente «por lo menos en los países germanófonos, y sobre todo en el ambiente oficial de la catequesis»...

Es verdad. Se da cierta aversión a los intentos de «cristalizar» en palabras una doctrina, aduciendo la intención de garantizar cierta flexibilidad; y se da cierto «antidogmatismo» vivo en muchos corazones; y, sobre todo, el movimiento catequístico posconciliar acentuó el aspecto antropológico de la cuestión y consideró que un catecismo, siendo demasiado doctrinal, podría resultar un obstáculo al diálogo necesario con el hombre moderno. Nosotros estamos convencidos de lo contrario. Para dialogar bien es necesario saber de qué tenemos que hablar. Es necesario conocer la sustancia de nuestra fe. Por todo esto pienso que el catecismo es más necesario hoy que nunca.

¿También a la luz del «éxito catastrófico de la catequesis moderna» denunciada por usted hace algunos años?

Es un hecho. Sin volver a condenar a nadie, es evidente que hoy la ignorancia religiosa es tremenda, basta hablar con las nuevas generaciones... Resulta evidente que en el posconcilio no se lograron transmitir correctamente los contenidos de la fe cristiana.

¿Cuáles serán los criterios generales que estructurarán el Compendio? ¿Estará organizado en preguntas y respuestas?

Todavía estamos reflexionando; parece que se tienda hacia un sistema de preguntas y respuestas, que también está siendo utilizado fuera de la Iglesia católica, pero no intento ser un profeta, también porque el proyecto será transmitido a todos los cardenales y a los presidentes de las Conferencias Episcopales. Dependemos mucho de ellos. El Compendio no será un Compendio de la Fe católica sino el Compendio del Catecismo de 1992, al cual tendrá que ser fiel. Al mismo tiempo, el Compendio tendrá que tener características de legibilidad que realmente lo hagan accesible para todos.

Si se regresase a la fórmula pregunta-respuesta se trataría de una recuperación de la metodología del Catecismo de san Pío X...

Ciertamente; también los catecismos de la época de la Reforma, tanto los católicos como los de Martín Lutero, usan este método. En efecto, el hombre tiene sus preguntas y la fe se presenta como respuesta a estas preguntas.

De modo que, en un período como el nuestro, en el que el diálogo es considerado justamente como algo esencial en la educación a la fe y en la relación entre los varios grupos humanos, me parece natural que el método pregunta-respuesta se aplique en un libro como el Compendio.

Respecto al Catecismo de San Pío X, que aún hoy sigue contando con defensores, ¿se ha de considerar como definitivamente superado con la publicación del Compendio?

La fe en cuanto tal es siempre idéntica. Por tanto, el Catecismo de san Pío X conserva siempre su valor. Puede cambiar, sin embargo, el modo de transmitir los contenidos de la fe. Por eso podemos preguntarnos si el Catecismo de san Pío X puede seguir siendo considerado como válido. Creo que el Compendio que estamos preparando puede responder mejor a las exigencias de hoy. Pero esto no excluye que haya personas o grupos de personas que se sientan más a gusto con el Catecismo de san Pío X. No hay que olvidar que este Catecismo deriva de un texto que había sido preparado por el mismo Papa cuando éste era obispo de Mantua. Se trataba de un texto fruto de la experiencia catequística personal de Giuseppe Sarto y que tenía las características de sencillez de exposición y de profundidad de contenidos. Por ello, el Catecismo de san Pío X podrá seguir teniendo partidarios también en el futuro. Esto, sin embargo, no significa que nuestro trabajo sea superfluo.

Volvamos al Compendio. ¿Cuándo puede estar listo?

Es difícil hacer previsiones, porque debemos preparar un texto que luego hemos de someter al examen de todos los cardenales del Sagrado Colegio y de todos los presidentes de las Conferencias episcopales; una operación, esta última, que requiere por lo menos seis meses. En cualquier caso, si todo va bien, el Compendio estará listo en dos años.

Una vez publicado, ¿deberá ser normativo para todos los Catecismos de las Conferencias episcopales?

El texto será normativo por lo que concierne a los contenidos doctrinales, que son los del Catecismo de 1992. Ofrecerá sugerencias respecto al método, visto que en este campo se debe dejar una gran libertad porque los contextos sociales y culturales en el orbe católico son muy distintos entre ellos. Salvo en los contenidos esenciales de la fe, cierta flexibilidad metodológica es siempre necesaria en la catequesis.

¿Se deberá utilizar también en los seminarios y en las facultades de Teología?

El Compendio será útil para la catequesis parroquial, para grupos de oración y movimientos eclesiales. Para los seminarios y las facultades de Teología es importante hacer referencia al «gran» Catecismo de 1992. En estos ámbitos deberían haber asimilado ya lo que será publicado en el Compendio...

El Catecismo de 1992 ha vendido ocho millones de ejemplares. Pero ¿ha sido utilizado efectivamente para la composición de los catecismos nacionales?

En Estados Unidos ningún catecismo o libro de catequesis puede ser publicado si no se prueba su concordancia con el Catecismo de 1992. En algunos países asiáticos, como por ejemplo en la India, se usa en los colegios universitarios como libro de referencia para conocer la doctrina católica. En otros países no ha sido así. Quizá el Catecismo de 1992, como sucede con tantos libros, ha sido más vendido que leído... Quizá se podría haber utilizado más. Creo, de todos modos, que ha servido para concretar el camino doctrinal y pastoral de este último decenio.

¿Se dirigirá este Compendio a quienes han encontrado ya el hecho cristiano?

Este Compendio, como el Catecismo de 1992, se dirige sobre todo a los obispos, sacerdotes, catequistas, maestros y a los anunciadores de la fe. Hemos de tener siempre presente, sin embargo, lo que nos dice san Pablo, es decir, que la fe no viene de la lectura sino de escuchar. En el Catecismo de 1992 se explica, además, que el cristianismo no es una religión de libro. La fe se transmite personalmente, no mediante la lectura del Catecismo. La lectura puede ser útil también para los no cristianos que desean informarse sobre lo que cree y enseña la Iglesia católica.

¿Tratará también el Compendio de cuestiones discutidas, como la pena de muerte o la doctrina de la «guerra justa», tristemente de actualidad?

Todos los contenidos esenciales de la catequesis han de encontrar espacio en el Compendio. Incluidos los temas que cita usted, que fueron los más discutidos en la Comisión que preparó el Catecismo de 1992. Se trata de temas de moral cristiana de gran importancia. Y en el Compendio deben estar presentes no sólo temas de moral individual, sino también estos temas de moral pública.

En lo tocante a estos dos temas, pena de muerte y guerra justa, ¿es posible que haya novedades respecto a cómo se trataron en 1992?

De hecho, sobre la cuestión de la pena de muerte hay una evolución notable entre la primera edición del Catecismo de 1992 y su *editio typica* en latín, que salió en 1997. La sustancia es idéntica, pero la estructura de los argumentos se ha desarrollado en sentido restrictivo. No excluyo que sobre estos temas puedan darse variaciones en el tipo de argumentaciones y que en las proporciones de los distintos aspectos de los problemas pueda haber variaciones. Excluyo, sin embargo, cambios radicales.

Eminencia, una pregunta de actualidad, de algún modo inherente al Catecismo. ¿Se ajusta la guerra angloamericana contra Irak a los cánones de la denominada guerra justa?

El Papa ha manifestado claramente su pensamiento, no sólo como pensamiento individual, sino como pensamiento de un hombre de conciencia que desempeña las funciones más altas de la Iglesia católica. No ha impuesto esta postura como doctrina de la Iglesia, sino como llamamiento de una conciencia iluminada por la fe. Esta opinión del Santo Padre es convincente también desde un punto de vista racional: no existían motivos suficientes para desencadenar una guerra contra Irak. En primer lugar, se ha visto claramente desde el principio que no se garantizaba la proporcionalidad entre las posibles consecuencias positivas y los seguros efectos negativos del conflicto. Por el contrario, parece claro que las consecuencias negativas serán superiores a lo que de positivo se pueda obtener. Por no hablar, además, de que tendremos que empezar a preguntarnos si hoy, con las nuevas armas, que permiten destrucciones que van más allá de los grupos combatientes, sigue siendo lícito admitir la existencia de una «guerra justa».

La periodista Barbara Spinelli elogió, en el periódico *La Stampa*, la postura contra la guerra en Irak de Juan Pablo II, inspirada en el «realismo cristiano»...

Cuando afirmaba que la postura del Papa no es cuestión de doctrina de la fe sino fruto del juicio de una conciencia iluminada, y que posee una evidencia racional, quería decir precisamente esto. Se trata de una postura de realismo cristiano que, sin añadidos doctrinales, analiza los factores de la realidad teniendo presente la dignidad de la persona humana como valor altísimo que hay que respetar.

Las partes en conflicto han invocado a Alá y a Dios...

Es un lenguaje que me parece triste. Se trata de un abuso del nombre de Dios. Ninguna de las dos partes puede con razón afirmar que hace lo que está haciendo en nombre de Dios. El Santo Padre ha subrayado muchas veces que la violencia no puede ser utilizada nunca en nombre de Dios. Visto que hemos hablado de catecismo es oportuno recordar lo que nos manda el segundo mandamiento: «No pronunciarás el nombre de Dios en vano.»

Carismáticos, Neocatecumenales, CL, Focolares... y el invierno de la Iglesia

El prefecto de la Congregación para la Doctrina de la Fe fue protagonista de un animado debate que en la tarde del 16 de mayo se prolongó durante dos horas con motivo del Seminario organizado por el Consejo Pontificio de los Laicos sobre los «Movimientos eclesiales y nuevas comunidades en relación con la solicitud pastoral de los obispos». Este seminario se celebra en Roma hasta el sábado 22 de mayo, un año después del encuentro del Papa Juan Pablo II con los movimientos, encuentro que reunió a medio millón de personas. El cardenal Ratzinger responde a las preguntas que le plantea una reunión de más de cien obispos y cardenales de todo el mundo. Ésta es la síntesis, que fue publicada en Comunión y Liberación, *el 16 de junio de 1999, con el título «La sorpresa de un encuentro. Ratzinger responde a preguntas en el Seminario de los Obispos sobre los movimientos eclesiales». Así encabeza la entrevista:*

Estimulado por la pregunta de monseñor Stanilsaw Rylko (secretario del Consejo de los Laicos) acerca de su experiencia personal con los movimientos, Ratzinger recordó que sus primeros contactos con ellos se remontan a mediados de la década de 1960. Habló del encuentro con los Neocatecumenales, que hacían hincapié en el «Bautismo, ese sacramento tantas veces olvidado en la Iglesia, cuando es el fundamento de nuestra fe en un momento en que la familia y la escuela contribuyen cada vez menos a la iniciación en la fe» y de cómo a finales de la década de 1970 conoció *Comunión y Liberación*: «Tuvimos un encuentro con D. Giussani y los suyos en la universidad; en la época de la revolución marxista no respondían de modo reactivo o con una conducta conservadora, sino con una revolución más fresca y radical, la de la fe cristiana»; y también habló del encuentro con Renovación en el Espíritu: «De este modo he experimentado la alegría y la gracia de ver jóvenes cristianos tocados por la fuerza del Espíritu Santo.» «En un momento de dificultades en el que se hablaba de "invierno de la Iglesia", el Espíritu Santo creaba una nueva primavera. Era una respuesta también a dos hechos negativos que constatamos entonces en Alemania: por un lado, en el mundo académico la teología se alejaba cada vez más de la fe entusiasta, para igualarse totalmente a las otras disciplinas, transformándose en "cientifismo frío" y reduciéndose a un fenómeno de opresión de la fe por parte de una razón unilateral; por otro lado, comprobábamos cómo la Iglesia se iba burocratizando más y más.»

El diálogo prosiguió después con las preguntas de los obispos.

¿Se va hacia una institucionalización de los movimientos?

Esto también ha sucedido en el pasado. Pensemos en el monaquismo o en el franciscanismo. Para conseguir un efecto más ordenado y una integración en la vida de la Iglesia es esencial una cierta estructura. Pero hay que estar atento para que la institucionalización no se convierta en un corsé para la vida; es necesario que el aspecto institucional no apague el Espíritu.

¿Qué relación existe entre la dimensión institucional y la carismática?

Los obispos no son solamente instituciones. Sin la dimensión carismática no se puede ser un buen obispo.

Son ellos los que tienen la gracia para discernir los carismas auténticos. El juicio del obispo es el definitivo, en comunión con el cuerpo episcopal y con el Santo Padre. Pero se supone que el obispo siente la responsabilidad de no apagar el Espíritu, y que tiene discernimiento. Y su misión es discernir y ayudar a los movimientos a purificarse cuando sea necesario. Porque, si la fuente es el Espíritu Santo, la concreción es humana, llevan consigo el elemento humano. Los obispos tienen, pues, la misión de discernir para ayudar a los movimientos a encontrar el camino adecuado que les lleve a la unidad pacífica y ayudar a los párrocos a abrirse, a dejarse sorprender por estas formas suscitadas por el Espíritu.

¿Y qué relación existe entre las parroquias y los movimientos y entre las parroquias y las comunidades de personas?

Hay que salvar la unidad de los fieles, que son una única Iglesia y no muchas iglesias. Es muy importante mantener viva la conciencia de ser parte de una única Iglesia, de modo que los fenómenos que surgen estén al servicio de la única Iglesia, en la que todos encuentran espacio. El cristianismo no es un grupo de amigos que se separan, sino de hombres encontrados por el Señor, o sea, de hermanos.

Hace cuarenta años existía una cultura católica que ayudaba a la fe, pero ahora ha sido destruida. ¿Qué hacer?

Después del 68 ha habido una explosión de secularismo que ha radicalizado un proceso que comenzó hace doscientos años: los cimientos cristianos se han debilitado. Pensemos en el hecho de que hace cuarenta años era impensable una legislación que tratase una unión homosexual casi como un matrimonio. Por tanto debemos reformular nuestras razones para llegar de nuevo a la conciencia del hombre de hoy y debemos admitir que existe un conflicto de valores en el que, tal como ha escrito el Papa en muchas de sus encíclicas, debemos defender al hombre, no sólo a la Iglesia. Frente a la secularización, para ser contemporáneos con el hombre de hoy, no hace falta perder la contemporaneidad con la Iglesia de todos los tiempos. Para ello hay que tener una identidad de fe muy clara, inspirada en una experiencia gozosa de la verdad de Dios. Y de este modo volvemos al tema de los movimientos, que ofrecen esta experiencia gozosa. Los movimientos tienen esta característica: en esta sociedad de masas ayudan a encontrar, en una Iglesia que puede parecer una gran organización internacional, una casa donde se encuentra la familiaridad de la familia de Dios y al mismo tiempo se permanece en la gran familia universal de los santos de todos los tiempos. En nuestro tiempo notamos una cierta prevalencia de espíritu protestante, en el sentido cultural, porque la protesta contra el pasado aparenta ser moderna y responder mejor al presente. Por eso, por nuestra parte es necesario hacer ver que el catolicismo lleva consigo la heredad del pasado para el futuro, aunque en estos tiempos lo haga a contracorriente.

¿Y cuando, como ha ocurrido en América Latina, la teología se convierte en algo más importante que la fe, y la militancia política cobra más fuerza que la experiencia de la contemporaneidad de Cristo?

Si ya no se considera como una realidad a Dios, y por tanto a la fe, se reduce la vida humana, creando odio y enfrentamientos. Cuando se descarta a Dios, el hombre queda amputado. Si reencontramos una verdadera fe, que es el encuentro con Dios, todo resulta inspirado por este centro vivo y se genera también el compromiso social, todo se hace obra social.

¿Como una presencia del Espíritu fuera de la Iglesia?

De esto habla el Concilio y también los Padres de la Iglesia. Vemos que fuera de la Iglesia, Dios no está ausente. Dios no olvida ningún lugar, ninguna cultura. Vemos que renace el sentido de Dios, de la responsabilidad respecto a los otros, el amor a los demás. En las religiones, estos elementos están presentes. En el cristianismo tenemos la plenitud de los elementos de la fe, pero esto no excluye que algunos elementos importantes estén presentes en otros lugares. Existe una apertura del corazón humano. Como obispos, debemos empeñarnos en mostrar no sólo el lado jurídico-institucional, sino también el lado del misterio que da continuidad a la humildad del Señor, que se digna estar presente como voz viva, presencia viva. En el mundo existe el deseo de una voz que no hable en su propio nombre, sino en nombre de la fe en Dios, que obedezca a la presencia de Dios en el mundo: esto es el Papa, la continuidad de la humildad del Señor que habla a través de instrumentos, como somos nosotros, que pueden ser inadecuados.

¿Qué nos dice acerca del anuncio cristiano en países donde esto puede provocar guerras de religión o violencia?

Debemos testimoniar al Señor Redentor que vence sólo por la fuerza de la convicción provocada por un testimonio.

El 30 de mayo de 1998 concluyó la primera fase de la historia de los movimientos, en la que se trataba de darles un espacio en la realidad institucional de la Iglesia. Ahora nos encontramos en la segunda fase, la del reconocimiento de la unidad sustancial de las realidades carismáticas y de la institución; cuando el Papa dice que «la Iglesia misma es movimiento», ¿qué quiere decirnos a los obispos?

El obispo se convierte menos en un monarca y más en un pastor de su rebaño; permanece cara a cara con el rebaño y es peregrino con los peregrinos, como decía san Agustín: somos todos alumnos de la escuela de Cristo. Aunque continúa siendo representante del sacramento, el obispo se convierte más en un hermano en una escuela en la que hay un solo padre y un solo maestro. Garantiza que la Iglesia no es un mercado, sino una familia. Identifica la Iglesia particular con la Iglesia universal. No es fuente del Derecho y de la ley, sino que actúa como guía y como testimonio de unidad en el contexto del espíritu familiar de la Iglesia con un solo maestro. Por tanto, es necesario evitar el peligro de una «superinstitucionalización»: tantos «Consejos», aun siendo útiles, no pueden ser como un grupo de gobierno que complica la vida de los fieles y hace perder el contacto directo de los pastores con ellos. Como me contó una persona un día: «me gustaría hablar con mi párroco, pero ¡me dicen que siempre está reunido!». Se debe encontrar una colaboración con todos los componentes del pueblo de Dios, para que haya una unidad más rica.

¿Será la Iglesia cada vez más minoritaria? ¿Cuál es la importancia de los movimientos?

El desarrollo de los últimos cincuenta años nos muestra que la religiosidad no desaparece, porque existe un deseo que no se puede eliminar del corazón del hombre. Es necesario, sin embargo, dirigirlo adecuadamente, pues en caso contrario surgiría una patología religiosa. Por ello tenemos la responsabilidad de ofrecer la respuesta verdadera, y ésta es una responsabilidad histórica de la Iglesia en este momento en el que la religión puede convertirse en una enfermedad que no ofrece el rostro del Señor, sino elementos sustitutivos que no curan. Incluso como minoría, la prioridad para nosotros es la de anunciar. En Occidente las estadísticas hablan de una reducción del número de creyentes; presenciamos una apostasía de la fe, casi se diluye la identidad entre la cultura euro-americana y la cultura cristiana. El reto hoy en día es que la fe no se recluya en grupos cerrados, sino que ilumine a todos y hable a todos. Pensemos en la Iglesia de los primeros siglos: los cristianos eran pocos, pero suscitaron la atención, porque no eran un grupo cerrado, sino que eran portadores de un reto general a todos y que interpelaba a todos. También hoy en día tenemos una misión universal: hacer presente la verdadera respuesta a la exigencia de una vida que se corresponda con la de su Creador. El Evangelio es para todos, y los movimientos pueden ser de gran ayuda porque tienen el impulso de los inicios, aunque sean numéricamente pocos, y pueden animar la vida del Evangelio en el mundo.

La misión del obispo

El sínodo de los obispos fue clausurado el 27 de octubre de 2001 en Roma. Según se ha publicado, ha constituido «el final de una serie de encuentros eclesiales marcados por la división tras el Concilio Vaticano II. Ésta es la conclusión que saca el cardenal Joseph Ratzinger, prefecto de la Congregación para la Doctrina de la Fe». El tema del sínodo fue el papel y la identidad del obispo. La entrevista fue concedida al padre Bernardo Cervellera, director de la agencia Fides. El texto lo tomamos de Zenit *(ZS01102904).*

Eminencia, ¿puede hacer una valoración personal?

Ha sido un sínodo muy tranquilo y cordial. Quizá no ha habido grandes intuiciones y sorpresas: las ideas y los problemas son conocidos, no ha habido nada sorprendente. Sin embargo, da la impresión de que esto es posible gracias a un gran entendimiento y a una profunda colegialidad, formados en estos últimos veinte años.

He participado en los sínodos desde 1977 y he vivido algunos con tensiones muy fuertes. Haciendo una comparación entre este sínodo y el fermento de los años inmediatamente posteriores al Concilio Vaticano II, se nota mucha más tranquilidad, y esto demuestra que nos encontramos ante una nueva generación que ha asimilado el Concilio y que busca los caminos para una nueva evangelización.

La primera impresión es, por tanto, la de una verdadera cordialidad y la de un gran entendimiento. Ya no necesitamos discutir muchas cosas de organización, o también interpretativas. Es tiempo de mostrar al mundo el rostro de Cristo y mostrar a Dios. Sin grandes sorpresas, el efecto esencial (de este sínodo) es para mí esta nueva y profunda unidad del cuerpo episcopal a la hora de anunciar juntos el Evangelio a un mundo que necesita un nuevo anuncio de Dios y de Cristo.

En su intervención en el aula, usted habló de una autosecularización de los obispos, de una polarización de la Iglesia en sus asuntos internos, «mientras que el mundo tiene sed de Dios»...

Esto, gracias a Dios, no se ha realizado en este sínodo. Se podía temer que nos entretuviéramos en la relación entre Curia romana y obispos, en los poderes del sínodo, en las estructuras de las conferencias intercontinentales y nacionales. De este modo, se podía estrangular verdaderamente la vida de la Iglesia, discutiendo siempre sobre las cosas penúltimas y olvidando las cosas últimas.

Éste fue el peligro en un cierto período posterior al Concilio, con las grandes reestructuraciones acaecidas en ese tiempo. Sustancialmente eran útiles, pero la Iglesia se ocupaba casi exclusivamente de sí misma.

Una realidad que no produce frutos «para los demás» y sólo piensa en sí misma es inútil. Deseo expresarme verdaderamente contra este peligro. Si la Iglesia se ocupa sólo de sí misma, se olvida de que sólo está al servicio de algo más grande: tiene que ser la ventana a través de la cual se ve a Dios; tiene que ser el espacio abierto en el que aparece la Palabra de Dios y ésta se hace presente en nuestra realidad.

Existe también el peligro de otro tipo de secularismo: al comprometernos tanto en los problemas de este mundo, lleno de sufrimientos, podríamos convertirnos sólo en agentes sociales, olvidando que el primer servicio que hay que prestar, también en el mundo social, es hacer que Dios sea conocido.

Así pues, el peligro era un falso autoencerramiento de las iglesias en sí mismas y un horizontalismo que piensa sólo en cosas materiales, relegando a Dios a un papel secundario. Gracias a Dios, superando estos dos peligros, se ha prestado verdadera atención al *«primum necessarium»*: la primera necesidad del mundo es conocer a Dios. Si no lo conoce, todo lo demás deja de funcionar, como demuestran los grandes sistemas ateos del siglo pasado.

Al escuchar las proposiciones que presentó el sínodo, se diría que se trata de una larga serie de «deberes», de actividades que un obispo debería realizar: compromiso con los sacerdotes, con los religiosos y jóvenes, en el ecumenismo, en la justicia social, etc. ¿No se corre el riesgo de pedir a los obispos demasiadas cosas que después no se pueden aplicar?

Éste es siempre el peligro de todos los sínodos que quieren realizar algo completo y se convierten en una especie de manual, en lugar de sacar a la luz algunos imperativos importantes. Las diversas indicaciones hechas por los Padres sinodales sobre la reforma del método de los sínodos van precisamente en esta dirección: no hacer más manuales, sino limitarnos a algunos imperativos de gran importancia. En todo caso, se puede esperar que el documento postsinodal no sea un largo manual, sino que nos confronte con algunos elementos esenciales, algo así como el modelo que representa la «Novo Millennio Ineunte» [carta apostólica de Juan Pablo II al concluir el Jubileo], que es un documento que habla al corazón y a las situaciones.

Si prestamos atención a las discusiones y los documentos finales, podemos obtener la impresión de que el obispo se convierte en el amo de la Iglesia: el obispo hace esto, y lo de más allá... No hay un momento en el que el obispo se reconozca hijo de la

Iglesia y no sólo padre y maestro... Usted dijo una vez que «la Iglesia es femenina»... Quizá usted señala un peligro real.

Subrayando todos los deberes del obispo y toda la riqueza de la función sacramental episcopal, se olvida de que el obispo es creyente y servidor. Es hijo de la Iglesia y sólo así puede ser también un padre. Con todas las buenas intenciones de indicar todo lo que el obispo recibe en el sacramento, todas sus responsabilidades, hemos olvidado esta última humildad, que es también una gran gracia: en último término, nuestro compromiso no depende de nosotros, podemos dejar todo en manos del Señor.

En China, la búsqueda de los seres humanos abrirá las puertas al cristianismo

El padre Jeremias Schröder da voz a los benedictinos misioneros y mantiene una conversación con el cardenal Ratzinger acerca de las misiones. Casi toda la entrevista se centra en China, continente al que deberíamos dar —en su opinión— cierta prioridad en las misiones.

En 1887, Roma encargó a los misioneros benedictinos su primera misión en la recién constituida colonia alemana en África Oriental. Una visita del cardenal Ratzinger a Santa Otilia dio ocasión, 111 años más tarde, de preguntarle cuáles son los aspectos del trabajo misionero que la dirección suprema de la Iglesia considera hoy más importantes. El prefecto de la Congregación para la Doctrina de la Fe se pronunció sobre cuestiones que a nosotros, como benedictinos misioneros, nos afectan.

Eminencia, si hoy una orden o una persona individual se dirigiesen al Santo Padre y le dijesen: estamos dispuestos a ir allá donde la Santa Sede considere más necesaria y útil nuestra presencia, ¿qué cree usted que éste les contestaría?

Yo diría que sobre todo Asia clama todavía por el cristianismo. Allí aún no está muy arraigado. El gran continente que es China, con mil millones de personas, apenas conoce a Cristo, y el cristianismo es un fenómeno marginal. Naturalmente también resulta difícil todavía penetrar allí, pero creo que es el territorio más importante. Claro que también necesitamos misioneros en el mundo occidental, en Sudamérica y en África, pero el continente que aún está menos abierto a Cristo es Asia. Por eso probablemente el Papa pensaría sobre todo en China y en esa parte del mundo.

En los últimos años la Iglesia cada vez ha visto más claro que toda ella es misionera y que la tarea misionera no se puede delegar en un par de órdenes nada más. ¿Dónde ve usted la tarea especial para estas sociedades misioneras tradicionales?

Yo diría que a pesar de todo siguen siendo la auténtica vanguardia, la avanzadilla activa en lo tocante a la predicación del Evangelio, pues los laicos, aunque sólo sea por su actividad profesional, no tienen la misma movilidad, no pueden destinar un período de su vida a esta tarea y tampoco tienen el respaldo de la Iglesia de su país que sí tienen las órdenes, que, por una parte, están ancladas en las misiones y, por otra, tienen un fuerte arraigo en el país de origen, que también participa de su misión. Por eso creo que las grandes órdenes misioneras siguen siendo el instrumento central. Pero naturalmente están rodeadas de otras muchas personas que también pueden desplazarse, que pueden prestar muchos servicios, por no hablar de aquellos que contribuyen desde casa con sus oraciones y sus buenas obras. El conjunto, por tanto, está compuesto de muchas capas, pero para poder desplegar todo su potencial necesita que las fuerzas centrales totalmente dedicadas a la evangelización de los territorios no cristianizados estén al pie del cañón para seguir cumpliendo con el mandato: «¡Id por todo el mundo y predicad el Evangelio!»

Cuando hoy hablamos en Alemania de las misiones, muchas veces nos responden que en Europa, e incluso en la parte oriental de nuestro país, hay mucho por hacer. ¿Nosotros, los benedictinos misioneros, deberíamos reorientar nuestra actividad?

Mi respuesta es clara: No. Nadie niega que en nuestro propio país el Evangelio corre el riesgo de disolverse, que en el este de Alemania el número de los no bautizados es mayor que el de los que han recibido el bautismo, y que en este sentido la neoevangelización en la que el Santo Padre insiste a menudo, y con razón, también afecta a los territorios de la antigua cristiandad. Pero cuando uno se repliega únicamente en su propio terreno no gana nada. Sólo dando y saliendo de uno mismo es posible volver a recibir. Para dar es preciso salir, y entonces la propia Iglesia en casa experimenta de nuevo la fuerza del Evangelio. Por eso el repliegue sobre uno mismo no es nunca la reacción correcta ante una situación apurada. En la generosidad de darse, de ir hacia el otro, crecen también las fuerzas para lo propio.

Antes ha dicho usted que China es el territorio más grande para las misiones, el mayor desafío para la Iglesia católica y su misión actual. ¿Cómo ve las perspectivas del cristianismo y de la Iglesia católica en China?

Naturalmente, teniendo en cuenta los imponderables de la situación política, es difícil hacer previsiones concretas. Pero que al cristianismo se le seguirán presentando nuevas oportunidades es algo inherente a su propia fuerza y también a las preguntas que el ser humano se plantea. Las grandes religiones antiguas de Asia, a pesar de todos sus valores, no han logrado responder a esas preguntas. China ha caído en manos del ateísmo, sin duda porque las religiones tradicionales ya no tienen la fuerza de convicción suficiente para dar a la gente la respuesta que necesita. Por eso la búsqueda de los seres humanos abrirá las puertas. El desarrollo concreto no lo puede prever nadie. Es seguro que todavía nos enfrentaremos en China a muchas dificultades, muchos sufrimientos y muchas trabas, incluso dentro de la propia cristiandad. Pero yo estoy seguro de que, a pesar de todo, el cristianismo en China tiene un gran futuro, por las necesidades íntimas del propio ser humano y por la fuerza de la fe cristiana, capaz de dar a la gente la respuesta que anhela. Después de superar de forma asombrosa unos tiempos muy difíciles durante los cuales ha conseguido mantenerse a flote, el cristianismo seguirá creciendo y se convertirá en una gran fuerza espiritual.

La Iglesia en China está hoy muy dividida entre la llamada Iglesia «patriótica» u oficial y la Iglesia clandestina. ¿Cuál es la posición de la Iglesia católica ante esa situación?

La Santa Sede está, por supuesto, muy pendiente del tema. Actualmente ya no se puede hablar de dos bandos, la Iglesia patriótica por un lado y la clandestina por otro. En este momento existen muchos puentes entre las dos. Por una parte, dentro de la Iglesia reconocida por el Estado hay obispos y sacerdotes que quieren actuar decididamente de acuerdo con la Iglesia católica romana y que se definen como católicos, pese a los compromisos cuestionables que mantienen con el Estado. Están intentando que esos compromisos sirvan para ampliar el espacio de la Iglesia. Por otra parte, también existen muchos matices dentro de la Iglesia clandestina: por un lado, están los que consideran que la única postura correcta es oponerse radicalmente al Estado y rechazar cualquier compromiso; por otro, están los favorables a aceptar ciertos compromisos que permitan dar dentro de la Iglesia oficial más espacio a la fe católica. Por eso cabe esperar que esos puentes que se van estableciendo vayan atenuando los enfrentamientos y se pueda llegar a una unidad interna de la Iglesia. Es evidente que eso conllevará situaciones dolorosas y difíciles, porque los fieles de la Iglesia clandestina han sufrido tanto por no querer aceptar compromisos, ahora no pueden sencillamente considerar que esos compromisos estén justificados, sobre todo si se trata de concesiones importantes; y los otros, naturalmente, también tienen sus motivos internos. Las tensiones, por consiguiente, serán grandes, y reconducir la situación en aras de la unidad interna de la Iglesia no será fácil. Pero yo diría que no se trata pura y simplemente de dos posiciones enfrentadas; como digo, se van estableciendo puentes, y esperemos que la unidad interna de la fe prevalezca sobre las distintas experiencias y posturas que se han vivido.

En las últimas décadas, el trabajo misionero de la Iglesia se ha visto relegado primero por la ayuda al desarrollo y luego también por los esfuerzos en pro de una mayor justicia social. ¿Puede usted, como profeta por así decir, atisbar algunas de las características principales de la tarea misionera del futuro?

No soy profeta, naturalmente, pero diría que anunciar a Dios, anunciar a Jesucristo y su Evangelio serán sin duda tareas de primer orden. Por otra parte, la misión siempre tuvo en cuenta al ser humano en su globalidad. Justamente los pioneros de las misiones en el siglo pasado se hicieron cargo de muchas tareas en cierto modo subsidiarias: construyeron hospitales y registraron lenguas, con lo que posibilitaron que las culturas sobrevivieran a la invasión europea; también ayudaron en muchas transiciones políticas. Se trata, por tanto, del hombre en su globalidad, y en este sentido las prioridades indudablemente no sólo pueden, sino que deben, ser distintas según las situaciones. Pero nuestras actuaciones subsidiarias sólo mantendrán su carácter y su efecto positivo si se inspiran en el núcleo mismo, es decir, en el Evangelio, que es lo primero y lo más importante que el hombre necesita. No sólo de pan vive el hombre, y el pan ni siquiera es lo primordial; lo más importante es el espíritu, y por eso es esencial no perder de vista nuestras prioridades. Lo subsidiario puede desaparecer y algún día ser transferido a las propias fuerzas de un país cuando éstas ya sean suficientes, y eso es lo deseable. Pero lo que se mantendrá es el centro mismo de nuestro cometido: hacer que la gente conozca a Dios, que viene a nosotros en Cristo y nos regala el Evangelio, que nos convierte en Iglesia y en pueblo de Dios. Como le he dicho, las situaciones cambian, pero las prioridades internas permanecen, y es importante tenerlo presente.

Muchas gracias, Eminencia.

También la religión necesita depurarse

Una entrevista original, en la que dos cardenales mantienen una polémica conversación con un periodista como tercero. Los cardenales son Franz König y Joseph Ratzinger. El trabajo realizado por Hansjakob Stehle resulta interesante por la sutileza de las argumentaciones y los enfoques, por el reconocimiento de verdad en la postura del otro. Una lección de espíritu dialogante que trata temas como la píldora anticonceptiva, la diferencia entre un acto natural y otro artificial con la misma finalidad de evitar tener hijos, el centralismo de la Iglesia, etc. La sutileza de los argumentos es formidable. A veces puede desconcertar el hecho de que son tres los que hablan.

En este cambio de siglo, ¿estamos ante una crisis de la Iglesia o ante una crisis de la fe y la moral? ¿O acaso solamente ante una crisis en el estilo de liderazgo católico de Roma? Dos cardenales lo discuten, y un periodista como testigo, y participante ocasional, levanta acta. La idea poco usual de conversar mano a mano pero de forma pública con el cardenal Joseph Ratzinger, prefecto de la Congregación para la Doctrina de la Fe, partió del cardenal Franz König, que durante casi tres décadas ha sido arzobispo de Viena y durante quince años fue presidente del Secretariado Vaticano para los No Creyentes.

König: A menudo da la impresión de que hay competidores teológicos envidiosos que utilizan la Congregación para la Doctrina de la Fe para vengarse unos de otros.

Ratzinger: Sí, algunos desean una especie de Orden de la Sangre como víctimas de la persecución; hay profesores que están descontentos porque no se les ha amonestado y quisieran gozar del prestigio de los perseguidos por Roma. Nosotros tratamos de no dejarnos influir por ese tipo de maniobras.

Stehle: Pero en las cuestiones más controvertidas de los debates teológicos hay auténticos problemas.

R: Por supuesto, si fuesen falsos problemas nuestro trabajo sería absurdo. Actualizar la respuesta de la fe en nuestra época es una exigencia que representa un desafío para todos nosotros y que comporta tensiones y polarización para alcanzar resultados fructíferos.

K: Pero es la diversidad la que debe originar la unidad. Yo fui consciente por primera vez de esa diversidad durante el Concilio Vaticano II, en el que la Iglesia católica se hizo visible y audible a través de obispos de todos los continentes. Desde entonces me duele que algunos crean que todo debe venir del Papa. A mí me parece que el propio Papa no comparte esa opinión. Recuerdo una comida con él, en Castelgandolfo, durante la cual citó aprobatoriamente un artículo crítico sobre el centralismo papal, que acababa de aparecer en la revista jesuítica *Civiltà Cattolica*.

R: Por supuesto que no hay que perder de vista la problemática que constituyen aquellas tendencias que buscan un mayor centralismo. Por otra parte, en un mundo cada vez más globalizado, pero al mismo tiempo con tendencias desintegradoras, me parece que la Santa Sede tiene un nuevo papel que desempeñar. En esta confusión de tendencias, la palabra del Papa encuentra eco más allá de la Iglesia católica, pues da testimonio de la fe cristiana, que así adquiere valor ante la opinión pública mundial.

K: Hoy parece que los no católicos tienen menos dificultades con ello que los católicos, para quienes el Papa es algo más que una autoridad puramente simbólica.

R: Pero la idea de que el Papa debe decidirlo todo y prescribirlo todo y que los demás sólo tienen que llevarlo a cabo es totalmente errónea. No corresponde ni a la Biblia ni a la tradición, y además sería humanamente irrealizable. El Papa mantiene con su autoridad todo el armazón vivo de la Iglesia, que sólo puede constituir una unidad si está vivo interiormente...

K: ... O sea, también diverso y no orientado hacia la cúpula.

R: Por eso también sería una teología errónea la que sólo se alimentase de documentos (doctrinales) pontificios. Las manifestaciones papales sobre la doctrina no sustituyen la teología; seleccionan del proceso vivo lo que tiene fuerza de unidad, lo que son verdades establecidas por las Escrituras y la tradición, y también señalan aquellos puntos en que la unidad se ve amenazada porque se está abandonando el espacio de lo común, de la verdad basada en la gran tradición.

K: En todo caso, así debería ser. Pero en un mundo que ya no es eurocéntrico, en el que hay africanos y asiáticos que quieren ser cristianos sin por ello ser europeos, lo que ahora se llama inculturación se hace difícil...

R: El proceso está en marcha, pero los problemas prácticos son terriblemente complicados...

S: Y las posibilidades que ofrecen las modernas tecnologías de la comunicación hacen que la central romana tenga la tentación de intervenir.

R: No niego que ese peligro no exista...

K: El problema está en el aparato, que por supuesto es necesario, pero que hace que alguna gente —a veces sin querer— quiera encasquetar a todos la vestimenta europea.

R: Por supuesto, existe el peligro de que no se distinga suficientemente entre lo que es el núcleo de la fe y aquello que sólo es su apariencia histórica. De ahí la tentación de la uniformidad, que también se ve estimulada por las numerosas tendencias a la disgregación que hoy se observan. Por otra parte, también se puede caer en ideologías por puro entusiasmo creativo o confundir el sincretismo con la inculturación, y así situarse al margen de la unidad de lo común. Es difícil mantener siempre el equilibrio. A mí me parece que los viajes del Papa tienen aquí una función muy importante.

K: Entre nosotros son muy criticados...

R: Está claro que no se pueden convertir en un modelo eternamente válido. No todos los Papas del futuro podrán viajar así.[1] Pero el contacto inmediato con la gente, con la diversidad viva de todas las iglesias locales, puede clarificar muchas cosas y puede constituir una experiencia útil de la unidad en la diversidad.

K: En cualquier caso, en un mundo cada vez más globalizado, la necesidad de opinar y de intervenir es cada vez más fuerte, también dentro de la Iglesia. Y eso Roma debería tenerlo en cuenta...

R: Tampoco debemos ignorar que la globalización va acompañada de un movimiento en sentido contrario: nuevas tendencias nacionalistas, cuando no racistas. Paradójicamente, cuanto más cerca está la gente más tiende a separarse...

---

1. Juan Pablo II realizó 259 viajes durante los veintiséis años de su pontificado.

K: Hace poco estuve con el patriarca ortodoxo de Moscú y saqué una impresión muy desalentadora. Me dio a entender que el diálogo entre la Iglesia católica romana y la Iglesia ortodoxa rusa estaba a punto de naufragar, y eso justamente ahora, cuando la libertad religiosa abre nuevas oportunidades. El patriarca me indicó algunos síntomas: actualmente en Bielorrusia los curas católicos polacos se muestran tan hiperactivos que parecen auténticos misioneros. Ni el obispo católico de Moscú ni el nuncio papal recientemente nombrados se habían molestado en visitar al Patriarca para presentarse, ni mucho menos para dialogar con él. ¿No deberían los responsables en Roma decir algo al respecto?

R: Los peligros son evidentes, y los problemas vienen de ambas partes. No estoy informado de los hechos que usted menciona, pero Roma sin duda hará cuanto esté en su mano para que el hilo del diálogo no se rompa; tenga la seguridad de que el Consejo para la Unidad se empleará a fondo, como lo ha hecho hasta ahora. Era de esperar que el final de la opresión hiciera aflorar de nuevo los viejos problemas; se manifiestan de forma dolorosa en muchos ámbitos. Roma debe evitar comportarse como un maestro de escuela, pero también hay que reconocer que estamos en un momento de gran responsabilidad, que nos exige enfrentarnos a una pluralidad cada vez más amarga, para lo cual es necesario movilizar todas las fuerzas de la unidad y la reconciliación. Aquí tendrá un gran papel el sínodo de los obispos europeos, que se reunirá en noviembre en Roma.

S: ¿No existe el peligro de que se discutan detalles teológicos y quizá también administrativos y que el Papa haga pública su orientación general, pero no se aborden los problemas concretos, como ha ocurrido tantas veces?

R: Todos somos humanos y no deberíamos avergonzarnos de reconocer errores y carencias. Por eso siempre me resulta penoso hablar de los errores de los demás en vez de hablar de los míos. Espero, a pesar de todo, que el sínodo aborde los problemas reales y que su trabajo sea fructífero.

K: ¡La propia Iglesia tiene que realizar un proceso de aprendizaje! Debe evitar dar la impresión, como tantas veces, de que la Curia romana quiere dirigirlo y controlarlo todo. La colegialidad de los obispos, que desde el Concilio tiene una importante misión, no funciona bien. Y los sínodos de los obispos son una especie de sucedáneo...

R: Es cierto que en la situación actual del mundo hay que volver a aprender lo que es la colegialidad. A mí a veces me parece sinceramente que las burocracias locales ponen más trabas que las romanas, cuyo radio de acción y eficiencia en general se sobrevaloran. Hay algo sobre lo que habría que meditar: la conciencia básica del catolicismo, que antes se mantenía cohesionada sin grandes intervenciones desde fuera, hoy se está disgregando. Vemos en algunos seminarios, por ejemplo, a teólogos que viven por así decir en «islas» espirituales totalmente distintas unas de otras y les cuesta reconocer una base común. Cuando estas bases internas de la unidad se disuelven, todas las funciones concretas de la unidad se hacen difíciles, tanto la colegialidad como el velar por la unidad que Roma tiene encomendada. Pero es innegable que en lo tocante a la colegialidad estamos aún en un proceso de aprendizaje.

K: Desde el Concilio han cambiado muchas cosas. Se han hecho grandes modificaciones. Eso a veces se olvida. Pero el mundo, como es lógico, está impaciente. También es comprensible que desde el Vaticano se intente mitigar esa impaciencia y a veces se adopten actitudes de maestro de escuela, aunque, como usted dice, debería evitarse...

R: Pero no creamos que sólo Roma crea los problemas y que sin ella todo sería paz. En las iglesias nacionales, y no sólo en las católicas, también en las evangélicas, estallan actualmente conflictos porque, a pesar de vivir en la misma época, las percepciones en cuanto a la actualidad son distintas. Las decisiones más íntimas acerca de cómo entienden las personas el hecho de ser cristianas son tan diversas, que a menudo, como decía hace un momento, apenas se reconoce una base común. Esa disgregación también afecta a la teología, en la cual por falta de consenso se acentúan las divergencias. Y el que propugna la unidad parece que moleste, aunque hay que reconocer que a veces también comete errores...

S: Pero ¿no es todo ello la expresión de una pluralidad que no necesariamente tiene que entrar en conflicto con la conciencia de comunidad? ¿Dónde está el umbral de tolerancia? ¿Es distinto para un cardenal arzobispo de Viena que para un cardenal que en Roma es el prefecto de la máxima autoridad en lo tocante a la fe?

R: Naturalmente lo personal también influye; ya entonces, cuando estábamos en el seminario, había entre nosotros temperamentos muy distintos. Seguramente Dios los había llamado al sacerdocio para que gentes muy diversas pudieran hallar una respuesta. Eso solo ya es una fuente legítima de pluralismo...

K: ... ¡que muchas veces se subestima!

R: Seguramente yo no sería un buen párroco en un pueblo de la campiña de Luneburgo, pero quizá sería un buen profesor de teología... Una norma es aquello que la Iglesia ha declarado dogma... Pero también el dogma, al estar expresado en una lengua humana, es susceptible de interpretación. Y entonces se plantea la pregunta:

¿Cuándo interpreto y cuándo tergiverso? ¡No se trata de que volvamos a inventarnos el cristianismo! El cristianismo católico es algo abierto, pero definido, no es algo delicuescente...

S: ... con lo cual siempre hay clérigos y teólogos, desde el párroco hasta el obispo y el Papa, que definen lo que es católico...

K: Creo que nos estamos fijando demasiado en una imagen clerical de la Iglesia. ¿Por qué no puede hablar también un laico en nombre de la Iglesia?

R: Bueno, ha habido laicos que se han convertido en santos, como santa Brígida de Suecia, que era madre de seis hijos, y santa Catalina de Siena, ambas acérrimas partidarias de reformar la Iglesia cuando el Papado estaba paralizado...

S: ... pero eso fue en el siglo XIV...

K: Los laicos pueden ser más convincentes que los clérigos. Cuando hoy se habla de la necesaria neoevangelización de Europa, no es algo que haya que emprender «desde arriba», las respuestas a las preguntas de nuestro tiempo también tienen que salir de las experiencias de las iglesias locales.

R: No serviría de nada publicar un *Manual de la neoevangelización*. Lo que debemos hacer es revisar constantemente las disposiciones sobre derechos humanos, todo lo que hemos hecho hasta ahora en este ámbito, para que la actividad de la Iglesia no se convierta en un fin en sí misma.

S: Pero la tentación de hacerlo todo «desde arriba» sigue existiendo...

R (riendo): Sí, porque los periodistas nos instan continuamente a ello.

K: El problema es que el aparato vaticano, aunque es necesario, se convierta en una carga, por su propio peso, por la burocracia y por la gente que quiere hacer carrera, como en todas partes. Y naturalmente también depende siempre del «jefe»...

R: Cuanto más aparato creamos, aunque sea el más moderno del mundo, menos espacio queda para el espíritu. Eso lo dije hace un año en Rímini ante una gran asamblea de creyentes. Desde el Concilio ha habido dos reformas de la Curia, y no me refiero a cambios revolucionarios, porque eso no redundaría en nada bueno. Pero la reforma siempre es necesaria, porque la propia vida está siempre en movimiento.

S: ¿No habría que cambiar también algo en la posición del «jefe», en el absolutismo que impera en la Iglesia católica?

R: El Papa no decide de manera absoluta, tan sólo es el defensor del dogma, que también a él como a los demás obliga. Naturalmente, cada vez es más difícil desarrollar este cometido a escala mundial. Por otra parte, el Papa no hace simplemente lo que se le ocurre, sino que dispone de una amplia variedad de asesores: sínodos episcopales, visitas *ad limina*, etc.

K: Sí, como usted dice, el Papa también está obligado. Y eso genera muchos conflictos, desde la política de personal hasta la moral, conflictos que tal vez se podrían evitar. Por ejemplo, en los controvertidos nombramientos de obispos en Alemania, Austria y Suiza. Últimamente, Roma no ha tenido muchas veces lo bastante en cuenta la opinión de la Iglesia nacional y sus pastores. Ha habido un fallo humano, y también intrigas por parte, según dicen, de personas que han influido indirectamente en el Papa. ¡A veces me sorprende que la Iglesia tolere todo eso!

R (sonriendo): Es una de las pruebas de su origen divino, según una anécdota histórica del Renacimiento.

Un obispo, que tiene que representar a la Iglesia y al dogma de todos los tiempos, no se elige democráticamente, pero su nombramiento sí debería tener en cuenta y apreciar la opinión del pueblo, y éste es el sentido del proceso informativo. Pero todos los sistemas tienen sus defectos.

S: Una institución que plantea exigencias elevadas debe poder medirse según sus propios criterios.

K: Si echamos una ojeada a la historia de la Iglesia, hay algunas cosas históricamente condicionadas y erróneas, desde el «caso Galileo» hasta Pío IX, que en el siglo XIX se pronunció en documentos doctrinales en contra de la democracia y los derechos humanos.

S: ... y estableció en 1870 la «infalibilidad» del Papa como dogma...

R: Sin lugar a dudas la implicación de la Iglesia en la historia de cada época perjudica a su magisterio. Sin embargo, la posición antiliberal de Pío IX, de quien no pueden defenderse todas las frases, no era del todo falsa. Porque también el liberalismo era entonces intolerante, beligerante y «dogmático», por así decir. Ante las pretensiones totalizadoras de su concepto de «libertad», la Iglesia debía defender su propia esencia.

K: Hay que distinguir lo que es el dogma, el mensaje de Cristo para todas las épocas, de lo que es el envoltorio de un momento concreto, de lo accesorio. Si no se separan ambas cosas, siempre habrá desviaciones.

R: Eso vale sin duda para toda la historia de los dogmas y sobre todo para los conflictos con el liberalismo y la crítica de la Biblia. Lo que la doctrina pontificia dijo al respecto en el siglo XIX no fue definitivo; fueron, diría yo, decisiones pastorales dictadas por la prudencia...

S: ... algunas de las cuales hoy resultan francamente imprudentes...

R: Reconocer culpas en nombre de otros es problemático. Resulta fácil hablar de los pontífices del pasado. En la historia doctrinal de la Iglesia hay que reconocer que hubo decisiones que se tomaron en nombre de una autoridad de la cual en realidad se abusaba. Las declaraciones son tanto más fiables cuanto más cerca estén del núcleo mismo de la revelación. Son tanto más problemáticas cuanto más se alejen de él, cuanto más penetren en nuevos territorios y más envueltas se vean en la agitación del día a día. En el futuro debe haber para el dogma una regla de cautela que sopese hasta dónde se puede llegar para no perder de vista lo que son certezas. Pero también quisiera añadir que hoy, en la crisis de la exégesis histórico-crítica, tenemos más comprensión hacia las citadas decisiones y vemos que, aunque sea de forma deficiente, plantean cuestiones esenciales

K: Lo que dice acerca de la regla de cautela también debería aplicarse al tema del control de la natalidad. Ahí nos hemos metido en un callejón sin salida. Sobre todo por la distinción, que la medicina ha convertido en dudosa, entre «artificial» y «natural», como si también moralmente se tratase de un «truco» para engañar a la naturaleza. La finalidad de la doctrina, en un mundo donde el sexismo y la promiscuidad se extienden, debería ser humanizar la sexualidad dentro del matrimonio y la familia.

R: Hasta ahora se ha argumentado, sin duda, de forma excesivamente abstracta, partiendo de la tradición metafísica, con lo cual no se ha entendido lo que se quería decir. Ya que por «naturaleza» el médico no entiende lo mismo que el metafísico, que a su vez no entiende lo mismo que la lengua cotidiana, etc.

K: ¡Tampoco se puede ignorar la superpoblación de la tierra! Esto el hombre de la calle no lo entiende...

R: Para que nos entiendan debemos tener en cuenta la situación actual de la humanidad. Lo problemático de la píldora anticonceptiva es evidentemente la revolución cultural que ha desencadenado; la sexualidad se ha convertido en una mercancía que se puede utilizar en cualquier momento «sin peligro». Las consecuencias son la creciente infidelidad matrimonial, la equiparación de todos los comportamientos sexuales y con ello una auténtica explosión de la homosexualidad...

S: ¿Todo como consecuencia de la píldora?

R: No sólo, pero de ahí arranca. Cuando la sexualidad se desvincula de la reproducción, y ésta se convierte cada vez más en una mera técnica, como previó Aldous Huxley en sus novelas, entonces el sexo tiene tan poco que ver con la moral como tomarse un café.

S: Y por eso aún resulta más problemática la prohibición del preservativo y de la píldora...

K: Da la impresión de que la teología moral católica está obsesionada con este tema, y encima con la distinción irritante entre la anticoncepción «artificial» y «natural», con lo cual mucha gente tiene la impresión de que se asimila el control de la natalidad con el aborto. Así se pone en peligro la credibilidad de aquello que de veras importa moralmente...

R: La terminología artificial-natural provoca sin duda malentendidos y desvía el problema. Los medios de comunicación también transmiten la falsa impresión de que el Papa está obsesionado con el problema sexual. Muchos sacerdotes sufren por ello, algunos amigos me dicen: ¿No tenéis otra cosa que decir en Roma? Pero en realidad sólo un porcentaje relativamente pequeño de las declaraciones del Papa se refieren a este tema. Lo prioritario es que la sexualidad se oriente desde lo puramente animal a lo humano, a la comunidad amorosa de la cual saldrá el futuro de la humanidad. Y eso es lo que da su auténtica dimensión a todo lo demás.

S: Pero usted mismo dijo la primavera pasada en Roma que incluso la «paternidad responsable» sólo era digna humanamente «si existía un plan generoso siempre abierto a la aceptación de una nueva vida no prevista».

R: Esta formulación puede ser problemática y prestarse a malentendidos. Pero la disposición fundamental a aceptar una nueva vida, la vida de un ser humano, debe estar presente. ¡Cuántas veces los hijos no deseados han sido luego una bendición!

K: También el Papa debe hablar muchas veces en el lenguaje de sus asesores y sus comisiones...

R: El peligro es que sólo se contemple el aspecto fisiológico del problema y se ignore la dimensión humana, o que sólo se vea la parte emocional y no la dimensión moral. En cualquier caso, no se trata únicamente de una cuestión de «métodos» cuando hablamos de la píldora. La preferencia por la píldora, por ejemplo, también puede ser una forma de machismo. Es comprensible entonces que las mujeres pregunten: ¿Cuándo habrá por fin una píldora para los hombres?...

K: Quizá debería escribir algo sobre eso, sería una buena acción...

R: En todo caso proseguirá la reflexión sobre el tema, para llegar a analizar el verdadero núcleo del problema.

S: Entonces ¿no está dicha la última palabra?

R: Yo no lo expresaría así. Diría que el problema aún no está acabado de formular. Tampoco sobre el problema de la superpoblación mundial ha dicho la doctrina gran cosa, creo yo. Pero lo que los medios están más o menos insinuando es que si el mundo está superpoblado ¡es porque la Iglesia prohíbe la píldora! En los países en los que el problema es más acuciante, los católicos son una minoría casi insignificante. Naturalmente, el mensaje doctrinal debe ser el mismo, aunque su influencia sea pequeña.

K: No se insiste lo suficiente en que la conciencia es la última instancia, ¡la decisión personal según la propia conciencia!

R: Sí, hay que obedecer a la propia conciencia aunque se equivoque; esto es lo que enseña la Iglesia desde la escolástica. Pero el peligro es que la conciencia se confunda con un convencimiento superficial y se degrade hasta convertirse en un mecanismo de disculpa. Hitler y sus secuaces, por ejemplo, cometieron sus crímenes con un convencimiento fanático, o sea, con plena conciencia. Pero gestionar el alma de una forma sana supone hacer examen de conciencia, tomarse en serio los sentimientos de culpabilidad y reconocer que la comodidad, la autojustificación y el afán por hacer lo mismo que todo el mundo pueden acallar la conciencia. Cuando se mira sólo desde el punto de vista subjetivo, sin una relación objetiva con la verdad y con Dios, la autoridad de la Iglesia puede aparecer como una coerción, y la doctrina del Papa como una amenaza a la libertad, cuando lo que intentan es tender un puente entre lo personal subjetivo y la verdad objetiva.

K: Pero también se puede dar esa impresión cuando la autoridad de la Iglesia, asustada por la irrupción de lo subjetivo, recurre a medios habituales en el ámbito secular para hacer frente a la crisis, tratando de imponer la disciplina en lugar de buscar con paciencia un acuerdo mediante el diálogo.

R: Cuando uno está seguro de su conciencia, ¡no necesita ponerse tan nervioso por lo que diga la autoridad! Pero sin duda hay que insistir en la paciencia y la disposición al diálogo por ambas partes. Y debemos recordar también aquellos elementos de nuestra tradición que representan la reserva de lo irrepetiblemente personal, sin perjuicio de la objetividad de las normas morales. Una dificultad añadida ha sido tal vez que desde la marcha triunfal de las ciencias naturales lo único que parece realmente «objetivo» es lo que se puede medir, el mundo se divide en lo «objetivo» y lo «subjetivo», y la religión ha sido relegada a la categoría de lo «subjetivo». Ésta es la división de la conciencia típica de la época contemporánea.

K: Yo no lo llamaría división de la conciencia. La fe y la verdad metafísica tienen una cualidad totalmente distinta de la física. Y no es hoy la primera vez que la masa de los creyentes no refleja toda la teología.

R: Tampoco hace falta. ¿Quién lo hace? Yo trato de explicitar mis pensamientos desde otro punto de partida: todos vivimos en gran parte de conocimientos «prestados», lo que nosotros mismos podemos comprobar es mínimo. Esto es válido en todos los ámbitos, en lo terrenal como en lo religioso. La fe es un conocimiento por así decir prestado, prestado por aquellos que han encontrado la verdad y han querido dar testimonio de ella. En todo caso, éste es un camino más convincente que el de una religión regida principalmente según los gustos de cada cual.

S: ¿Es ésta la razón principal de lo que hoy se deplora como abandono o como huida de la Iglesia?

K: En la historia de la Iglesia siempre ha habido crisis. El mensaje cristiano siempre fue un reto. Y siempre hubo conflictos y diferencias de temperamento y de mentalidad...

R: Sí, entre un cristiano de Hamburgo y uno de Nápoles nunca ha sido fácil reconocer la identidad...

K: La crisis actual quizá también tenga que ver con el hecho de que los medios presentan lo religioso y lo eclesiástico como una mezcla de declaraciones subjetivas, determinadas por acontecimientos de la actualidad, y la propia Iglesia aún no ha aprendido a vivir con este mundo de los medios. Incluso se podría escribir todo un programa y un catecismo para ello...

R: Es evidente que aquí las sectas que han simplificado el legado cristiano y lo han adaptado al mundo actual tienen más posibilidades...

K: ¡Sólo en Viena funcionan más de cien sectas!

R: Interpelan directamente a la gente y hacen que las grandes iglesias tengan que preguntarse a qué sector del alma no están siendo capaces de dirigirse.

S: Suena como si se tratase de vender una pieza antigua con mercadotecnia moderna.

R: El cristianismo no es una pieza antigua, en el sentido de caduca, como lo han demostrado los acontecimientos en Europa del Este, donde el marxismo ateo se ha desmoronado...

K: Muchos en Roma, entre ellos usted, sobrestimaron su vitalidad.

R: Hoy se puede decir. Pero mientras en el Este el marxismo hacía mucho que había perdido toda credibilidad, en Occidente todavía ejercía una gran fascinación. Pensemos en la Escuela de Fráncfort, en Bloch, en Sartre y en el movimiento del 68. Porque el marxismo ponía al descubierto la sensación de decadencia que nos inspira nuestra sociedad del bienestar, y de alguna manera nos retaba a construir un mundo mejor y más idealista. También tenía una raíz religiosa en el mesianismo bíblico.

K: Según mi experiencia, la gente de Europa del Este siempre se asombró de que incluso en Roma se tomaran tan en serio el marxismo como peligro ideológico.

S: Hubo advertencias dramáticas desde Roma ante

una teología de la liberación influida por el marxismo; algunos de sus representantes latinoamericanos fueron sancionados.

R: Es indudable que el marxismo tenía sus valores y sus fundamentos morales; de lo contrario, no habría podido arrastrar durante tanto tiempo a tanta gente.

K: A pesar del fracaso del socialismo comunista, siempre se volverá a intentar construir el paraíso en la tierra...

R: ... y relacionar impulsos morales con falsas promesas. La teología de la liberación inscribió la cuestión de la responsabilidad social en las almas, y eso fue importante para iniciar la discusión, aunque la mezcla de política y fe en los modelos concretos en que se inspiraban —el sandinismo en Nicaragua y la revolución cubana— tuvieran que ser rechazados...

K: A mí me parece que Occidente ha reaccionado demasiado ingenuamente ante el hundimiento del comunismo en Europa del Este; también la Iglesia parte a menudo de falsos presupuestos y esperanzas. El ateísmo que se propagó en el Este acabó siendo un indiferentismo provocado por el Estado, parecido al que el materialismo fomenta en Occidente. Hace poco me reuní con varios centenares de sacerdotes en Checoslovaquia. Fue deplorable constatar lo escépticos y lo pesimistas que son, también respecto a nosotros, a la Iglesia occidental. Ahí se nota que la «neocristianización» de Europa de la que tanto se habla no puede venir «de arriba», no se puede «fabricar».

R: Por eso el sínodo europeo que se celebrará en Roma en el mes de noviembre debe intentar dar respuestas a partir de las experiencias de las iglesias locales, es decir, desde abajo. Debe haber un intercambio entre las iglesias locales orientales y occidentales. Una teología católica eslava quizá también podría servir de puente hacia los ortodoxos.

K: Pero el acercamiento ecuménico corre el riesgo de paralizarse precisamente en el Este por una actitud torpe de nuestra parte, como he dicho antes, y también por las nuevas tendencias «nacional-religiosas».

R: El diálogo es difícil, pero la comunicación espiritual no se rompe. Una garantía son también las amistades personales entre ortodoxos y católicos que se han trabado estos últimos años y que se mantienen a pesar de la crisis. Para el ecumenismo no sirven los modelos políticos; no puede haber un contrato de unificación, sólo una comunidad para avanzar juntos. En eso estoy totalmente de acuerdo con el teólogo evangélico Oscar Cullman, que propugna una unidad en la diversidad, en la cual la separación sea al mismo tiempo una forma de avanzar juntos.

K: Nos dispersamos a veces en discusiones teológicas. La pregunta central sigue siendo: ¿Quién es Cristo y qué quiso? ¡Eso es lo que la gente quiere saber! No quiere oír a profetas de la desgracia, ni a maestros de escuela —como ha dicho usted—, sino un mensaje de alegría.

R: Tiene razón, debemos responder al escepticismo e incluso al agnosticismo de la humanidad que pregunta. La religión como tal es un arma de doble filo, porque también puede tener consecuencias negativas. No debemos cortar por lo sano como Karl Marx, pero sí es cierto que también la religión ha de ser depurada, y hay que distinguir lo esencial de lo accesorio. Y en este sentido también el cristianismo necesita la crítica de las religiones.

K: Y nuestra Iglesia necesita incorporar —porque hasta ahora no se ha hecho del todo— las decisiones del Concilio sobre ecumenismo y sobre la relación con las religiones no cristianas, sobre la libertad religiosa y sobre la conciencia y la dignidad humana.

Místicos, profetas, falsos profetas... ¿sigue hablando Dios hoy a través de alguien?

En 1993 el cardenal Joseph Ratzinger afirmaba que era urgente una profunda búsqueda para establecer lo que significaba ser o no ser profetas, en el sentido cristiano del término. Con este motivo, Niels Christian Hvidt le solicita un encuentro para hablar sobre el tema. El 16 de marzo de 1998 el cardenal concedió gentilmente esta entrevista, publicada en 30Giorni *(nº 1, año 1999). Dieciocho preguntas que ayudan a caer en la cuenta de lo cercana que es la cuestión de la profecía. La traducción al español es de José Arturo Quarracino. Reproducimos a continuación el amplio prefacio de la entrevista.*

Cuando se siente nombrar la palabra «profecía», la mayor parte de los teólogos piensa en los profetas del Antiguo Testamento, en Juan Bautista, o en la dimensión profética del Magisterio. Así, en la Iglesia cristiana, el tema de los profetas rara vez es afrontado. Y, sin embargo, la historia de la Iglesia está llena de figuras proféticas de santos que muchas veces no serán canonizados sino mucho más tarde, y que durante su vida habían transmitido un mensaje, no como palabra, sino como Palabra proveniente de Dios.

Jamás se ha reflexionado de forma sistemática sobre cuál es la especificidad de los profetas, qué los distingue de los representantes de la Iglesia institucional y cómo la Palabra revelada a ellos se vincula a la Palabra que es revelada en Cristo y que nos ha sido transmitida por los

Apóstoles. Efectivamente, no ha sido desarrollada jamás una verdadera y propia teología de la profecía cristiana, y de hecho existen poquísimos estudios respecto a esta cuestión.

En su actividad teológica, el cardenal Joseph Ratzinger ya se ha ocupado desde hace tiempo y en profundidad del concepto de Revelación. En un primer momento, su tesis de licenciatura sobre la «Teología de la historia de san Buenaventura» había impactado por su carácter innovador, más que por su contenido. En aquel tiempo, la Revelación todavía era concebida como una colección de proposiciones divinas, y sobre todo y antes que nada, era considerada una cuestión de conocimientos racionales. Sin embargo, Ratzinger ha encontrado, en sus investigaciones, que en san Buenaventura la revelación se refería a la acción de Dios en la historia, en la que la Verdad se revelaba poco a poco. La Revelación es un continuo crecimiento de la Iglesia hacia la plenitud del Logos, de la Palabra de Dios.

Sólo después de una reducción y de una nueva elaboración del texto, su trabajo fue aceptado. Desde entonces, el cardenal Ratzinger sostiene una comprensión dinámica de la Revelación, a la luz de la cual Cristo, porque es Palabra de Dios, es siempre más grande que toda otra palabra humana, que no podrá jamás expresarlo plenamente. Al contrario, las palabras participan de esta plenitud inagotable de la Palabra, se abren a ella y crecen de mano en mano y de generación en generación.

Una definición teológica de la profecía cristiana puede ser obtenida sólo en el marco de un concepto similar dinámico de Revelación. Ya en 1993 el cardenal Joseph Ratzinger afirmaba que era urgente una profunda búsqueda para establecer lo que significaba ser o no ser profetas, en el sentido cristiano del término. Es por eso que hemos pedido al cardenal un encuentro para hablar sobre el tema de la profecía cristiana. El 16 de marzo de 1998 el cardenal nos ha concedido gentilmente esta entrevista.

En la historia de la Revelación, en el Antiguo Testamento la palabra del profeta es esencialmente la que abre el camino con su crítica y la que lo acompaña durante todo su recorrido. Según usted, ¿qué ha pasado con la profecía en la vida de la Iglesia?

Ante todo querríamos referirnos por un momento a la profecía en el sentido veterotestamentario del término. Será útil establecer con precisión qué es verdaderamente el profeta, para eliminar todo malentendido. El profeta no es alguien que predice el futuro. El elemento esencial del profeta no es el de predecir los acontecimientos futuros, sino que el profeta es aquel que dice la verdad porque está en contacto con Dios, y de lo que se trata es de la verdad válida para hoy, que naturalmente también ilumina el futuro. Por tanto, no se trata de predecir el futuro en sus detalles, sino de hacer presente en un momento dado la verdad divina y de indicar el camino para captarla. En lo que se refiere al pueblo de Israel, la palabra del profeta tiene una función particular, en el sentido de que la fe de este pueblo está orientada esencialmente hacia el futuro. En consecuencia, la palabra del profeta presenta una doble particularidad: por un lado pide ser escuchada y seguida, aunque permanezca como palabra humana; por otro lado se apoya en la fe y se inserta en la estructura misma del pueblo de Israel, particularmente en lo que aguarda. Es importante además subrayar que el profeta no es un apocalíptico, aunque lo parezca, no describe las realidades últimas sino que ayuda a comprender y vivir la fe como esperanza.

Aunque el profeta debe proclamar la Palabra de Dios como si fuese una espada afilada, sin embargo, él no es uno que busque hacer críticas sobre el culto y sobre las instituciones. Él debe hacer presente siempre el malentendido y el abuso de la Palabra de Dios por parte de las instituciones y tiene la obligación de expresar las exigencias vitales de Dios. No obstante, sería un error construir el Antiguo Testamento sobre una dialéctica puramente antagónica entre los profetas y la Ley. Dado que ambos provienen de Dios, tienen ambas una función profética. Éste es para mí un punto muy importante, porque nos lleva al Nuevo Testamento. Al final del Deuteronomio, Moisés es presentado como profeta y él mismo se presenta como tal. Él anuncia a Israel: «Dios te enviará un profeta como yo.» Surge la pregunta: ¿qué significa «un profeta como yo»? Sostengo que el punto decisivo, siempre según el Deuteronomio, consiste en el hecho de que Moisés hablaba con Dios como un amigo. En esto vería yo el núcleo o la raíz de la verdadera esencia profética, en este «cara a cara con Dios», en el «conversar con Él como con un amigo». Sólo en virtud de este encuentro directo con Dios el profeta puede hablar en la historia de Israel.

¿Cómo se puede vincular el concepto de profecía con Cristo? ¿Se puede llamar profeta a Cristo?

Los Padres de la Iglesia han concebido la profecía del Deuteronomio arriba mencionada como una promesa de Cristo, algo que yo comparto. Moisés dice: «un profeta como yo». Él ha transmitido a Israel la Palabra y ha hecho de él un pueblo, y con su «cara a cara con Dios» ha cumplido su misión profética llevando a los hombres al encuentro con Dios. Todos los otros profetas siguen ese modelo de profecía y deben siempre liberar nuevamente la ley mosaica de la rigidez y transformarla en un camino vital.

El verdadero y más grande Moisés es entonces el Cristo, quien realmente vive «cara a cara» con Dios porque es el Hijo. En este contexto, entre el Deuteronomio y el acontecimiento de Cristo se visualiza un punto muy importante para comprender la unidad de los dos Testamentos. Cristo es el definitivo y verdadero Moisés que realmente vive «cara a cara» con Dios porque es Su Hijo. Él no sólo nos conduce a Dios mediante la Palabra y la Ley, sino que nos asume en sí con su vida y su Pasión, y con la Encarnación hace de nosotros su Cuerpo Místico. Significa entonces que en el Nuevo Testamento, en sus raíces, está presente la profecía. Si Cristo es el Profeta definitivo porque es el Hijo de Dios, es en la comunión con el Hijo donde desciende la dimensión cristológica y profética también del Nuevo Testamento.

Según usted, ¿cómo se debe considerar todo esto concretamente en el Nuevo Testamento? ¿Con la muerte del último apóstol no se pone un límite definitivo a toda profecía ulterior, no se excluye toda posibilidad?

Sí, existe la tesis según la cual el fin del Apocalipsis pone término a toda profecía. Me parece que esta tesis encierra un doble malentendido. Ante todo, detrás de esta tesis puede estar el concepto de que el profeta, que está esencialmente orientado a una dimensión de esperanza, ya no tenga razón de ser, justamente porque ahora está Cristo y la esperanza culmina en su presencia. Esto es un error, porque Cristo ha venido en carne y después ha resucitado *in Spirito Santo*. Esta nueva presencia de Cristo en la historia, en el Sacramento, en la Palabra, en la vida de la Iglesia, en el corazón de cada hombre, es la expresión pero también el inicio del Adviento de Cristo, que tomará posesión de todo y en todo. Lo cual significa que el cristianismo es de por sí un movimiento porque va al encuentro del Señor resucitado que ha subido al cielo y retornará. Ésta es la razón por la que el cristianismo lleva en sí siempre la estructura de la esperanza. La Eucaristía ha sido concebida como un movimiento de nuestra parte hacia el Señor que viene. Ella incorpora también a toda la Iglesia. El concepto de que el cristianismo sea una presencia ya del todo completa y que no lleva en sí alguna estructura de esperanza es el primer error que se rechaza. El Nuevo Testamento tiene ya en sí una estructura de esperanza que está un poco cambiada, pero que es para siempre una estructura de esperanza. Ser un servidor de la esperanza es esencial para la fe del nuevo pueblo de Dios.

El segundo malentendido está constituido por una comprensión intelectualista y reductiva de la Revelación, la cual es considerada como un tesoro de verdades reveladas absolutamente completo al que no se puede agregar nada. El auténtico acontecimiento de la Revelación consiste en el hecho de que somos invitados a este «cara a cara» con Dios. La Revelación es esencialmente un Dios que se nos da, que construye con nosotros la historia y que nos reúne y ampara a todos juntos. Se trata de un encuentro que tiene en sí también una dimensión comunicativa y una estructura cognitiva. La Revelación implica también el reconocimiento de las verdades reveladas.

Si se acepta la Revelación bajo este punto de vista, se puede decir que ha alcanzado su finalidad con Cristo, porque, según la hermosa expresión de san Juan de la Cruz, cuando Dios ha hablado personalmente, no hay más nada que agregar. No se puede decir nada además del Logos. Él está en medio de nosotros en forma completa y el mismo día, este misterio de la fe, justamente porque nosotros los cristianos hemos recibido este don total de sí que Dios nos ha hecho con su Verbo carne.

Esto se vincula a la estructura de la esperanza. La venida de Cristo es el inicio de un conocimiento siempre más profundo y de un descubrimiento gradual de lo que el Verbo nos ha donado. Así se ha abierto un nuevo modo de introducir al hombre en la Verdad toda entera, como dice Jesús en el Evangelio de san Juan, donde habla del descenso del Espíritu Santo. Pienso que la cristología pneumatológica del último discurso de adiós de Jesús en el evangelio joánico es muy importante para nuestro discurso, dado que Cristo nos explica que su vida terrena en la carne no era sino un primer paso. La verdadera venida de Cristo se realiza en el momento en que Él no está más ligado a un lugar fijo o a un cuerpo físico, dándose como el Resucitado en el Espíritu capaz de ir hacia todos los hombres de todas las épocas, para introducirlos en la verdad de forma cada vez más profunda. Me parece claro que, justamente cuando esta cristología pneumatológica determina el tiempo de la Iglesia, es decir, el tiempo en el que Cristo viene a nosotros en espíritu, el elemento profético, como elemento de esperanza y de actualización del don de Dios no puede faltar ni venir a menos.

Si esto es así, se impone la pregunta: ¿de qué modo está presente este elemento profético y qué dice san Pablo a este respecto?

En Pablo es particularmente evidente que su apostolado, al ser un apostolado universal dirigido a todo el mundo pagano, comprende también la dimensión profética. Gracias a su encuentro con Cristo resucitado, san Pablo ha podido penetrar en el misterio de la Resurrección y en la profundidad del Evangelio. Gracias a su encuentro con Cristo, él ha podido comprender de un modo nuevo Su palabra, poniendo en evidencia el aspecto de esperanza y haciendo valer su capacidad de discernimiento.

Ser un apóstol como san Pablo es en particular un fenómeno único. ¿Qué podemos pedir que acontezca en la Iglesia después del fin de la era apostólica? Para responder a esta pregunta es muy importante un pasaje del segundo capítulo de la Epístola a los efesios, en el cual sostiene que la Iglesia está fundada «sobre los apóstoles y sobre los profetas». En algún momento se pensaba que se trataba de los doce apóstoles y de los profetas del Antiguo Testamento. Pero la exégesis moderna nos dice que el término «apóstol» debe entenderse de modo más amplio y que el concepto de «profeta» se refiere a los profetas de la Iglesia. Del capítulo 12 de la Primera epístola a los corintios se aprende que los profetas de entonces se organizaban como miembros de un colegio. Lo mismo se menciona en la Didajé, lo cual significa que este colegio existía todavía cuando la obra fue escrita.

Más tarde el colegio de los profetas se disolvió, y esto ciertamente no por casualidad, porque el Antiguo Testamento nos demuestra que la función del profeta no puede ser institucionalizada, dado que la crítica de los profetas no se dirige solamente contra los sacerdotes, se dirige también contra los profetas institucionalizados. Esto aparece con mucha claridad en el libro del profeta Amós, donde éste habla contra los profetas del reino de Israel. Los profetas libres hablaban numerosas veces contra los profetas que pertenecían a un colegio, porque Dios encuentra, por así decir, más margen de maniobra y más amplio espacio para obrar cerca de los primeros, cerca de los cuales puede intervenir y tomar iniciativas con libertad, algo que por el contrario no podría hacer con una forma de profecía institucionalizada. Sin embargo, me parece que ésta debería subsistir bajo ambas formas, como por lo demás ha sucedido durante toda la historia de la Iglesia.

Como los mismos apóstoles eran a su modo también profetas, es necesario reconocer que en el colegio apostólico institucionalizado existe desde siempre un carácter profético. Así, la Iglesia afronta los desafíos que le son propios gracias al Espíritu Santo, que, en los momentos cruciales, abre una puerta para intervenir. La historia de la Iglesia nos ha proporcionado muchos ejemplos de grandes personajes como Gregorio Magno y san Agustín, que también eran profetas. Podríamos citar otros nombres de grandes personajes de la Iglesia que han sido también figuras proféticas, en cuanto han sabido tener abierta la puerta al Espíritu Santo. Sólo obrando así ellos han sabido ejercitar el poder en forma profética, como se nos dice muy bien en la Didajé.

En lo que se refiere a los profetas independientes, es decir, no institucionalizados, es necesario recordar que Dios se reserva la libertad, a través de los carismas, de intervenir directamente en su Iglesia para despertarla, advertirla, promoverla y santificarla. Creo que en la historia de la Iglesia estos personajes carismáticos y proféticos se han sucedido continuamente, ya que surgen siempre en los momentos más críticos y decisivos en la historia de la Iglesia. Pensemos por ejemplo en el nacimiento del movimiento monacal, en san Antonio que va al desierto y de este modo da un fuerte impulso a la Iglesia. Son los monjes quienes han salvado la cristología del peligro del arrianismo y del nestorianismo. También san Basilio es una de estas figuras, un gran obispo, pero al mismo tiempo también un verdadero profeta. A continuación, no es difícil entrever en el movimiento de las órdenes mendicantes un origen carismático. Ni santo Domingo ni san Francisco han hecho profecías sobre el futuro, pero han sabido leer los signos de los tiempos y comprender que había llegado para la Iglesia el momento de liberarse del sistema feudal, de devolver valor a la universalidad y a la pobreza del Evangelio, como también a la «vida apostólica». Procediendo de esta manera han devuelto a la Iglesia su verdadero aspecto, el de una Iglesia animada por el Espíritu Santo y conducida por Cristo. Así, han contribuido a la reforma de la jerarquía eclesiástica. Otros ejemplos son santa Catalina de Siena y santa Brígida de Suecia, dos grandes figuras femeninas. Pienso que sería importante subrayar cómo en un momento particularmente difícil para la Iglesia, como fue la crisis de Aviñón y el cisma que siguió a continuación, se han elevado figuras femeninas para anunciar que el Cristo vivo es también el Cristo que sufre en su Iglesia.

Cuando se lee la historia de la Iglesia, resulta claro que la mayor parte de los profetas místicos son mujeres. Éste es un hecho muy interesante que podría contribuir a la discusión sobre el sacerdocio de las mujeres. ¿Qué piensa usted?

Hay una antigua tradición patrística que no llama a María sacerdotisa, sino profetisa. El título de profetisa en la tradición patrística es el título por excelencia de María. Es en María que el término de profecía en sentido cristiano se define mejor, por cuanto hace referencia a esta capacidad interior de escucha, de percepción y de sensibilidad espiritual que les permite percibir el murmullo imperceptible del Espíritu Santo, asimilándolo, fecundándolo y ofreciéndolo al mundo. Se podría decir, en un cierto sentido, pero sin ser categóricos, que de hecho la línea mariana encarna el carácter profético de la Iglesia. Los Padres de la Iglesia han visto siempre a María como el arquetipo de los profetas cristianos, como punto inicial de la línea profética que entra posteriormente en la historia de la Iglesia. A esta línea pertenecen también las hermanas de los grandes santos. San Ambrosio debe a su santa hermana el camino espiritual que ha recorrido. Lo mismo vale para san Basilio y san Gregorio de Nisa, como también para san Benito. Posteriormente, en el Medievo tardío, encontramos grandes figuras místicas, entre las cuales es necesario mencionar a santa Francisca Romana. En el siglo XVI encontramos a santa Teresa de Ávila, quien ha desempeñado un papel muy importante en la evolución espiritual y doctrinal de san Juan de la Cruz.

La línea profética vinculada a las mujeres ha tenido gran importancia en la historia de la Iglesia. Santa Catalina de Siena y santa Brígida de Suecia pueden servir de modelo. Ambas han hablado a una Iglesia en la que todavía existía el colegio apostólico y donde se administraban los sacramentos. Es por eso que lo esencial todavía existía, aunque corría riesgo de decaer, a causa de las luchas internas. Esta Iglesia ha sido reanimada por ellas, pues no sólo supieron otorgar de nuevo valor al carisma de la unidad, sino que introdujeron también otra vez la humildad, el coraje evangélico y el valor de la evangelización.

Usted ha dicho que la Revelación en Cristo ha acontecido de modo «definitivo», lo cual no equivale a un punto final, no se identifica con la última palabra de las doctrinas reveladas. Esta afirmación es de gran

interés para nuestra tesis sobre la profecía cristiana. Ahora la pregunta más urgente es naturalmente ésta: ¿en qué medida los profetas, en la historia de la Iglesia y también para la teología, pueden decir algo radicalmente nuevo?

Se puede verificar que los últimos grandes dogmas hay que ponerlos directamente en relación con las revelaciones de grandes santos profetas, como, por ejemplo, las revelaciones de santa Catalina Labouré, en lo que se refiere al dogma de la Inmaculada Concepción. Éste es un tema muy poco explorado en los libros de teología.

Sí, de este tema se podría hablar largo y tendido. Me parece que Hans Urs von Balthasar había constatado, en sus investigaciones, que detrás de cada gran teólogo hay siempre un profeta. Un san Agustín es impensable sin el encuentro con el monaquismo y, sobre todo, con san Antonio. Lo mismo vale para san Atanasio; y santo Tomás de Aquino no sería concebible sin santo Domingo y el carisma de la evangelización que le era propio. Leyendo los escritos de este último, se nota cuán importante ha sido para él el tema de la evangelización. Este mismo tema ha desempeñado un papel importante en su disputa con el clero y con la Universidad de París, y obliga a santo Tomás a repensar el estatuto de la Orden Dominicana.

Él afirma que la verdadera regla de su orden se encuentra en las Sagradas Escrituras y que aquélla está constituida por el cuarto capítulo de los Hechos de los Apóstoles (tenían un solo corazón y una sola alma) y por el décimo capítulo del Evangelio según san Mateo (anunciar el Evangelio sin pretender nada para sí). Ésta era para santo Tomás la regla de todas las reglas religiosas. Cada forma monástica no puede ser sino la realización de este primer modelo, que tenía naturalmente un carácter apostólico; la figura profética de santo Domingo le permitió redescubrir a santo Tomás este talante apostólico de un modo nuevo. A partir de este modelo prototípico, santo Tomás desarrolló su teología como evangelización, como un ponerse en movimiento con y por el Evangelio, un estar radicado en el concepto de «un solo corazón y una sola alma» de la comunidad de los creyentes. Lo mismo se podría decir de san Buenaventura y de san Francisco de Asís, lo mismo sucede con Hans Urs von Balthasar, impensable sin Adrienne von Speyr.

Creo que se podría demostrar que todos los grandes teólogos sólo evolucionan en el momento en que se da un vínculo entre teología y profecía. Si se procede solamente de forma racional, no acontecerá jamás nada nuevo. Se llegará quizá a sistematizar mejor las verdades conocidas, a revelar aspectos más sutiles, pero los progresos nuevos y verdaderos que llevan a nuevas y grandes teologías no provienen del trabajo racional de la teología, sino de un impulso carismático y profético. Y observo en este sentido que la profecía y la teología avanzan siempre con paso parejo. En sentido estricto, la teología no es profética, pero puede convertirse realmente en teología viva cuando se nutre de un impulso profético y es iluminada por éste.

En el Credo se dice del Espíritu Santo que «habló por medio de los profetas». La pregunta es: ¿los profetas aquí mencionados son sólo los del Antiguo Testamento, o se refiere también a los del Nuevo Testamento?

Para responder a esta pregunta sería necesario estudiar a fondo la historia del Credo de Nicea. Indudablemente, aquí se trata sólo de los profetas del Antiguo Testamento (nótese el uso del tiempo pasado: «habló») y, en consecuencia, la dimensión pneumatológica de la revelación se pone fuertemente en evidencia. El Espíritu Santo precede a Cristo para prepararle a éste el camino, para introducir después a todos los hombres en la verdad. Existen varios tipos de simbolismo en el que esta dimensión se pone fuertemente de relieve. En la tradición de la Iglesia oriental, los profetas son considerados como una obra de preparación del Espíritu Santo, que habla ya antes de Cristo y que habla a través de los profetas. Estoy convencido de que el acento primario está puesto en el hecho de que el Espíritu Santo es el que abre la puerta para que Cristo pueda ser escuchado «ex Spiritu Sancto». Lo que ha acontecido en María por obra del Espíritu Santo (ex Spiritu Sancto) es un acontecimiento preparado cuidadosamente y desde lejos. María recoge en sí toda la profecía del Antiguo Testamento al concebir a Cristo «ex Spiritu Sancto».

Para mí esto no excluye que desde nuestra perspectiva se pueda decir que Cristo sigue siendo concebido «ex Spiritu Sancto». Parece claro que el evangelista san Lucas, con justa razón, había puesto en paralelo el relato de la infancia de Jesús en su Evangelio con el nacimiento de la Iglesia en el segundo capítulo de los Hechos de los Apóstoles. En los doce apóstoles, reunidos en torno a María, se produce una «Concepitio ex Spiritu Sancto» que se actualiza en el nacimiento de la Iglesia. Para finalizar, se puede decir que si también el texto del Credo se refiere sólo a los profetas del Antiguo Testamento, esto no significa que la acción del Espíritu Santo se pueda declarar concluida.

Muchas veces, se designa a san Juan Bautista como el último de los profetas. Según usted, ¿cómo hay que entender esta afirmación?

Pienso que hay muchas razones y alusiones en esta afirmación. Una de ellas es la palabra misma de Jesús: «la Ley y todos los Profetas han profetizado hasta Juan», después de lo cual llega el Reino de Dios. Aquí es Jesús quien declara que Juan representa el fin del Antiguo Testamento y que después vendrá alguno más pequeño en apariencia, pero más grande en el Reino de Dios, es decir, Jesús mismo. De este modo, el Bautista se enmarca todavía en el Antiguo Testamento y, sin embargo, abre una Nueva Alianza. En este sentido, el Bautista es el último de los profetas. Éste es también el justo sentido del término: Juan es el último antes de Cristo, aquel que recoge la antorcha de todo el movimiento profético y lo deposita en las manos de Cristo. Él concluye la obra de los profetas, porque indica la esperanza del pueblo de Israel: el Mesías, es decir, Jesús. Es importante precisar que él mismo no anuncia nada en lo que se refiere al porvenir, sino que se mantiene solamente como uno que llama a la conversión y que renueva y actualiza la promesa mesiánica de la Antigua Alianza. Del Mesías dice: «En medio de vosotros está uno que no conocéis.» Aunque en este anuncio hay una predicción, Juan Bautista permanece fiel al modelo profético, que no es el de predecir el porvenir, sino de anunciar que es tiempo de convertirse. El mensaje del Bautista es el de invitar al pueblo de Israel a mirar dentro de sí y a convertirse para poder reconocer, en la hora de la salvación, a Aquel a quien Israel ha esperado siempre y que ahora está presente. Juan personifica al último de los profetas y la esperanza de la Antigua Alianza. Aquello que vendrá después será otro tipo de profecía. Por eso el Bautista puede ser llamado el último de los profetas del Antiguo Testamento. Sin embargo, esto no significa que después de él terminará la profecía. Esto estaría en contradicción con la enseñanza de san Pablo, quien dice en su Primera epístola a los tesalonicenses: «no apaguéis el Espíritu, no despreciéis las profecías».

En cierto sentido existe una diferencia entre la profecía del Nuevo y del Antiguo Testamento, porque Cristo ha entrado en la historia. Pero si se mira la esencia de la profecía, que es la de introducir en la Iglesia la Palabra escuchada desde Dios, no parece haber ninguna diferencia.

Sí, existe efectivamente una estructura común de base entre las dos profecías, que varía sólo por el vínculo con el Cristo que debe venir y el Cristo ya venido, pero que todavía debe retornar. Esta tensión teológica merece ser estudiada y profundizada; el núcleo de esta cuestión consiste en saber por qué el tiempo de la Iglesia sobre el plano estructural tiene muchas más afinidades con el Antiguo Testamento, o por lo menos es muy similar a éste, y en qué consiste la novedad aportada por la primera venida de Cristo.

Muchas veces se nota la tendencia teológica a querer diferenciar de forma absoluta el Antiguo y el Nuevo Testamento. Esta diferenciación parece con frecuencia artificial y basada en principios abstractos más que en principios concretos.

Querer radicalizar las diferencias sin querer ver la unidad interior que existe en la historia de Dios con los hombres es un error en el que los Padres de la Iglesia no han incurrido. Ellos han propuesto un triple esquema: «umbra, imago, veritas [sombra, imagen, verdad]», donde el Nuevo Testamento es la «imago», por lo que el Antiguo y el Nuevo Testamento no se contraponen uno a otro como sombra y realidad, sino que en la triada de sombra, imagen y verdad se tiene abierta la espera hacia el cumplimiento definitivo, de modo que el tiempo del Nuevo Testamento, el tiempo de la Iglesia equivaldría a una especie de plano ulterior más avanzado, pero siempre en el camino de la promesa. Éste es un punto que hasta hoy, según creo, no ha sido suficientemente considerado. Por el contrario, los Padres de la Iglesia han subrayado el carácter incompleto del Nuevo Testamento, en el que hasta ahora no se han cumplido todas las promesas. Cristo realmente ha venido en la carne, pero la Iglesia espera todavía su revelación en la plenitud de su gloria.

¿Quizá es ésta la razón que explica por qué muchas figuras proféticas tienen un carácter fuertemente escatológico en su espiritualidad?

Pienso que el aspecto escatológico —sin exaltación apocalíptica— pertenece esencialmente a la naturaleza profética. Los profetas son aquellos que exaltan la dimensión de la esperanza contenida en el cristianismo. Ellos son los instrumentos que hacen soportable el presente invitando a salir del tiempo, al cual no le concierne lo esencial y lo definitivo. Este carácter escatológico, este impulso para superar el tiempo presente, forma parte por cierto de la espiritualidad profética.

Si ponemos la escatología profética en relación con la esperanza, el cuadro cambia completamente. Ya no es un mensaje que provoca temor, sino un mensaje que abre un horizonte al cumplimiento de la promesa de Cristo para toda la creación.

Es un hecho fundamental que la fe cristiana no inspira temor; todo lo contrario: lo supera. Este principio debe constituir la base de nuestro testimonio y de nuestra espiritualidad. Pero volvamos un momento a cuanto hemos afirmado con anterioridad. Es extremadamente importante precisar en qué sentido el cristianismo es el cumplimiento de la promesa hecha por Dios y en qué sentido no lo es. Sostengo que la actual crisis de fe está ligada estrictamente a una explicación insuficiente de tales cuestiones. Aquí se presentan tres peligros. El primer peligro radica en percibir la promesa del Antiguo Testamento y la expectativa de la salvación de los hombres de una forma inmanente, en el sentido de tener mejores estructuras o de brindar prestaciones cada vez más perfectas. Así concebido, el cristianismo resulta derrotado. Partiendo de esta perspectiva se ha intentado sustituir el cristianismo por ideologías que poseen fe en el progreso, y luego con ideologías portadoras de esperanza, que no son otra cosa que variantes del marxismo. El segundo peligro es el de proyectar totalmente el cristianismo al más allá, de quererlo sólo como una forma puramente espiritual e individualista, negando la totalidad de la realidad humana. El tercer peligro, que amenaza en particular en tiempos de crisis y de cambios históricos, es el de refugiarse en exaltaciones apocalípticas. En oposición a todo esto, se torna cada vez más urgente presentar la verdadera estructura de la promesa y del cumplimiento de la fe cristiana de modo más comprensible y realizable.

Muchas veces se nota que existe una gran tensión entre el misticismo puramente contemplativo y sin palabras y el misticismo profético con palabras. Karl Rahner ha hecho notar esta tensión entre los dos ti-

pos de mística. Algunos pretenden que la mística contemplativa y sin palabras es la más elevada, más pura y espiritual. En tal sentido se explican ciertos pasajes en san Juan de la Cruz. Otros piensan que tal mística sin palabras en el fondo es extraña al cristianismo, porque la fe cristiana es esencialmente la religión de la Palabra.

Sí, diría que la mística cristiana tiene también una dimensión misionera. Ella no sólo busca elevar al individuo, sino que le confiere una misión, al ponerlo en contacto con el Verbo, con el Cristo que habla a través del Espíritu Santo. Santo Tomás de Aquino pone fuertemente en relieve este punto. Antes de santo Tomás se decía: primero monje y después místico, o bien, primero sacerdote y después teólogo. Tomás no acepta esto, porque el don místico conduce a una misión, y la misión no es algo inferior a la contemplación, como contrariamente pensaba Aristóteles, quien consideraba la contemplación intelectual el grado más alto en la escala de los valores humanos. Éste no es un concepto cristiano, dice Tomás de Aquino, porque la forma de vida más perfecta es esa vida mixta, es decir, primero la vida mística y luego, a partir de ésta, la vida apostólica al servicio del Evangelio. Santa Teresa de Ávila ha expuesto este concepto de forma muy clara. Ella relaciona la mística con la cristología, y obtiene así una estructura misionera. Con esto no quiero excluir que el Señor pueda suscitar místicos auténticamente cristianos en el seno de la Iglesia, sino que quiero precisar que la cristología como base y medida de toda mística cristiana señala otra estructura (Cristo y el Espíritu Santo como inseparables). El «cara a cara» de Jesús con el Padre incluye «el ser para los otros», contiene en sí «el ser para todos». Si la mística es esencialmente un entrar en intimidad con Cristo, este «ser para los otros» le será impreso en lo más íntimo de sí.

Muchos profetas cristianos, como Catalina de Siena, Brígida de Suecia y Faustina Kowalska, atribuyen a Cristo sus discursos proféticos o revelaciones. La teología define estas revelaciones como revelaciones privadas. Este concepto aparece muy reductivo, porque la profecía siempre está dirigida a toda la Iglesia, jamás es privada.

En teología, el concepto de «privado» no significa que el mensaje se refiera únicamente a la persona que lo recibe y no a todos los demás. Es una expresión que indica más que nada el grado de importancia, como lo es por ejemplo en el concepto de «misa privada». Con esto se quiere decir que las revelaciones de los místicos cristianos o de los profetas no pueden elevarse jamás al rango de la revelación bíblica, pues sólo podrán conducir a ésta o medirse de acuerdo con ella. Sin embargo, esto no significa que este tipo de revelaciones no sea importante para la Iglesia. Lourdes y Fátima prueban lo contrario. En definitiva, ellas nos llevan a la revelación bíblica y justamente por eso revisten una importancia segura.

En la historia de la Iglesia se puede constatar que no se pueden evitar heridas recíprocas, tanto por parte del profeta como por parte de los destinatarios. ¿Cómo explica este dilema?

Siempre ha sido así: el impacto profético no puede darse sin el sufrimiento que lo acompaña. El profeta está llamado a sufrir de una forma específica, es decir, estar dispuesto a sufrir y a compartir la cruz de Cristo es la piedra de toque de su autenticidad. El profeta no busca jamás imponerse por sí mismo, pues su mensaje se verifica y se torna fértil a partir de la cruz.

Es verdaderamente frustrante constatar que la mayor parte de las figuras proféticas de la Iglesia han sido rechazadas durante su vida. Casi siempre han sido criticadas o sometidas al rechazo por parte de la Iglesia. Esto es comprobable en la mayoría de los profetas y de las profetisas.

Sí, es verdad. San Ignacio de Loyola ha estado en prisión, lo mismo ocurrió con san Juan de la Cruz. Santa Brígida de Suecia ha estado a un paso de ser condenada por el Concilio de Basilea; por lo demás, es tradición de la Congregación para la Doctrina de la Fe ser en un primer momento muy cautos allí donde hay afirmaciones de místicos. Esta actitud está más que justificada, porque existen muchos falsos místicos, muchos casos patológicos. Por tanto, es necesaria una actitud muy crítica para no correr el riesgo de caer en lo sensacional, en lo fantasioso y en la superstición. El místico se manifiesta en el sufrimiento, en la obediencia y en su capacidad de soportar, por eso su voz dura en el tiempo. En cuanto a la Iglesia, ella debe cuidarse de emitir un juicio prematuro, para evitar que merezca el reproche de «haber matado a los profetas».

La última pregunta es quizá un poco embarazosa. Se refiere a una figura profética contemporánea: la greco-ortodoxa Vassula Rydén. Ella es considerada por muchos creyentes, también por muchos teólogos, sacerdotes y obispos de la Iglesia católica, como mensajera de Cristo. Sus mensajes, que desde 1991

están traducidos a 34 lenguas, están ampliamente difundidos en el mundo. Sin embargo, la Congregación para la Doctrina de la Fe se ha pronunciado de forma negativa al respecto. La «Notificación» de 1995, en la que junto a aspectos positivos en los escritos de Vassula señala también puntos menos claros, ha sido interpretada por algunos comentaristas como una condena. ¿No es cierto?

Aquí usted toca un tema delicado. No, la «Notificación» es una advertencia, no una condena. Desde un punto de vista procedimental, ninguna persona podría ser condenada sin proceso y sin haber sido escuchada antes. Lo que se dice es que todavía hay muchas cosas que se deben aclarar. Hay elementos apocalípticos que suscitan problemas y aspectos eclesiológicos todavía poco claros. Sus escritos contienen muchas cosas buenas, pero el grano bueno está mezclado con el malo. Es por eso que hemos invitado a los cristianos católicos a observar el todo con prudencia y a medirlo con el metro de la fe transmitida a la Iglesia.

¿Existe entonces un proceso en curso para aclarar la cuestión?

Sí, y durante tal proceso de clarificación, los fieles deben permanecer prudentes y mantener despierto el espíritu de discernimiento. Indudablemente, en los escritos se constata una evolución que no parece todavía concluida. No debemos olvidar que las expresiones y las imágenes inspiradas por el encuentro interior con Dios, también en los casos de auténtica mística, dependen siempre de la posibilidad del alma humana y de su limitación. La confianza ilimitada se pone únicamente en la efectiva

Palabra de la Revelación que encontramos en la fe transmitida por la Iglesia.

Sin la mención a Dios, Europa perdería sus raíces y el tronco que la sustenta

Martin Lohmann entrevista al cardenal Ratzinger. Las preguntas son directas y concretas, las respuestas, también. Podríamos decir incluso que el tono resulta duro. Ratzinger desea que haya un nuevo impulso en Alemania, pues —a su entender— al Comité Central de los Católicos Alemanes le falta alegría en la fe.

Eminencia, el sacerdote católico Gotthold Hasenhüttl[2] ha sido suspendido y en cierto modo castigado por haber invitado públicamente a los protestantes a tomar la eucaristía. ¿No le parece una reacción demasiado severa por parte de la Iglesia?

Hasenhüttl sabe muy bien lo que significa ser católico, y cuando uno es católico debe asumir lo esencial del catolicismo. Por otra parte, no hay que olvidar que Hasenhüttl ha escrito una dogmática en la que se presenta a Dios no como una realidad en sí misma existente, sino únicamente como un acontecimiento de encuentro. En este sentido, lo que hizo en la Jornada Ecuménica de la Iglesia es relativamente poco importante comparado

---

2. El sacerdote y teólogo crítico alemán Gotthold Hasenhüttl, de 76 años, fue suspendido del sacerdocio en 2003, por celebrar «oficios ecuménicos» en los que se invitaba a comulgar indistintamente a católicos y protestantes. En 2006 se le prohibió enseñar «en nombre de la Iglesia católica», tras persistir en sus errores. El año 2010 abandona oficialmente la Iglesia católica.

con toda su trayectoria. Y el propio Hasenhüttl sabe que éste no es el dogma católico. Hay que decirlo claramente: estamos ante un tema de honestidad.

¿Diría usted, pues, que Hasenhüttl ya no es católico?

Sólo Dios puede saber cuáles son sus sentimientos más íntimos. Pero lo que sí puedo decirle es que lo que ha escrito no es católico.

Mucha gente en Alemania no lo entiende y se pregunta por qué no existe aún una celebración conjunta de la comunión. ¿Acaso el ecumenismo no ha llegado todavía a este punto?

La Iglesia no puede hacer lo que quiera. Sus acciones vienen determinadas por el legado de Cristo, y la Iglesia católica cree y vive desde sus inicios que el sacerdocio es una condición esencial para que alguien en representación de Cristo pueda decir: Éste es mi cuerpo y mi sangre. Eso no lo puede decir nadie por sí mismo. El sacramento del sacerdocio como condición esencial forma parte del dogma de la Iglesia católica y de toda la Iglesia ortodoxa, es decir, de todas las comunidades eclesiásticas constituidas antes del siglo xvi. Para que pueda cumplirse el legado del Señor. La Reforma instituyó una concepción totalmente distinta. Por eso hay dos caminos completamente diferentes, y considerarlos idénticos sería faltar a la verdad.

Es decir: ¿Los católicos creen en la existencia real de Dios y de Cristo en la eucaristía, y no se puede obligar a los protestantes a creer en lo mismo que los católicos?

Exactamente. Eso vale también para el carácter de sacrificio de la eucaristía y la presencia permanente de Cristo en el sacramento. Nosotros respetamos profundamente lo que hacen los protestantes, como ellos respetan lo que hacemos nosotros. Pero si confundiéramos lo uno con lo otro y lo declarásemos idéntico, trataríamos ambas cosas inapropiadamente y con total falta de respeto.

¿Qué impresión le produjo desde la lejanía, Eminencia, la primera Jornada Ecuménica de la Iglesia celebrada en Berlín?

Como usted muy bien dice, la vi desde la lejanía. Seguro que hubo cosas muy bonitas. Pero el conjunto me resultó algo borroso. Fue más que nada, por decirlo de algún modo, una «autocelebración». No se me apareció con la suficiente nitidez el rostro del Cristo crucificado que nos incita a la imitación y de este modo nos conduce a la resurrección.

¿Notó usted también lo bueno que es que muchos cristianos puedan celebrar juntos?

Podemos celebrar juntos, en efecto. Podemos hacer muchas cosas juntos. Podemos rezar juntos, podemos dar juntos testimonio de Cristo, y, sobre todo, juntos podemos tratar de mostrar y de vivir en este mundo los valores esenciales del cristianismo. Todo ello es valioso e importante, y debería alegrarnos. Pero no deberíamos caer en la tentación de tomar además lo que podríamos denominar frutos prohibidos.

¿Cuál debería ser entonces el propósito de una próxima Jornada Ecuménica de la Iglesia?

No deberíamos fijarnos plazos. El ecumenismo no debe ni puede medirse con instrumentos políticos. La política necesita avanzar. Al cabo de cinco años, se debe poder decir qué es lo que se ha alcanzado. El ecumenismo es un asunto de Dios. Y ahí lo único que cabe es someternos y abrirnos, dejando que sea Él quien determine hasta dónde y a qué velocidad podemos ir. Sólo abriéndonos a Él podremos abrirnos los unos a los otros.

¿Qué espera usted de la Jornada Mundial de la Juventud con el Papa en 2005 en Colonia?

Espero que dé un nuevo impulso al catolicismo en Alemania, y sobre todo a la juventud católica alemana. Usted sabe tan bien como yo que las organizaciones juveniles oficiales durante los últimos treinta o cuarenta años han dado la impresión de una gran burocratización, representando un cristianismo en cierto modo funcionarizado. Nunca he percibido en ellas un auténtico impulso de fe. Pero quizá no lo he visto todo. Ahora esperamos que la alegría en Cristo y en el cristianismo vuelva a imponerse a las actitudes funcionariales que han dominado durante tanto tiempo y que esa Jornada Mundial de la Juventud sea como un viento de Pentecostés que dé impulso al cristianismo en Alemania y encienda los corazones.

¿Realmente hay demasiadas organizaciones católicas excesivamente burocráticas? ¿Cree que la Iglesia necesita tal vez organizaciones nuevas y distintas? ¿Nuevas asociaciones juveniles? ¿Otro Comité Central de los Católicos alemanes?

El problema de las estructuras actuales es que fueron y siguen siendo planificadas, constituidas y pagadas de forma burocrática. Se trata de toda una red de estructuras políticamente organizadas que más bien aplastan la fe. Mi ideal es algo que no haya sido planificado por nosotros, sino que surja y crezca espontáneamente y luego la Iglesia acoja en su seno, algo vivido y ordenado.

¿Qué es lo primero que le viene a la mente cuando piensa en el Comité Central de los Católicos alemanes?

Que aún no he oído allí ni una sola palabra sobre la alegría en la fe. No dudo que a menudo se produzcan declaraciones muy útiles sobre cuestiones políticas y sociales. Pero pocas veces he visto el espíritu de la fe y de la unidad íntima con los obispos, que también representan a los laicos.

¿Y éste es el espíritu que usted desearía?

Sí, eso desearía.

En Europa se está redactando una constitución. Hay discusiones y polémica sobre la mención a Dios, que la constitución no prevé incluir. ¿Sería una mala constitución europea aquella que no incluyese una mención a Dios?

Sí. Compare este proyecto con la constitución americana, en la que desde luego se invoca a Dios. La palabra religión no puede sustituir la mención a Dios. Sería un error, pues con esa palabra sólo se alude a un factor cultural. Necesitamos una invocación a Dios, reconociéndolo como un poder que está por encima de nosotros. Porque de lo contrario perdemos toda orientación y toda consistencia.

¿Por qué necesita Europa la referencia a Dios?

Porque todos los pueblos la necesitan. Cuando no se tiene ningún fundamento más allá de las propias mayorías y sus opiniones cambiantes, se está expuesto a los vaivenes de las situaciones. Ya hemos tenido experiencias de adónde puede conducirnos eso. Necesitamos justamente algo que nos trascienda y que nos sirva de norma.

¿Pierde Europa sus raíces si renuncia a la referencia a Dios?

Sí, sin duda alguna. ¿Cómo nació Europa? Europa no es un concepto geográfico ni cultural. Nació cuando, durante las migraciones de los pueblos, hubo una nueva fuerza espiritual que dio a todo el conjunto un fundamento y una unidad. Fue la fe en el Dios que mostró su rostro en Jesucristo.

Cabe la posibilidad de que con dinero de los contribuyentes alemanes se financie en Europa una investigación que en Alemania está prohibida: la investigación con células embrionarias. ¿Sería inmoral?

Sí. Y doblemente. Por una parte, porque se utilizaría el dinero para un proceso inmoral. Y, por otra, porque se impondría a los ciudadanos alemanes sin su autorización un uso de su dinero que ellos no desean.

Eminencia, usted vive en Roma desde hace muchos años. Cuando mira hacia Alemania y ve la política que se hace en Berlín, ¿qué le gusta, qué le disgusta y qué desearía?

Berlín para mí está muy lejos. En estos días, lo que me ha sorprendido es que por un pequeño altercado se puedan anular unas vacaciones en Italia. Pero tal vez la cosa carezca de importancia. Italia es tan bonita que uno siempre puede volver.

VII. QUÉ HACEMOS LOS QUE CREEMOS DIFERENTE

LA IGLESIA Y OTRAS CONFESIONES Y CREDOS

Lo que nos une y diferencia con los luteranos

«Es muy importante esta operación de gracia. Nosotros estamos un poco contagiados por el deísmo. Mientras, Dios, haciéndose hombre, entrando en la carne, uniéndose a la carne, continúa obrando en el mundo, transformándolo.» Con estas palabras del cardenal Ratzinger la revista italiana 30Giorni *introducía la entrevista que Gianni Cardinales le hacía en 1999 al cardenal Ratzinger, tras un acuerdo alcanzado por la Iglesia católica y los luteranos. Transcribimos la presentación que del contexto histórico ofrece la misma revista. Esta conversación con el cardenal Ratzinger continúa siendo una buena ayuda para entender las diferencias entre catolicismo y luteranismo. (*30Giorni, *Italia, 23 de julio de 1999):*

Es un importante primer paso en el diálogo entre católicos y luteranos para un pleno acuerdo sobre la doctrina de la justificación. Todavía permanecen cuestiones que no han sido resueltas. Continúa el grave deber de presentar esta doctrina de forma más comprensible para el hombre de hoy. El cardenal Joseph Ratzinger, prefecto de la Congregación para la Doctrina de la Fe, no pierde su habitual realismo al comentar el penúltimo paso del íter, que en el próximo otoño llevará a la Iglesia católica y a la comunidad luterana a firmar una Declaración conjunta sobre la doctrina de la justificación. El pasado 11 de junio, en Ginebra, se ha presentado una declaración oficial común, acompañada de un anexo. A continuación, el 22 de junio, el Pontificio Consejo para la Promoción de la Unidad de los Cristianos ha emitido un ulterior comunicado sobre la cuestión. Con vistas a la difusión de este documento, el cardenal bávaro aceptó conceder una entrevista sobre el argumento a la revista *30Giorni* (y no se ha echado para atrás cuando se le han hecho preguntas fuera de tema...). Ratzinger, que en la actualidad tiene 72 años, antiguo arzobispo de Múnich y Freising, fue nombrado cardenal en 1977 por Pablo VI, y actualmente es el único purpurado europeo nombrado por el Papa Montini que podría participar en un eventual cónclave. Convocado a Roma por el Papa Wojtyla en 1981, preside desde entonces el ex Santo Oficio. En noviembre del año pasado ha sido nombrado vicedecano del Colegio cardenalicio.

Eminencia, ¿en qué nivel se sitúa el acuerdo entre la Iglesia católica y los luteranos? Se subraya muchas veces el hecho de que se trata de un acuerdo «de» verdades y no «sobre» las verdades de la doctrina de la justificación...

Éste es un punto importante. Ambas partes han subrayado el hecho de que no es simplemente un consenso sobre la doctrina de la justificación como tal, sino sobre verdades fundamentales de la doctrina de la justificación. Hay sectores donde realmente existe un acuerdo, pero quedan problemas por resolver.

¿Cuáles?

No estamos hablando de fórmulas de por sí, sino de fórmulas consideradas dentro de su contexto, como es el caso de la *simul iustus et peccator*. Para Lutero, perseguido por el temor a la condena eterna, es importante saber que, aunque fuese un pecador, Dios le amaba y le comprendía. Para él existe esta contemporaneidad: el ser verdadero pecador y el ser totalmente justificado. Es una expresión de su experiencia personal, que con el tiempo ha sido profundizada con reflexiones teológicas. Para la Iglesia, sin embargo, es importante subrayar que no existe un dualismo. Si uno es injusto, automáticamente no podrá estar justificado. La justificación, es decir, la gracia que nos viene concedida en el sacramento, transforma al pecador en una nueva criatura, como dice san Pablo. Lo que queda, dice el Concilio de Trento, es la concupiscencia, es decir, la tendencia al pecado o más bien un estímulo que nos lleva hacia el pecado, pero que, como tal, no es pecado. El problema se hace más real en el momento en que consideramos la presencia de la Iglesia en este proceso de justificación, la necesidad del sacramento de la penitencia. Aquí es donde se revelan las verdaderas divergencias.

En la respuesta de la Iglesia católica a la Declaración conjunta publicada el año pasado se pedía profundizar precisamente sobre este argumento...

Sí, pero en este momento no es posible. Desde ambas partes nos contentamos con aclarar algunas fórmulas clásicas. Hemos dejado de lado los aspectos que en la vida cristiana vienen después, por así decirlo, de la justificación.

Volvamos a la fórmula *simul iustus et peccator*. Existe una interpretación de esta fórmula según la cual la gracia no produce un cambio real, sino que se queda como una mera cobertura del pecado del hombre...

Sí. En este sentido es importante notar que Dios actúa realmente en el hombre. Lo transforma, crea algo nuevo en el hombre, no nos da simplemente un juicio cuasi jurídico, externo al hombre. Esto tiene una trascendencia mucho más general. Existe una transformación del cosmos y del mundo. Pienso por ejemplo en la Eucaristía. Nosotros católicos decimos que hay una *transustanciación*, donde la materia se convierte en Cristo. Lutero, en cambio, habla de *coexistencia*: la materia permanece como tal y coexiste con Cristo. Nosotros los católicos creemos que la gracia es una verdadera transformación del hombre y una verdadera transformación del mundo, y que no es, como bien dice usted, solamente una cobertura adjunta que no penetra realmente la realidad humana.

El poeta francés Charles Péguy señalaba hace un siglo que las raíces de la descristianización se hundían en el hecho de no reconocer la operación de la gracia...

Es importante esta operación de la gracia. Nosotros estamos todos un poco contagiados por el deísmo. Dios se queda fuera. Mientras que la fe católica —esta gran confianza, esta gran alegría de un Dios que, haciéndose hombre, entrando en la carne, uniéndose a la carne, continúa actuando en el mundo, transformándolo— tiene la potencia, la voluntad, la radicalidad del amor, para entrar en nuestro ser y transformarlo.

pecado es una cosa seria. Y así fue para Lutero. En la actualidad, Dios se encuentra bastante lejos. El sentido de Dios se encuentra más atenuado y, en consecuencia, también el sentido de la gracia se ha atenuado. Ahora, juntos, debemos encontrar en este contexto actual la manera de anunciar a Dios, a Cristo, de anunciar así la belleza de la gracia. Porque si no hay sentido de Dios, si no existe sentido del pecado, la gracia no nos dice nada. Y me parece que éste es el nuevo deber ecuménico: que, juntos, podamos entender e interpretar de una manera accesible, tocando el corazón del hombre de hoy, qué quiere decir que el Señor nos haya rescatado, nos haya dado la gracia.

Eminencia, ¿me permite algunas «preguntas añadidas» que tratan de temas diferentes de los comentados?

Por favor.

En el número de abril, la revista *30Giorni* ha publicado una entrevista con el cardenal Bernardin Gantin, en la cual el decano del Sagrado Colegio cardenalicio deseaba un regreso a la praxis antigua, la cual prohibía el traslado de un obispo de una diócesis a otra. ¿Qué piensa sobre esto?

Estoy totalmente de acuerdo con el cardenal Gantin. Especialmente en la Iglesia no debería existir de ningún modo el afán de hacer carrera. Ser obispo no tiene que ser considerado como una carrera con diferentes escalones, sino como un servicio muy humilde. Pienso además que la discusión sobre el acceso al ministerio sería aún más alegre si se viese el episcopado no como una carrera sino como un servicio. También una sede humilde, con pocos fieles, es un servicio importante en la Iglesia de Dios. Cierto es que puede haber casos excepcionales: una grandísima sede en donde es necesario tener la experiencia del ministerio episcopal, por ejemplo. Pero no debería ser una práctica normal; sólo en casos excepcionalísimos. Sigue siendo válida esta visión sobre las relaciones obispo-diócesis como un matrimonio que implica fidelidad. También el pueblo cristiano piensa así: si un obispo es nombrado para una diócesis, justamente esto tiene que ser visto como una promesa de fidelidad. Desafortunadamente yo no he sido fiel habiendo sido llamado aquí...

El cardenal Gantin deseaba también que el código de derecho canónico prohibiera el traspaso de las diócesis...

Se puede pensar así, pero es bien difícil. Raramente se cambia un código que lleva tan sólo dieciséis años activo desde su publicación. Pero en un futuro vería bien el hecho de que se introdujera alguna frase con respecto a los asuntos de unicidad y de fidelidad del empeño diocesano.

Cambiemos de asunto. Hace poco tiempo causaron impresión algunas frases suyas en la introducción a un escrito de la Congregación para la Doctrina de la Fe. Sobre la pastoral de los divorciados que se han vuelto a casar, publicada por la Librería Editrice Vaticana. En particular llamó la atención su afirmación de que el dicasterio que usted preside está estudiando la cuestión de si «realmente todo matrimonio entre dos bautizados es *ipso facto* un matrimonio sacramental»,

teniendo en cuenta la fuerte «descristianización» de hoy día...

A lo mejor fue imprudente decirlo. Pero el problema es muy real, porque tenemos una situación que se desconocía hace tan sólo cien años. Hay muchos bautizados no creyentes. Ésta es una realidad nueva que tiene que ser estudiada. Ahora no me atrevo a hacer una previsión sobre qué es lo que saldrá de este estudio. Quiero tan sólo decir que nosotros hemos percibido esta nueva situación, somos conscientes de ello, y queremos profundizar en el tema para ver, para verificar si existen o no consecuencias jurídicas, sacramentales, teológicas.

Una última cuestión. Hay una noticia de estos días sobre la cita ante el Tribunal de la Rota Romana del autor del volumen *Lo que el viento se llevó en el Vaticano*. **Algunos medios de comunicación han difundido la noticia de una posible intervención de la Congregación que usted preside sobre el asunto. ¿Es verdad?**

No. No me ocupo de cotilleos. Es un mundo que me resulta totalmente extraño. Algo me ha llegado muy de lejos. Pero no sé nada al respecto.

La pluralidad de las confesiones no relativiza las exigencias de la verdad

En un momento de gran polémica, mantiene esta larga entrevista con Christian Geyer, del diario alemán Frankfurter Allgemeine Zeitung, *con el título «Me parece absurdo lo que quieren ahora nuestros amigos luteranos». El cardenal fue invitado por el periódico a responder a las principales objeciones que se le ponen a la postura que mantiene en la Declaración llamada* Dominus Iesus, *en la que reivindica a Jesucristo como único Señor y mediador. El documento está firmado por él, como responsable de la Congregación para la Doctrina de la Fe. Se le acusa de fundamentalismo romano. Ratzinger expresa que sería contradictorio afirmar que todas las iglesias son la verdadera Iglesia, puesto que se contradicen en cuestiones fundamentales.* (Frankfurter Allgemeine Zeitung, *Alemania, 22 de septiembre de 2000; publicado en España por el semanal* Alfa y Omega*)*

Señor cardenal, ¿dirige usted un departamento en el que *existen tendencias a la ideologización y a la infiltración fundamentalista de la fe?* Esta crítica está contenida en una comunicación difundida recientemente por la sección alemana de la Sociedad Europea para la Teología Católica.

Debo confesar que declaraciones como ésa a la que usted alude me aburren cada vez más. Conozco de memoria desde hace mucho tiempo ese vocabulario, en el cual nunca faltan los conceptos de fundamentalismo, centralismo romano y absolutismo, vuelta atrás con respecto al Vaticano II. No necesito esperar a las *Noticias*, yo mismo podría formular tales declaraciones al instante, porque se repiten una y otra vez, independientemente del argumento de que se trate. Me pregunto por qué no se les ocurre realmente a estos señores ya nada nuevo.

¿Piensa usted que las críticas son falsas por el simple hecho de que se repitan tan a menudo?

No, sino porque en lo estereotipado de esta crítica echo en falta un análisis diferenciado de los asuntos. Algunos plantean críticas con tanta facilidad porque probablemente consideran todo lo que llega de Roma, inmediatamente, desde un punto de vista político, en la perspectiva del reparto del poder, en lugar de hablar seriamente de los contenidos.

Desde luego, los contenidos son bastante explosivos. ¿Se sorprende verdaderamente de que encuentre tanta oposición un Documento en el que se monopoliza la pretensión de verdad del cristianismo, y en el que a los anglicanos y a los protestantes no les es reconocido el estatus de Iglesia?

Ante todo deseo expresar mi tristeza y mi desilusión por el hecho de que las reacciones públicas, salvo algunas loables excepciones, hayan ignorado por completo el tema verdadero y propio de la Declaración. El Documento comienza con las palabras *Dominus Iesus*; se trata de la breve fórmula de fe contenida en 1 Cor 12,3, en la que Pablo sintetizó la esencia del cristianismo: *Jesús es el Señor*. Con esta Declaración, cuya redacción siguió paso a paso con mucha atención, el Papa, en el momento culminante del Año Santo, ha querido profesar de modo grandioso y solemne que Jesucristo es el Señor, y así poner enérgicamente lo esencial en el centro, ante las muchas posibles formas de quedarse en las cosas exteriores.

El disgusto de muchos tiene que ver precisamente con esta *energía*. En el momento culminante del Año Santo, ¿no hubiera sido más oportuno enviar una señal a las otras religiones en lugar de dedicarse a reafirmar la propia fe?

Al comienzo de este milenio nos encontramos en una situación parecida a la que Juan describe al final del capítulo sexto de su evangelio: Jesús había expuesto claramente su pretensión divina en el anuncio de la Eucaristía. En el versículo 66 leemos: *A partir de entonces muchos de sus discípulos se* volvieron *atrás y dejaron* de seguirle. Hoy, en medio de este ruido de palabras, la fe en Cristo corre el riesgo de descafeinarse y de disolverse en una charla más o menos piadosa. Entonces, el Santo Padre, como Sucesor del Apóstol Pedro, ha querido repetir con él: *Señor, ¿a quién iremos? Tú tienes palabras de vida eterna; nosotros hemos creído y conocido que tú eres el Santo de Dios* (Jn 6, 68 ss.) El Documento quiere ser una invitación a todos los cristianos para que se adhieran de nuevo a esta confesión y dar así al Año Santo un significado grande y profundo. Me ha alegrado que el presidente de las iglesias protestantes de Alemania, Kock, en su reacción, por lo demás muy correcta, haya reconocido este punto esencial del texto y lo haya parangonado con la Declaración de Barmen, con la que, en 1934, la *Bekennende Kirche*, la Iglesia de la Confesión, en sus comienzos, rechazó a la Iglesia del *Reich* creada por Hitler. También el profesor Jüngel, de Tubinga, ha encontrado en este texto —a pesar de sus reservas sobre la parte eclesiológica— un aliento apostólico, similar a la Declaración de Barmen. Además, el Primado de la Iglesia anglicana, el arzobispo Carey, ha manifestado su apoyo agradecido y decidido al verdadero tema de la Declaración. ¿Por qué, en cambio, la mayor parte de los comentaristas lo pasa por alto? Agradecería una respuesta.

Lo más explosivo en lo referente a lo político-eclesiástico está contenido en la parte del Documento dedicada al ecumenismo. En nombre de los evangé-

licos se ha pronunciado Eberhard Jüngel, afirmando que su Documento hace caso omiso del hecho de que todas las iglesias, *cada una a su manera*, quieren ser lo que de hecho son: *Iglesia una, santa, católica, apostólica*. De modo que: ¿se engaña la Iglesia católica pretendiendo tener una marca registrada, cuando, en realidad, según Jüngel, comparte el derecho a usar esta marca con las demás iglesias?

Las cuestiones eclesiológicas y ecuménicas, de las que ahora hablan todos, ocupan solamente una pequeña parte del Documento, que nos ha parecido necesario incluir para hacer notar la contemporaneidad de Cristo y su presencia eficaz en la historia. Me maravilla un poco que Jüngel diga que la Iglesia una, santa, católica y apostólica esté presente en todas las iglesias a su propia manera, y que con ello, por lo que parece, si le he entendido bien, considere resuelta la cuestión de la unidad de la Iglesia. ¡Pero si estas numerosas *iglesias* se contradicen! Si todas son iglesias *a su propia manera*, entonces esta Iglesia es un conjunto de contradicciones, y no es capaz de ofrecer a los hombres ninguna orientación clara.

Pero de esta imposibilidad normativa, ¿deriva también una imposibilidad efectiva?

Reivindicar del mismo modo para todas las comunidades eclesiales existentes el concepto de Iglesia me parece, precisamente, contrario a la conciencia que estas comunidades tienen de sí mismas. Lutero mantenía que la Iglesia, en sentido teológico y espiritual, no podía encarnarse en la gran estructura institucional de la Iglesia católica, a la que, más bien, consideraba un instrumento del Anticristo. Según su visión, la Iglesia existe allí donde la Palabra de Dios convoca y une a las personas. De modo correspondiente, la tradición que se remite a Lutero considera presente a la Iglesia allí donde la Palabra se anuncia correctamente y los sacramentos son administrados de modo justo. Incluso Lutero no podía en modo alguno considerar Iglesia a las nacientes *iglesias regionales* sometidas a los príncipes: eran construcciones externas auxiliares, que hacían falta, pero que evidentemente no eran la Iglesia en sentido espiritual. Y ¿quién pretendería hoy afirmar sin más que estructuras surgidas por casualidades históricas, por ejemplo la Iglesia de Hessen-Waldeck, o la de Schaumburg-Lippe, son iglesias del mismo modo en que la Iglesia católica considera que lo es? Por otra parte, la Unión de las Iglesias Luteranas en Alemania (VELKD) y la Unión de las Iglesias Protestantes en Alemania (EKD) no quieren explícitamente ser una *Iglesia*. A cualquiera que lo examine con realismo le parece claro que la realidad de la Iglesia para los protestantes reside en otra parte y no en aquellas instituciones llamadas *iglesias regionales*. Es ésta una cuestión que merece ser debatida.

Sin embargo, es un hecho que desde el lado evangélico se sienten ofendidos por la denominación de *comunidad eclesial* que usted les aplica. Las duras reacciones a su Documento son una clara prueba de ello.

Lo que parecen querer en este momento nuestros amigos luteranos me parece francamente absurdo, es decir, que nosotros consideremos estas estructuras, surgidas de casualidades históricas, como Iglesia del mismo modo que creemos Iglesia a la Iglesia católica, fundada sobre la sucesión de los apóstoles en el episcopado. La verdadera discusión sería que nuestros amigos evangélicos nos dijesen que para ellos la Iglesia es algo diferente, una realidad más espiritual y no tan institucionalizada, ni siquiera en la sucesión apostólica. La cuestión no es si las iglesias existentes son todas Iglesia de la misma manera, cosa que evidentemente no es así, sino dónde y cómo perdura o no perdura la Iglesia. En este sentido, a nadie ofendemos diciendo que las estructuras eclesiásticas evangélicas, que de hecho existen, no son Iglesia en el sentido en que quiere serlo la católica. Ellas mismas no quieren serlo.

Esta problemática, tal como usted la propone, ¿fue objeto de reflexión en el Concilio Vaticano II?

El Concilio Vaticano II trató de acoger este diverso modo de determinar el lugar de la Iglesia, afirmando que las iglesias evangélicas fácticas no son Iglesia, del mismo modo como la católica cree serlo, pero que en el cristianismo reformado existen *elementos de santificación y de verdad*. Puede que el término *elementos* no fuese la opción mejor; en todo caso, se trata de referirse a esta comprensión de la Iglesia más bien como acontecimiento. El modo en que se plantea ahora el debate está sencillamente equivocado. Me gustaría que no fuera necesario precisar que la Declaración de la Congregación para la Doctrina de la Fe no ha hecho otra cosa que recoger los textos conciliares y los documentos posconciliares, sin añadir ni quitar nada.

En cambio Eberhard Jüngel observa ahí alguna diferencia. En su momento, el Concilio Vaticano II no habría afirmado que la única y sola Iglesia de Cristo está realmente sólo y exclusivamente en la Iglesia católica romana, en opinión de Jüngel. En la Consti-

tución *Lumen gentium* **se dice solamente que la Iglesia de Cristo** *subsiste en la Iglesia gobernada por el sucesor de Pedro, y por los obispos en comunión con él*, **es decir, está realmente. Sin embargo, con la palabra latina** *subsistit* **no se habría querido entonces reivindicar exclusividad alguna.**

Lamentablemente, y una vez más, no puedo estar de acuerdo con el estimado colega Jüngel. Yo estaba presente entonces, cuando, durante el Concilio Vaticano II, fue elegida la expresión *subsistit*, y puedo decir que conozco bien el tema. Por desgracia, en una entrevista no se puede entrar en detalles. Pío XII, en su encíclica sobre la Iglesia, había dicho sin más: *La Iglesia católica romana «es» la única Iglesia de Jesucristo*. Eso parecía expresar una identidad total, en virtud de la cual fuera de la comunidad católica no quedaría nada de Iglesia. Pero esto no es exacto: según la doctrina católica que Pío XII no puso en cuestión, las iglesias locales de la Iglesia oriental, separada de Roma, son auténticas iglesias locales; las comunidades nacidas de la Reforma están constituidas de forma distinta, como acabo de decir, pero en ellas *acontece la Iglesia*, por expresarlo de este modo.

Pero entonces, ¿no se debería ser consecuente y decir: no existe una única Iglesia, se ha disgregado en numerosos fragmentos?

Efectivamente, muchos contemporáneos lo consideran así. Existirían solamente fragmentos eclesiales y sería necesario buscar lo mejor de los diversos trozos. Pero si fuera así, se habría canonizado el subjetivismo; entonces cada cual debería fabricarse su propio cristianismo, y, a fin de cuentas, decidiría el gusto personal.

Quizá es precisamente la libertad que corresponde al cristiano, por mucho que tal *collage* se pueda leer desde la crítica cultural también como subjetivismo o individualismo.

La Iglesia católica, al igual que la ortodoxa, está convencida de que semejante comprensión de las cosas es irreconciliable con la promesa de Cristo y con su fidelidad. La Iglesia de Cristo existe verdaderamente, y no sólo retazos de ella. No es una utopía inalcanzable, sino una realidad concreta. Eso precisamente es lo que quiere decir el *subsistit*: el Señor garantiza la existencia de la Iglesia contra todos nuestros errores y pecados, que sin duda existen de forma patente en la Iglesia católica. Pero con el *subsistit* se ha querido decir también que, si bien el Señor mantiene su promesa, existe realidad eclesial también fuera de la comunidad católica, y que es justamente esta aparente contradicción la más fuerte solicitación a buscar la unidad. Si el Concilio hubiese querido decir sencillamente que la Iglesia de Jesucristo está *también* en la Iglesia católica, habría dicho una banalidad, por cuya formulación no hubiera sido necesario disputar. Y el Concilio habría entrado con ello en neta contradicción con toda la historia de fe de la Iglesia, lo cual ni se le hubiera pasado por la cabeza a ningún Padre conciliar. Por lo demás, también el contexto es totalmente unívoco.

Pero las argumentaciones de Jüngel son de carácter filológico, y, en este sentido, él considera que la interpretación de la Congregación para la Doctrina de la Fe, que usted acaba de explicar, va descaminada. De hecho, según la terminología de la Vieja Iglesia, *subsiste* también el único ser divino y no en una Sola

Persona, sino en Tres Personas. La pregunta que surge de esta reflexión es la siguiente: si Dios mismo *subsiste* en la diferencia entre Padre, Hijo y Espíritu Santo, y sin embargo no está dividido en sí mismo, formando así una comunión de recíprocas alteridades, ¿por qué eso no debería valer para la Iglesia, que representa en el mundo el *mysterium Trinitatis*?

Me entristece tener que oponerme una vez más a Jüngel. Ante todo, es necesario observar que la Iglesia de Occidente, al traducir la fórmula trinitaria al latín, no asumió directamente la fórmula oriental en la cual Dios es una esencia en tres *hipóstasis (subsistencias)*, sino que tradujo la palabra *hipóstasis* con el término *persona*, porque en latín el concepto *subsistencia* como tal no existía, y no sería adecuado para expresar la unidad y la diferencia entre Padre, Hijo y Espíritu Santo. Pero, sobre todo, estoy cada vez más en contra de la tendencia, que se está poniendo de moda, de transferir el misterio trinitario directamente a la Iglesia. Eso no puede ser. Así terminaremos por creer en tres divinidades.

¿Y no hay otra solución? ¿Por qué no se puede parangonar la *alteridad* recíproca del Padre, del Hijo y del Espíritu Santo con la alteridad recíproca de las comunidades eclesiales? ¿No podría haber encontrado aquí Jüngel una atractiva *fórmula de armonía*?

Entre las comunidades eclesiales hay muchas contradicciones, ¡y muy importantes! Las tres *Personas*, sin embargo, son un solo Dios, en la más real y suma unidad. Cuando los Padres conciliares sustituyeron la palabra *es* por la palabra *subsistit*, lo hicieron con un sentido bien preciso. El concepto *es* (*ser*) es más amplio que el concepto *subsistir*. *Subsistir* es un modo determinado de ser, es decir, ser como sujeto propio que existe en sí mismo. Así pues, los Padres conciliares querían decir que el ser de la Iglesia en cuanto tal va mucho más allá que la Iglesia católica romana, pero que en esta última tiene, de manera única, el carácter de un sujeto verdadero y propio.

Demos un paso atrás. Sorprende la curiosa semántica presente a veces en los documentos eclesiales. Usted mismo indicaba que la expresión *elementos de verdad*, que es central en el enfrentamiento actual, no es del todo feliz. La expresión *elementos de verdad*, ¿no refleja acaso una especie de concepto químico de verdad, la verdad como sistema periódico de los elementos? Es decir: la idea de poder separar mediante afirmaciones doctrinales la verdad de la falsedad, o de la verdad parcial, ¿no tiene siempre un algo de prepotente, desde el momento en que tales afirmaciones pretenden reducir una realidad compleja, porque viene de Dios, al modelo de un círculo cerrado?

La Constitución del Concilio Vaticano II sobre la Iglesia habla de *numerosos elementos de santificación y de verdad*, que se encuentran fuera del organismo visible de la Iglesia (*Lumen gentium*, 8); el Decreto sobre ecumenismo enumera algunos de estos elementos: *la palabra de Dios escrita, la vida de la gracia, la fe, la esperanza y la caridad, y otros dones interiores del Espíritu Santo, y elementos visibles* (Unitatis redintegratio, 3). Quizá exista un vocablo mejor que *elementos*, pero el significado real es claro: la vida de la fe, al servicio de la cual está la Iglesia, es una realidad con muchas dimensiones, y en ella pueden distinguirse, ciertamente, diversos elementos, que están en su interior, o también, precisamente, fuera de ella.

A pesar de todo eso, ¿no tiene que causar sospecha que se quiera definir mediante afirmaciones doctrinales un fenómeno, el de la fe religiosa, que se sustrae tanto a la verificabilidad empírica?

Por lo que se refiere a la fe y a la posibilidad de definirla a través de afirmaciones doctrinales, se malinterpreta el Dogma, si se lo considera una colección de afirmaciones doctrinales; el contenido nuclear de la fe se expresa en su profesión, que encuentra su lugar propio en la administración del sacramento del Bautismo, y que, por tanto, es parte de un proceso vital. Es la expresión de una nueva orientación de la existencia, que, sin embargo, no me doy yo a mí mismo, sino que recibo. Esta nueva orientación de la existencia significa, al mismo tiempo, salir de mi yo y de mi individualismo, y entrar en la comunidad de fieles que se llama Iglesia. El núcleo de la fórmula del Bautismo es la confesión del Dios trinitario. Todos los dogmas posteriores son sólo precisiones de esa profesión, y sirven para que permanezca su orientación de fondo, el volver al Dios vivo. Únicamente cuando se ve el Dogma en este contexto vital, se comprende de manera justa.

¿Significa esto que, bajo esta perspectiva espiritual, no importan ya tanto los contenidos de la fe?

No, la fe cristiana está determinada por contenidos. No es una inmersión en una dimensión mística inexpresable en la que, al fin y al cabo, no importan tanto los contenidos. El Dios en el que el cristiano cree nos ha mostrado su rostro y su corazón en Jesucristo; se ha manifestado. Como ha dicho san Pablo, esta concreción de Dios era ya un fastidio para los griegos, y naturalmente lo es hoy todavía. Esto es inevitable.

Pero sorprende también la facilidad con que, precisamente en ámbitos eclesiales, se es propicio a mostrarse *afectados* **o** *dolorosamente conmovidos* **frente a determinaciones de contenidos de la fe. ¿Cómo explica usted esta «moralización» del enfrentamiento intelectual, que aparece a menudo como típica de los teólogos?**

No es solamente una moralización, sino también una politización: el Magisterio es considerado un poder al que hay que contraponer un poder opuesto. Ya en el siglo pasado, Ignaz Döllinger había expresado la idea de que, en la Iglesia, el Magisterio debería tener el contrapeso de la opinión pública, y de que en ella la voz de los teólogos debería desempeñar un papel determinante. Entonces, desde luego, los creyentes se alejaron masivamente de las posiciones de Döllinger, y apoyaron el Concilio Vaticano I. Me parece que la dureza de ciertas reacciones pueda explicarse también por el hecho de que los teólogos se sientan amenazados en su libertad académica y quieran intervenir en defensa de su misión intelectual. Y naturalmente, un papel determinante lo tiene también esta nuestra cultura secularizada, que todavía puede estar más de acuerdo con el protestantismo que con la Iglesia católica.

Me parece notar una cierta ironía cuando habla usted de la misión intelectual de los teólogos. ¿Qué hay

en realidad de la libertad académica de los teólogos católicos? El hecho de insistir en la eclesialidad de la teología, que está de acuerdo con el magisterio, ¿no es acaso un condicionamiento ajeno a la ciencia? Y, a la hora de conferir la licencia eclesial para enseñar *(nihil obstat)*, **¿no falta a menudo transparencia?**

Permanecer en la fe de la Iglesia no es para la teología ninguna determinación ajena a su ser. La teología es, según su naturaleza, comprensión de la fe de la Iglesia, la cual, por eso, es sencillamente condición de su existencia. Por lo demás, en algunos casos también los responsables eclesiales evangélicos han tenido que retirar a académicos la potestad de enseñar, porque habían abandonado los fundamentos de su misión. Por lo que se refiere a nuestra participación al otorgar un *nihil obstat*, debemos recordar ante todo que una cátedra no es un derecho para nadie. Tampoco las Facultades de Teología están obligadas a comunicar a cada uno de los candidatos el motivo por el cual no han sido elegidos, ni a motivar su decisión de modo científico. Nosotros comunicamos a los obispos por qué razón, según nuestro criterio, no se puede conceder el *nihil obstat* a un determinado candidato; corresponde luego al obispo decidir qué y cómo lo quiere transmitir. En un cierto número de casos se ha iniciado un intercambio epistolar con los candidatos cuyas explicaciones han hecho posible, a menudo, cambiar la decisión de negativa a positiva.

En Alemania se mantiene actualmente un debate, igualmente controvertido, acerca de la obligación intensificada del juramento de fidelidad, que según la voluntad de Roma hay que prestar al asumir un cargo eclesial o una actividad docente teológica.

Por un lado, es importante decir al respecto que este juramento del cargo ya existía en el Código de 1917, así como el Estado exige de sus funcionarios que juren la Constitución. Todos los señores que protestan ahora intensamente han prestado su juramento estatal de funcionarios sin pestañear. El juramento como tal existía, la categoría de los cargos para los que es exigible se ha ampliado, porque cargos que anteriormente no se consideraban de responsabilidad propia, están dotados actualmente de esta responsabilidad. Cuando leo y releo el texto del juramento, sencillamente no soy capaz de reconocer dónde reside lo inadmisible de este texto. En el juramento, el candidato elegido promete que mantendrá la comunión con la Iglesia, que cumplirá con los deberes de su cargo conforme al Derecho vigente, que transmitirá fielmente la fe, que observará la disciplina de la Iglesia, que prestará obediencia a los pastores legítimos y que apoyará a su obispo. ¿Qué hay en ello de pretensión inaudita? Sencillamente no puedo descubrirlo.

El núcleo de la crítica de Peter Hünermann se centra en lo siguiente: a través del reforzamiento de la obligación del juramento de fidelidad se exige que los teólogos y el clero acepten como definitivas también enseñanzas sólo indirectamente ligadas a la verdad de fe revelada, pero que no pertenecen a lo explícitamente revelado.

Ya he hecho frente, de manera detallada, a las informaciones falsas que surgen siempre a este respecto, en dos intervenciones mías, en la *Stimmen der Zeit*, en 1999, y en una colaboración mía publicada en el libro de Wolfgang Beinert, editado en ese mismo año, *Gott: Ratlos vor dem Bösen?* [Dios: ¿confuso ante el mal?], y por eso seré breve. Hünermann dirige su crítica contra el llamado segundo nivel de la profesión de fe, que distingue entre enseñanzas definitivas e indisolublemente unidas a la Revelación, y la Revelación propiamente dicha. Es falso afirmar que los Padres del primero y del segundo Concilio Vaticano hayan rechazado de manera expresa esta distinción. En cambio, es verdad justamente lo contrario. El concepto de Revelación fue reelaborado al comienzo de la Edad Moderna con el despuntar del pensamiento histórico. Se empezó a distinguir entre lo que había sido claramente revelado y lo que había crecido a partir de la Revelación, que no estaba separado de esta última, pero que tampoco estaba directamente contenido en ella. Tal historización del concepto de Revelación había sido ajena a la Edad Media. Esta separación paulatina entre los dos planos asumió una forma conceptual en el Concilio Vaticano I, mediante la distinción entre *credenda* (cosas que hay que creer) y *tenenda* (cosas a las que hay que atenerse). El arzobispo Pilarczyk, de Cincinnati, ha explicado hace poco este concepto, en el documento *Papers from Vallembrosa Meeting* (2000). Por lo demás, es suficiente hojear cualquier libro de Teología Fundamental del período preconciliar para ver que se enseña justamente esto, por más que cuestiones singulares relativas a la descripción de este segundo nivel constituyeran motivo de discusión, y lo son todavía hoy. El Concilio Vaticano II asumió, por supuesto, la distinción formulada por el Concilio Vaticano I, y la reforzó. No consigo entender cómo se puede afirmar lo contrario.

La crítica no se refiere tanto a la distinción como tal, sino más bien a la reivindicación de la autoridad suma magisterial para doctrinas que gozan solamente del estatus de *teológicamente bien fundadas*, pero

en las cuales, a pesar de su buena base, existen objeciones que todavía no han sido completamente eliminadas.

Naturalmente, por doctrinas a las que hay que atenerse *(tenenda)* se entiende algo más que doctrinas *teológicamente bien fundadas*, que evidentemente son mudables. La literatura enumera entre esas *tenenda*, por un lado, importantes enseñanzas morales de la Iglesia (por ejemplo, el rechazo de la eutanasia, del suicidio asistido); por otro, los llamados hechos dogmáticos (por ejemplo, que los obispos de Roma son los sucesores de san Pedro, la legitimidad de los Concilios ecuménicos, etc.).

¿No hay también prohibiciones de juramento en el Nuevo Testamento?

Efectivamente, cabe plantearse si conviene que existan juramentos en la Iglesia. Sobre eso podrá hablarse. Me puedo imaginar que, en lugar del juramento, bastará con una promesa solemne, que se hace en la responsabilidad común por la fe de la Iglesia. Creo que tiene sentido pensar acerca de esto.

Volvamos una vez más, por favor, al discutido Documento de su Congregación. A menudo se critica de la Declaración *Dominus Iesus* que, más que errores de contenido, presenta una forma poco diplomática de tratar ciertos temas, de modo que se irrita a los interlocutores de otras religiones y confesiones. El cardenal Sterzinsky, de Berlín, por ejemplo, ha declarado que, en la formación teológica, se requiere no olvidar en los sermones el *cómo, cuándo* y *dónde*. Y que en los documentos romanos esto *evidentemen-*

te no es así. Y el obispo Lehmann, de Maguncia, ha afirmado, aun adhiriéndose al contenido fundamental, que habría deseado *un texto redactado con el estilo de los grandes textos conciliares*, y piensa que habría que preguntarse hasta qué punto la Congregación para la Doctrina de la Fe ha colaborado con otras autoridades de la Curia en la formulación del Documento. Hace referencia, a este propósito, al Consejo para el Diálogo con las Religiones No Cristianas, y al Consejo para la Promoción de la Unidad de los Cristianos.

Por lo que se refiere a la colaboración con las otras autoridades de la Curia, el presidente y el secretario del Consejo para la Unidad, el cardenal Cassidy, y el obispo Kasper, son miembros de nuestra Congregación, al igual que el presidente del Consejo para el Diálogo con las Religiones, el cardenal Arinzé. Todos ellos tienen el mismo derecho de voto que yo, dentro de la Congregación. El prefecto, de hecho, es sólo el primero entre iguales y tiene la responsabilidad de un ordenado desarrollo de los trabajos. Los tres miembros de la Congregación que acabo de citar participaron activamente en la redacción del documento, que se presentó varias veces en la reunión ordinaria de cardenales, y una vez en la reunión plenaria, en la que participan todos nuestros miembros extranjeros. Lamentablemente, el cardenal Cassidy y el obispo Kasper, a causa de compromisos en el exterior, no pudieron participar en algunas sesiones, cuyas fechas, de todos modos, se les habían dado a conocer con mucha anticipación. En todo caso, recibieron mucho tiempo antes toda la documentación, y sus votos escritos, detallados, fueron comunicados a los participantes y debatidos en profundidad.

¿Encontraron acogida estos votos?

Casi todas las propuestas de ambos fueron acogidas, porque naturalmente, en el tratamiento de esta materia, para nosotros era muy importante la opinión del Consejo para la Unidad. Por otra parte, puedo comprender muy bien que los obispos alemanes sean particularmente sensibles a las dificultades que emergen del contexto de nuestro país. De todos modos, existe también otro aspecto de esta misma cuestión. Por ejemplo, precisamente en estos días, mientras regresaba a casa, tuve un encuentro con dos hombres en la flor de la vida, que, acercándose a mí, me dijeron: *Somos misioneros en África. ¡Durante cuánto tiempo habíamos esperado estas palabras! Continuamente nos minan el terreno, y así los misioneros cada vez son menos.* La gratitud de estas dos personas, que están en primera línea de la predicación del Evangelio, me conmovió profundamente. Y ésta es sólo una de tantas reacciones de este tipo. En realidad, la verdad molesta siempre y jamás es cómoda. Las palabras de Jesús son a menudo tremendamente duras, y formuladas sin demasiados miramientos diplomáticos. Walter Kasper ha dicho con razón que el malestar suscitado por el Documento esconde un problema de comunicación, porque el lenguaje magisterial clásico, tal como es utilizado en nuestro Documento, en continuidad con los textos del Concilio Vaticano II, es completamente diferente del lenguaje de los periódicos, y de los medios de comunicación social en general. Pero entonces, habrá que traducir el texto, no despreciarlo.

Mediante el debate sobre este Documento de su Congregación se ha planteado de nuevo la cuestión de las posibilidades y de los límites del ecumenismo.

Los problemas que plantea el proyecto ecuménico no se refieren sólo a la existencia de una tendencia a difuminar lo que divide y a no tomar ya en serio lo que, para ambas partes, tiene una validez irrenunciable. Ya hace quince años, en una colaboración suya en la *Theologische Quartalschrift*, usted había advertido contra el hecho de considerar *el ecumenismo como una tarea diplomática en categorías políticas*, y, en este sentido, había criticado *el ecumenismo de transacción* del primer período posconciliar. ¿Qué es lo que quería decir?

Ante todo, yo diferenciaría el diálogo teológico de las negociaciones de tipo político o económico. En el diálogo teológico no se trata de encontrar lo que puede pretenderse de cada uno, y así, a fin de cuentas, lo útil para ambas partes, sino de descubrir profundas convergencias tras diversas formas lingüísticas, y de aprender a distinguir entre todo lo que está ligado a un determinado período histórico de cuanto, en cambio, es fundamental. Esto es posible, sobre todo, cuando el contexto de la experiencia de Dios y de uno mismo ha cambiado, y, consiguientemente, la lengua puede ser afrontada con una cierta distancia y, al mismo tiempo, desde la permanencia interior en la identidad esencial, de modo que, tras las pasiones que dividen, puedan manifestarse las intuiciones fundamentales, purificadas en ambas partes, que entonces se pueden poner en mutua relación.

¿Podría poner un ejemplo?

Es algo muy claro en la doctrina de la justificación: la experiencia religiosa de Lutero estaba esencialmente condicionada por su tribulación ante la ira de Dios y por el deseo de la certeza del perdón y de la salvación. Pero la experiencia de la ira de Dios se ha perdido del todo en nuestro tiempo, y que Dios no pueda condenar a nadie se ha convertido en una idea general entre los cristianos. En un contexto ya tan diferente, se podía buscar de nuevo lo que une a las dos partes, a partir de la Biblia, que es nuestro fundamento común. Por eso no puedo encontrar contradicción alguna entre la *Dominus Iesus*, que solamente repite las ideas centrales del Concilio, y el consenso sobre la justificación. Lo importante es que el diálogo se continúe con mucha paciencia, con mucho respeto mutuo y, sobre todo, con total honradez. El desafío agnóstico, dirigido a todos nosotros, es el contexto que nos debe sacar de los prejuicios históricos y conducirnos a lo central. Por ejemplo, volviendo a un momento precedente de nuestro coloquio, pertenece a la honradez no pretender que se está aplicando el mismo concepto de Iglesia cuando hablamos de la Iglesia católica y de la Iglesia del Norte del Elba.

Entonces, tras la publicación de su Documento, ¿la fórmula ecuménica de la *diversidad reconciliada* sigue siendo válida?

Ciertamente puedo aceptar el concepto de *diversidad reconciliada* si con él no se entiende la indiferencia ante los contenidos y la eliminación de la cuestión de la verdad, de modo que nos consideraríamos una sola cosa, aunque creamos y enseñemos cosas diversas. A mi parecer, este concepto está bien utilizado si afirma que nosotros, a pesar de los contrastes que no nos permiten considerarnos del mismo modo fragmentos de una Iglesia de Jesucristo, que en realidad no existiría, nos encontramos en la paz de Cristo, reconciliados el uno con el otro, y, todavía más, cuando reconocemos nuestra división como contradicción a la voluntad del Señor, y cuando el dolor por ella nos empuja a buscar la unidad e implorar al Señor, sabiendo que todos necesitamos pedir su perdón.

Ocasionalmente se leen pasajes del Papa, y también suyos, que relativizan la división de la cristiandad en un tratamiento dialéctico de la historia de la salvación. El Papa habla así también de *causas metahistóricas* **de la división, y en su libro** *Cruzando el umbral de la esperanza,* **se pregunta:** *¿No podría suceder, pues, que las divisiones hayan sido y sean también un camino para hacer descubrir a la Iglesia las múltiples riquezas contenidas en el Evangelio de Cristo, y en la Redención realizada por Él? Quizá tales riquezas, de otro modo, no hubieran podido salir a la luz.* **Así, la división de los cristianos parece un cometido didáctico del Espíritu Santo, puesto que, como dice el Papa, para el conocimiento y la acción humanos, es también significativa una** *cierta dialéctica.* **Usted mismo escribe:** *Aunque las divisiones son, ante todo, obra humana y culpa humana, existe en ellas una dimensión que corresponde a una disposición divina.* **Si las cosas son así, cabe preguntarse con qué derecho se desbarata la didáctica divina, identificando a la Iglesia de Cristo con la Iglesia católica romana. Las indeterminaciones conceptuales que se lamentan en el diálogo ecuménico, ¿no se fundamentan en las especulaciones de la historia de la salvación sobre la didáctica de Dios?**

Aquí tocamos el difícil capítulo de cómo se enlazan la libertad humana y el gobierno divino de la historia. En esta cuestión, no existen respuestas definitivas, porque nosotros no vamos más allá de nuestro horizonte humano, y, por tanto, no podemos desvelar el misterio que liga estos dos elementos. Lo que usted ha citado del Santo Padre y de mí se podría resumir plásticamente en la conocida fórmula de que *Dios escribe derecho con renglones torcidos*. Los renglones siguen siendo torcidos, y eso significa que las divisiones tienen que ver con la culpa humana. Y la culpa no se convierte en algo positivo por el hecho de que de ella pueda derivarse un proceso de maduración; pero cuando se la reconoce como tal, se la supera con la conversión y es eliminada por el perdón.

Ya Pablo había tenido que explicar a los romanos el equívoco surgido de sus enseñanzas sobre la gracia, según el cual, desde el momento en que el pecado ha hecho surgir la gracia, se puede permanecer tranquilo en el pecado (Rm 6,19). El hecho de que Dios pueda transformar en bien incluso nuestros pecados, no significa ciertamente que el pecado sea algo bueno. Y el hecho de que Dios pueda sacar frutos positivos de la división, no la transforma en algo positivo de por sí. Las indeterminaciones conceptuales que de hecho existen se deben a la profundidad insondable de la relación entre la libertad para pecar y la libertad de la gracia. La libertad de la gracia se muestra también en el hecho de que, por una parte, la Iglesia no decae reducida a un sueño utópico, tras fragmentos eclesiales contradictorios; y en que, por otra parte, el sujeto Iglesia, que permanece, está herido (como dice el Documento) porque representa a la única Iglesia, y sin embargo, al mismo tiempo, realidad de salvación y de sanación, realidades eclesiales existen y operan fuera de él. En esto se manifiesta al máximo el drama de la culpa y la paradójica amplitud de la promesa de Dios. Si se elimina esta tensión, para consensuar fórmulas claras, y se declara que todas son Iglesia, y que todas son, a pesar de sus contrastes, ya la Iglesia una y santa, el ecumenismo está en realidad muerto, porque ya no existe motivo alguno para buscar la unidad auténtica.

La misma cuestión se replantea bajo otro aspecto: si la cuestión de la verdad de la confesión religiosa tiene relación con la de la salvación personal. ¿Para qué la misión, para qué el debate sobre *la verdad*, y los documentos vaticanos, si el hombre, a fin de cuentas, puede llegar a Dios por todos los caminos; si ante la seriedad profunda de la vida, tal como se entiende en una perspectiva creyente, en el fondo cada uno puede resolver la situación efectivamente a su manera?

El Documento no repite en absoluto la tesis subjetivista y relativista según la cual cada uno puede alcanzar la felicidad a su manera. Ésta es, en el fondo, una interpretación cínica, en la que yo percibo desprecio por la cuestión de la verdad y de la ética justa. El Documento afirma, más bien, con el Concilio, que Dios da luz a cada uno en un modo que corresponde a la historia de su vida. Quien busca la verdad se encuentra objetivamente en el camino que lleva a Cristo, y, con ello, también en el camino hacia la comunidad en la que Él permanece presente en la historia, la Iglesia. Buscar la verdad, escuchar la conciencia, purificar la propia escucha interior, son, por tanto, las condiciones de la salvación para todos. En ellas está dada una ligazón íntima y objetiva con Cristo y con la Iglesia. En este sentido se dice que en las religiones hay ritos y plegarias que pueden ser una preparación evangélica, formas de la *pedagogía* divina que abren los corazones a la voluntad de Dios. Pero se dice también que esto no vale para todos los ritos. De hecho, existen algunos (y nadie que conozca un poco de la historia de las Religiones podría negarlo) que alejan al hombre de la luz. Se pide, pues, vigilancia y purificación interior obtenida mediante una vida según la conciencia, que ayuda a hacer las necesarias distinciones; una apertura que, en resumidas cuentas, significa pertenencia interior a Cristo.

Por eso, el Documento puede afirmar que la misión sigue siendo importante, como ofrecimiento de la luz que los hombres necesitan en su búsqueda de la verdad y del bien.

Pero la pregunta queda en pie: si la salvación —suponiendo que, como usted ha dicho, se viva escuchando la propia conciencia— se puede lograr en principio por todos los caminos, entonces la misión, ¿no pierde urgencia teológica? Pues la tesis de la *ligazón íntima y objetiva* de vías de salvación no católicas con Cristo, ¿qué otra cosa significa sino que Cristo mismo hace superflua la distinción entre verdad de salvación *plena* y *deficitaria*, desde el momento en que Él, si está presente como mediador de salvación en alguna parte, lo está siempre y lógicamente de manera *plena*?

Yo no he dicho que la salvación se pueda lograr por todos los caminos. La vía de la conciencia, el tener la mirada fija en la verdad y en el bien objetivo, es un camino único, aunque asume muchas formas a causa del gran número de personas y de situaciones. Pero el bien es uno, y la verdad no se contradice a sí misma. El hecho de que el hombre no alcanza plenamente el uno o la otra, no relativiza las exigencias de la verdad y del bien. Por eso, no es suficiente persistir en la religión heredada, sino que es necesario seguir buscando y ser capaces también de superar los confines de la propia religión. Esto sólo tiene un sentido si verdaderamente existen la verdad y el bien. No se podría estar en camino hacia Cristo si Él no existiera. Ya que vivir con los ojos del corazón abiertos, purificarse interiormente, buscar la luz, son condiciones indispensables para la salvación del hombre, por ello también el anuncio de Aquel que es la Verdad, o sea, dejar que resplandezca la luz *(no bajo el celemín, sino sobre el candelero)*, es absolutamente necesario.

Al protestante no le molesta sólo el concepto de Iglesia, sino la comprensión de la Biblia que muestra el escrito *Dominus Iesus*. Según este documento, sería *contrario al entendimiento y a la acogida de la verdad revelada el leer y explicar la Sagrada Escritura sin tener en cuenta la Tradición y el Magisterio eclesial*. A este respecto dice Jüngel: *A la revaluación desproporcionada de la autoridad del Magisterio eclesial, corresponde una desproporcionada devaluación de la autoridad de las Sagradas Escrituras*.

La exégesis moderna ha reconocido claramente, concordando con la moderna literatura y la filosofía del lenguaje y con una experiencia de quinientos años, que la pura autointerpretación de las Escrituras y la claridad que surgiría de ellas no existen. Ya en 1928, Adolf von Harnack, en su correspondencia con Erik Peterson, declaró con su típica crudeza: *Es evidente que el llamado «principio formal» del viejo luteranismo es una imposibilidad crítica, y en relación con él, el «principio formal» católico es lo mejor*. Ernst Käsemann ha expuesto que el canon de las Sagradas Escrituras en cuanto tal no funda la unidad de la Iglesia, sino la multiplicidad de las confesiones. Recientemente, uno de los más importantes exegetas evangélicos punteros, Ulrich Luz, en el contexto de nuestros conocimientos de la ciencia literaria, ha demostrado que la *Sola Scriptura* permite todas las interpretaciones posibles. Al fin y al cabo, ya en la primera generación de la Reforma se tuvo que buscar *el núcleo de la Escritura*, para tener una clave de interpretación, que no se conseguía extrapolar del texto en cuanto tal. Un ejemplo práctico más: en la discusión con Gerd Lüdemann se vio muy claramente que tampoco la Iglesia evangélica puede prescindir de una especie de Magisterio. En la disolución de los contornos de la fe por parte de un coro de tendencias exegéticas contradictorias (exégesis materialista, feminista, liberacionista, etc.) se manifiesta que justamente la relación con las profesiones de fe, y por consiguiente con la tradición viva de la Iglesia, garantiza la literalidad de las Sagradas Escrituras, protegiéndolas del subjetivismo y conservando su originalidad y autenticidad. Por eso el Magisterio no disminuye la autoridad de las Sagradas Escrituras, sino que las protege, colocándose en una posición inferior respecto a ellas, y leyéndolas a partir de la fe que ellas le regalan.

Como criterio decisivo para hablar de una *Iglesia hermana* de la Iglesia católica romana, la *Declaración* de su Congregación menciona la *sucesión apostólica*. Un protestante como Jüngel rechaza la comprensión católica de este principio como no bíblica. Para él, los sucesores de los apóstoles no son los obispos, sino el Canon bíblico. A su parecer, estaría en la sucesión apostólica sencillamente quien viva según las Escrituras.

La afirmación de que el Canon es el sucesor de los apóstoles suena grandiosa, pero mezcla cosas diferentes entre sí. Hasta la formación definitiva del Canon pasaron siglos. ¿Qué hubo entre medias? El Canon da el criterio para el servicio de los sucesores de los apóstoles, así como para los mismos apóstoles la conformidad con las Escrituras de su anuncio de Jesús (esto es, la relación de su anuncio de Cristo con el Antiguo Testamento) era el criterio al que se sabían subordinados. La palabra escrita no sustituye a los testigos vivos, del mismo modo que éstos no pueden ponerse en el lugar de la palabra escrita. Testigos vivos y palabra escrita se remiten el uno al otro. Compartimos la estructura episcopal de la Iglesia como modo de estar en comunión con los apóstoles, con toda la Iglesia antigua y con las iglesias ortodoxas, y esto debería hacer reflexionar. Si se afirma que quien vive según las Escrituras se encuentra en la sucesión de los apóstoles, se plantea entonces la pregunta: ¿Quién decide qué es *según las Escrituras* y quién vive según las Escrituras? Si se asumen consecuentemente tales afirmaciones no habría Iglesia en absoluto. La tesis según la cual los sucesores de los apóstoles no son los obispos sino más bien el Canon bíblico es un claro rechazo de aquello que desde un punto de vista católico se entiende por Iglesia. Sin embargo, al mismo tiempo se nos exige que apliquemos esta concepción nuestra a las iglesias evangélicas. Francamente, es una lógica que no entiendo.

ÍNDICE ANALÍTICO

Aborto-embarazo (vid. *Anticonceptivos*): 105-106, 200-202, 273
Actualidad-problemas: 25-27, 43-44, 237-238
África: 36, 107-109, 111, 228-229, 274
Alemania: 65, 98-101, 104-105, 116-119, 195-202, 208-209, 220, 258, 302-308
    ¿Qué espera de los alemanes?: 116
Amor (vid. *Sexualidad*): 69-70, 106, 225-229
Anticonceptivos y píldora/superpoblación (vid. *África*): 68-69, 107-109, 202-203, 226-229, 262, 272-275
Antigua Yugoslavia: 210-211
Ateísmo: 40, 75-76, 168, 196-197, 217-218, 259, 277-278
Audiencias de los miércoles: 113
Autodestrucción: 30-31, 135-136
Ayuda a los más necesitados: 218-220, 261

Benedictinos misioneros: 256-258
Biblia (vid. *Profetas*): 150-151, 295-296
    Comunión en Dios: 181, 229-231, 235
    Lectura: 57-58
Bien (vid. *Verdad*) 76-77, 80-82, 340-342

Carismas nuevos en la Iglesia: Comunión y Liberación, Focolares, la Renovación Carismática, Neocatecumenales, etc.: 50-51, 148-149, 246-248
Catecismo de la Iglesia católica (compendio): 238-244
Ciencia y fe: 41-42, 110-111, 187-188, 276
Colegialidad del Papa con los obispos: 102-104, 267
Conciencia: 81-82, 275-276, 340-342
Concilio Vaticano II: 44-45, 184-186, 252-253, 263, 323-324, 327-328, 331-332, 335

Conocimiento de Dios: 151-152, 191, 339-340
 ¿Cómo actúa Dios?: 312, 336-337, 339-340
 ¿Cómo es Dios?: 27-28, 283-284
 Dios hecho hombre: 65-66, 153-155, 283-284
 Temor a Dios: 26
Conversiones: 50-51, 55, 57, 139, 142-143, 158-159, 339
Cristianismo en el mundo: 66-67, 109-110

Diálogo con otras culturas: 15-18, 39-40, 94, 110-111, 176, 178-181, 188-189, 206-207
Divorcio: 193, 204-205, 236-237, 316-317

Educación (vid. *Universidad; Religión, clases de*): 47-48, 107-109, 140, 178, 218-219
Ecumenismo (vid. *Lutero*): 104-105, 278-280, 303-305, 320-322, 327-328, 335-340
 Juan Pablo II: 32, 94-97, 115, 182-183
Escándalos sexuales: 52-55, 179-180, 189-190
Esperanza: 44, 60-62, 284-286, 296-297
ETA: 186-187
Eucaristía: 20-21, 46-47, 62, 230-232, 285, 302-304
 Ayuno eucarístico: 236-237
 Fundamento de la Unidad de la Iglesia: 230-232
 Presencia de Jesús: 62, 319-320

Europa (vid. *Occidente*): 38-39, 63-65, 86-88, 109-110, 153, 184-186, 302, 306-307
Exorcismo: 139, 142-143

Familia (vid. *Divorcio*): 69-70, 105-107, 228-229
Fátima, tercer secreto: 59-60, 148, 299
Fe: 35-36, 43-44, 47-48, 61-62, 106-107, 319-320, 328-329, 331-332
Fidelidad: 57
 A Dios y a la Iglesia: 31-32, 181, 330-332
Filosofía y Dios: 187-188
Formación (vid. *Religión, clases de*): 107-109, 178, 333-334
 Asia (China): 107-109, 242-243, 256-257, 259-260
 Catequesis: 47-48, 118, 140, 239-244

Guerra justa: 29-30, 243-245
 Fundamentalismo: 28-29, 163-164, 318
 Ideologías: 73-76
 Laicismo: 38-39, 62-65

Inmigración: 40-41, 159
Islam: 39-40, 71-72, 159, 206-208

JMJ (Jornada Mundial de la Juventud): 100-101, 305
Juan Pablo I: 120-121, 125-130
Juan Pablo II: 32-33, 91-97, 180-183, 238
Juventud (qué espera de los jóvenes) (vid. *JMJ*): 34, 42, 44, 100-101

La Iglesia a lo largo de la historia: 47, 52-55, 67-68, 113-114, 205, 251-252, 271-272, 288-292
Laicidad: 65
Liturgia: 44-48, 89-90, 235-236
Lutero: 213, 309-315, 321-323, 336-337

Magia y otras prácticas: 131-132, 139-141
    Horóscopo, cartas, lectura de la mano: 137, 140-141
    Magia y ocultismo (vid. *Exorcismo, Yoga*): 131-137, 140-143
Marxismo: 87-88, 157, 165-169, 217-219, 277-279
Matrimonio: 58-59, 106, 204-205, 223-225
    Amor conyugal: 106
    Procreación: 226-228
    Sacramento: 223-225
Medios de comunicación: 70-71, 82-83, 179-180, 192-193
Misa (vid. *Eucaristía*): 44-49
    Reformas litúrgicas del Concilio Vaticano II: 44-48, 89-90
Misiones: 36-37, 176-177, 256-259, 261-262, 335
Mística: 297-299
    La greco-ortodoxa Vassula Rydén: 300-302
    Revelaciones privadas a Catalina de Siena, Brígida de Suecia y Faustina Kowalska: 299
Moral: 85-86, 210-211, 262-263

Mujeres en la Iglesia: 113-114, 177-178, 214-215, 289-290

Occidente. Esperanza, cultura: 71-73, 99-100, 109-110

Pablo VI: 120-121, 123-124, 130, 190
Papa, ¿centralismo o diversidad?: 262-265, 269-270
Pascua: 209-210
Pecado mortal: 76-78, 311-313
Perdón: 30, 220
Prefecto de la Congregación para la Doctrina de la Fe: 31-32, 51-52, 59-60, 88-89, 189-191, 222, 246-247
Profetas: 77-78, 147-148, 280-301
Progreso técnico, científico y médico: 42, 187-188
    Investigación con células embrionarias: 42, 307

¿Qué es el cristianismo?: 64-67, 153-155, 171-173, 178, 319

Racionalismo, totalitarismo: 35-36
Relativismo cultural: 47-48, 79-80, 83, 155-158, 237-238
Religión, clases de: 208-209
Religiones (relación con otras): 17-18, 94, 111, 160-164, 171-173, 180-181, 183, 188, 191-192, 334
Retos del futuro: 42-43, 109-110, 204, 237-238, 241-242, 252, 259, 261

San Juan Bautista: 293-295

San Pablo: 57, 77, 88-89, 134, 286-289
Salvación (vid. *Vida eterna*): 152-153, 338-342
Santa Sede, política exterior: 16, 103, 257-259
   Oriente Próximo: 101-102
Santos y beatos: 116-118, 129, 215-216, 269, 289-292
Sectas: 83-84, 135-136
Sexualidad (vid. *Matrimonio y procreación*): 37-38, 58, 68-70, 106, 226-227, 272-273
Sociedad: 68, 98, 110-111, 191-192, 199-200
   Democracia: 79-80, 156
Subjetivismo: 70-71, 325, 340-341
Sufrimiento, lucha: 61, 189, 221-222

Teología de la liberación: 88-89, 156, 186-187, 218-219
Tercer Mundo: 197, 215-216, 228-229

Teresa de Calcuta: 215-216

Universidad: 178, 187-188

Verdad (vid. *Bien*): 76-77, 80-82, 87, 169-173, 317-318, 340-342
Viajes: 23, 98-101, 112-113, 115-116, 127-128, 194-195, 265
Vida de Joseph Ratzinger:
   Autorretrato: 33-34, 118-119
   Juan Pablo II: 32-33, 91-97, 182-183
   Nombramiento de arzobispo y cardenal: 120-122, 222, 310
   Posibles retiradas: 61
Vida eterna, Salvación:
   ¿Qué hay que hacer?: 152-153, 338-342

Yoga: 143-145